清朝兴起时期中朝政治秩序变迁研究

王臻　著

商務印書館
创于1897 The Commercial Press
2017年·北京

图书在版编目(CIP)数据

清朝兴起时期中朝政治秩序变迁研究 / 王臻著. —
北京：商务印书馆，2017
国家社科基金后期资助项目
ISBN 978-7-100-12901-5

Ⅰ. ①清… Ⅱ. ①王… Ⅲ. ①政治制度—研究—中国
—清代②政治制度—研究—朝鲜—近代 Ⅳ. ①D691.2
②D731.202

中国版本图书馆CIP数据核字（2017）第007536号

清朝兴起时期中朝政治秩序变迁研究
王 臻 著

商 务 印 书 馆 出 版
（北京王府井大街36号 邮政编码 100710）
商 务 印 书 馆 发 行
三河市尚艺印装有限公司印刷
ISBN 978-7-100-12901-5

2017年9月第1版 开本 710×1000 1/16
2017年9月第1次印刷 印张 17 1/2

定价：60.00元

国家社科基金后期资助项目
出版说明

后期资助项目是国家社科基金设立的一类重要项目，旨在鼓励广大社科研究者潜心治学，支持基础研究多出优秀成果。它是经过严格评审，从接近完成的科研成果中遴选立项的。为扩大后期资助项目的影响，更好地推动学术发展，促进成果转化，全国哲学社会科学规划办公室按照“统一设计、统一标识、统一版式、形成系列”的总体要求，组织出版国家社科基金后期资助项目成果。

全国哲学社会科学规划办公室

序

清朝兴起时期，又可称为明清交替时期，一个封建王朝尚未灭亡，另一个勃兴的强势政权已经在东北建立，二者力量此消彼长，并存、对峙了将近三十年的时间。从女真人的后金政权发展到满洲的清王朝，不仅在中国王朝更替史上具有重要地位，而且对这一时期东北亚地区政治秩序的变动产生了重大影响。王臻教授多年致力于中朝关系史研究，曾在韩国的韩国学中央研究院、延世大学做过访问学者，一直关注中外学界关于清朝兴起时期中朝关系问题的研究。2006 年进入吉林大学历史学博士后流动站后，撰写了题为《后金（清）、晚明、朝鲜三角关系与东北亚政治格局》的出站报告，经过数年的深入研究，在出站报告的基础上完成了《清朝兴起时期中朝政治秩序变迁研究》的书稿，这部书稿在最后完善阶段得到 2014 年度国家社科基金后期资助项目的支持，结项时得到相关专家们的首肯，堪称中朝古代关系史研究领域的一部新的力作。

王臻的《清朝兴起时期中朝政治秩序变迁研究》一书，从东北亚区域政治秩序变迁的角度，以封贡关系嬗变为研究主线，以政治事件和外交关系为切入点，着重探讨清朝兴起时期清（后金）、晚明与朝鲜王朝政治秩序的演变轨迹、发展规律以及地区影响。在研究中，王臻不仅注重中国史籍的发掘和运用，而且采用一定数量的韩国史籍，同时注意吸取中外学界的研究成果，因其通晓朝（韩）文，掌握朝鲜、韩国学界相关的研究成果，这使该书的研究具有一定的国际视野，提出诸多独到的认识，其主要学术贡献有如下几点：

首先，该书在考察清（后金）、朝鲜、晚明的复杂关系时，既以史的方式，纵向阐述三者关系的发展历程，又将三者放在同一时空，用专题形式予以横向论证。作者分四个阶段对明末清初时期中朝政治秩序演变的特点、规律性和性质等进行阐释和界定，指出努尔哈赤建立后金政权前，传统的中朝政治秩序中已蕴含着危机；后金政权的建立，猛烈地冲击了中朝之间稳定的政治秩序，使之发生动摇；皇太极即后金汗位后，发动对朝鲜的军事战争，中朝政治秩序随之发生裂变；清朝崇德年间，清太宗皇太极的武力征服，使清与朝鲜结成君臣关系，中朝政治秩序得以重新建构。由此，一个由明支配的中朝封贡体系，逐渐演变成为一个由清占统治地位的中朝封贡体系。本书的写作，对于深入探讨 16 ～ 17 世纪中朝关系的发展，揭示由明入清，重建以清朝为宗主国的中朝封贡关系的历史过程，加深对古代中朝政治秩序的理解，具有重要的学术价值。

其次，该书重点探讨了封贡体制对明清交替时期中朝政治秩序变迁的重要作用。作者指出，当建州女真人作为明朝封贡体制的边疆朝贡成员时期，他们在与邻国朝鲜进行交往时，必须遵守明朝封贡体制的规则，顾及明王廷的态度，因而明廷在中朝政治秩序中的主导地位和作用是不容忽视的。女真人建立后金政权与明朝争夺王权的斗争过程中，清（后金）政权对邻国朝鲜发动“丁卯之役”、“丙子之役”两次征服战争，表面上的原因是出于朝鲜尊奉明朝、轻视后金的态度，实际上是清（后金）欲摧毁明朝封贡体制，取代明廷，君临天下，重建以封贡体制为载体的中朝政治新秩序。这些认识，对深入考察彼时东北亚封贡体制的运作实态，探索华夷秩序与封贡体系的内在联系，具有不可忽视的学术意义。

再次，作者针对朝韩学界的民族主义史学倾向，提出应客观评价明朝抗倭援朝等中朝关系问题，厘清“事大”与“字小”问题的认识。作者指出，对于明军救助朝鲜、促进中朝关系深入发展的积极作用，要给予充分肯定，不要受一些激进民族主义者思潮的影响。对于朝鲜作为属国地位的尴尬，作者认为在明清交替时期，朝鲜作为封贡体制下的邻国朝贡成员，面临清（后金）的崛起与强硬攻势，不得不及时改变其对外政策，由一贯的“奉明”转变为不情愿的“事清”，清人入关取代明朝的统治，朝鲜才正式转变到清朝的封贡体制之内。作者提出“思想文化是中朝封贡关系变化的影响因素”的观点，认为朝鲜对明清封贡对象的转变，根源在于思想文化的认可度，朝鲜即使被清（后金）军事征服，仍难以从心理上接受“野蛮化外文明”，只有当清人入关建立起统一王朝完成儒化过程，朝鲜才真正认同清王朝。

最后，对于书稿的资料运用方面，我认为值得提及的是史料的运用与现代韩国研究成果的吸取，诚如作者在“绪论”中所说，除了深入分析那些与本书稿研究相关的最基本原始文献，注意挖掘和使用一些新的文献资料，还将出外访学时期购买、复印的许多韩国学界的研究成果，如《壬辰倭乱与韩中关系》、《明清时代中韩关系史研究》、《丙子胡乱史》，以及与本书稿有关的大量韩国博士、硕士论文等，进行整理分析，考察中韩学者在历史观、方法论方面的异同，借鉴、参考、吸收优秀成果，由此得出比较客观的结论。当然，在这方面，我觉得王臻还有不足，如果能够运用韩国的《国朝宝鉴》等文献资料，进一步吸收日本、欧美等国家有关的研究成果，则可以使该书的内涵更加丰富。

中朝（韩）关系源远流长，关于中朝古代史研究，中朝（韩）史学界都取得了丰硕的研究成果，对于相同的史事，中朝（韩）学者既有共识，也有分歧。近年来，东北亚区域问题备受世界瞩目，现实问题又与历史问题有着千丝万缕的联系，只有本着实事求是的史学研究态度，还原历史真相，才能使中朝（韩）学者对有分歧的历史问题达成客观的共识。王臻的《清朝兴起时期中朝政治秩序变迁研究》正是向这一学术研究目标推进的成果，我作为王臻的博士后合作导师，为他取得的学术成就感到欣喜，并对该书的顺利出版表示祝贺！同时，希望王臻继续努力，取得更多成绩！在该书付梓之际，应王臻盛情相邀，在此略陈数语，以为序。

程妮娜
2017 年 3 月 26 日于吉林大学

目　录

绪 论

一、本书研究目的及国内外研究概况

中国大陆与朝鲜半岛国土接壤，古代中国封建王朝与朝鲜半岛的历代政权之间，长期存在着程度不同的政治、经济、文化关系。明朝建立后，朝鲜王朝作为臣属国一直与明朝开展定期朝贡活动，而明朝也以天朝上国的身份对朝鲜进行册封、回赐，并在朝鲜遭受日本侵略时予以支援。可以说，有明一代，中朝保持了传统封贡关系[①]的基本政治秩序。但明朝末期国势衰落，此时明朝境内地处东北边疆的女真人兴起并建立后金[②]（清）政权，与明王廷抗衡。随着中国大陆工朝明、后金（清）政权的更替，臣属国朝鲜的朝贡对象发生转变，由长期的对明“事大”，一度转为“两面外交”于明和后金，“半臣属”于后金，直至完全成为清朝臣属国。作为中国封建王朝长期臣属国的朝鲜，其对明、后金（清）政权的向背关系，不仅关乎中朝两国政治关系的发展，而且在很大程度上对该时期东亚政治局势的走向也具有一定的影响。因此，详细考察16世纪末17世纪初清朝兴起时期后金（清）、晚明与

① 关于古代中国与周边邻国尤其是与朝鲜的政治关系，有人称为“朝贡关系”，有人称为“宗藩关系”，在此笔者采纳陈尚胜先生的看法，认为用“封贡关系”比较合适。因为“朝贡”是单方面的行为，“关系”须是双向性的活动；“宗藩关系”似是近代史上才有的殖民关系，用在古代史中不妥当。而“封贡关系”是“册封与朝贡关系”的简称，指上国“册封”与属国“朝贡”这样的传统政治关系（陈尚胜：《中国传统对外关系研究刍议》，载《中国传统对外关系的思想、制度与政策》，山东大学出版社2007年版，第18～19页）。

② 关于努尔哈赤建立的政权，到底应为“金”还是“后金”，学界有不同的看法（详见卢正恒、黄一农：《先清时期国号新考》，《文史哲》2014年第1期）。在此，笔者同意“努尔哈赤时期国号为‘金’而非‘后金’”的看法，认为应是“大金国”，只不过是后人为了将其与12世纪初建立的“金”相区别而称为“后金”，故本书中一律采用“后金”名称。

朝鲜的三角政治关系，对于深入理解中国与朝鲜封贡关系变化乃至彼时东亚政治秩序的演变，具有重要的学术推动价值。

长期以来，关于清兴起时期中朝政治秩序变迁的研究，国内史学界取得了一系列的研究成果。其中，与本书相关的阐述清王朝兴起、明政权灭亡发展史的基础性研究成果有：周远廉著《清朝兴起史》（吉林文史出版社，1986年）、李鸿彬著《满族崛起与清帝国建立》（天津古籍出版社，2003年）、袁闾琨等合著《清代前史》（沈阳出版社，2004年）、樊树志著《晚明史》（复旦大学出版社，2005年）等。关于以清朝肇兴皇帝为主线探讨明末清初发展史的主要研究成果有：周远廉著《清太祖传》（人民出版社，2004年）、阎崇年著《努尔哈赤传》（北京出版社，2006年）、孙文良与李治亭合著《清太宗全传》（江苏教育出版社，2005年）等。这些著作主要是论述清朝初期发展过程的历史，其中有很大一部分篇幅涉及后金（清）与衰落的明王朝之间的战争，以及明清王朝更替的内容，重在阐述明清王朝的更迭过程。

对明清政权更替时期中朝（韩）关系的发展变化，以通史或断代史方式研究的重要成果有：杨昭全与韩俊光合著的《中朝关系简史》（辽宁民族出版社，1992年）、吉林省社会科学院组编的《中朝关系通史》（吉林人民出版社，1996年）、杨昭全与何彤梅合著的《中国——朝鲜·韩国关系史》（天津人民出版社，2001年）、杨军与王秋彬合著的《中国与朝鲜半岛关系史论》（社会科学文献出版社，2006年）、王小甫等著的《中韩关系史（古代卷）》（社会科学文献出版社，2014年）等，论述了自古代至现代的中国与朝（韩）国家的交往史，其中对于后金（清）政权与明王朝以及邻国朝鲜之间政治、军事、经济等方面交往的情况有一定的论述，这为本书的写作提供了非常重要的学术启迪。断代史专著方面，姜龙范等合著的《明代中朝关系史》（黑龙江朝鲜民族出版社，1999年）、《清代中朝日关系史》（吉林文史出版社，2006年）系列著作，以及白新良主编的《中朝关系史——明清时期》（世界知识出版社，2002年），与本书稿的时间段极为吻合，可资笔者借鉴。这些研究成果的特点，是以中国王朝对外关系的角度来介绍中朝（韩）关系，由于是叙述史实性的通史或断代史著作，对于后金（清）与晚明、朝鲜三者之间复杂的相互关系，并未能以史论结合的方式从理论的高度进行专题探讨。宋慧娟所著《清代中朝宗藩关系嬗变研究》（吉林大学出版社，2007年），是关于中朝封贡（宗藩）关系的研究成果，论述了从清朝建立开始，朝鲜与清朝封贡（宗藩）关系的形成及嬗变情况，而对清入关前这段时期中朝封贡（宗藩）关系演变的内因并未深入探讨，且对晚明在清与朝鲜封贡（宗藩）关系转变中的地位不够关注。

至于明末清初与朝鲜关系方面的研究，国内学术界的研究论文，有刁书仁的《论后金建立前与朝鲜的关系》、李治亭的《后金与李氏朝鲜战争述略》、晁中辰的《清朝入关前与李氏朝鲜的关系》、徐凯的《论"丁卯虏乱"与"丙子胡乱"》、魏志江的《"丁卯之役"、"丙子之役"考略》，陈捷先的《清太祖时期满洲与朝鲜关系考》、《略论天聪年间后金与朝鲜关系》等。这些论文在中朝（韩）关系的研究方面，确是一些有功力的文章，其中不乏一些有见解的观点，可以称得上是有真知灼见的研究成果，对本书稿的写作颇有参考价值；但是，这些成果大多局限于后金（清）与朝鲜二者之间关系的研究，并没有着力探讨中原王朝——明朝在后金（清）与朝鲜关系中所体现的作用，这应当是需要加强的问题。

就中国学界对明清之际中朝政治秩序变迁的相关研究而言，尽管有较多成果问世，但仍有许多问题有待进一步研讨，如中国与朝鲜政治关系演变的内因，晚明在朝鲜与后金（清）政治关系转变中的影响作用等。另外，关于后金对朝鲜发动战争的政治动机、后金与朝鲜缔结盟约的性质、清朝与朝鲜封贡关系的类型等问题，学者之间有不同看法。例如，对后金与朝鲜的兄弟关系，有"平等"关系与"半臣属"关系两种观点；对清与朝鲜的君臣关系，有"准朝贡关系"、"比附的朝贡关系"、"典型而实质性的朝贡关系"三种看法。搞清这些问题，是理解古代中朝政治秩序演变的关键，因此，有必要加强对该问题的深入研究。

国外有关清朝兴起与中朝政治秩序变迁研究的著作和论文以韩国为多。著作方面的成果有：李成茂著《朝鲜通史》（东方出版部，1998年），比较系统地介绍朝鲜发展过程的历史，其中包含有"壬辰战争"中明朝援救朝鲜，以及后金（清）对朝鲜发动两次征伐战争的内容，这对我们条理性地了解朝鲜历史有一定的帮助；韩明基著《壬辰倭乱与韩中关系》（历史批评社，1999年），以壬辰倭乱为切入点，探讨朝鲜光海君的对明政策，还延伸到仁祖反正以后与明朝及后金的关系。围绕后金（清）对朝鲜发动的两次战争，即丁卯之役与丙子之役，韩国方面的著作和论文较多。全海宗的《中韩关系史论集》（汉译本，中国社会科学出版社，1997年），内有一篇《有关丁卯胡乱的和平交涉与朝清朝贡关系的开始》，对后金与朝鲜丁卯之役中的议和问题进行研究；崔韶子的《明清时代中韩关系史研究》（梨花女子大学出版社，1997年），结合明清交替时期后金（清）对朝鲜战争，分析朝鲜对明清事大交邻政策的变迁，指出丁卯之役后朝鲜对明“事大”、对清交邻，丙子之役后朝鲜对明朝“事大”的态度发生了变化；韩国国防部战史编纂委员会编撰的《丙子胡乱史》（2002年），对“丁卯之役”与“丙子之役”的产生背景、战争过程及战后影响进行了对比。

论文方面，韩国学者徐炳国著有《宣祖二十五年顷的建州女真》、高润洙著有《光海君代朝鲜的远东政策》、金贞美著有《朝鲜时代仁祖代的对后金关系的考察》、金钟圆著有《丙子胡乱之前的朝鲜对应策》等，分别考察朝鲜宣祖国王、光海君、仁祖王在位时期对后金（清）的政策。可以看出，相对于中国，韩国学者们对清兴起时期这段中韩关系的探讨更为具体一些，更注重从微观角度来研究问题，他们或者结合事件来谈中韩关系，或者选取某国王在位的某一段时间来论述朝鲜对中国的政策，界定的时间段比较有限。但是由于受民族文化的影响，世界观的不同，韩国学者对彼时的朝（韩）中关系有其自己的观点和见解，其中不乏一些对中国学者而言难以接受的看法。例如，韩国学者出于本国民族利益方面的考虑，把壬辰战争时期明朝的援朝御倭看成是对朝鲜内政的干涉，片面夸大朝鲜军队的抗战作用，而否定明朝方面的支援，从而具有明显的历史局限性；至于后金（清）时期皇太极先后两次对朝鲜发动的战争，韩国方面对此更是耿耿于怀，称之为“丁卯胡乱”、“丙子虏乱”，加以贬斥。笔者认为，对于过去的历史应有客观的评价，不应掺杂过多的个人因素和民族因素，只有这样，才能对历史有理性的认识。比如明朝的援朝御倭战争，其中可能有一些负面的影响，但其最大的成果是维护朝鲜王朝的独立，对此是不应该轻易否定的。

日本学界对有关清兴起时期与晚明、朝鲜关系方面的研究，以著名史家河内良弘为代表，其巨著《明代女真史研究》（同朋舍出版，1992年），以明代女真自身的发展为中心，兼及与明朝、朝鲜的关系，其中的内容可供参考。另外，园田一龟著《明代建州女直史研究》（日本国立书院，1948年），对女真建国前发展史进行系统研究，同样值得借鉴。

总之，国内外学界对清兴起时期的中朝封贡关系变迁研究方面，尚存在以下缺憾：一是对中国与朝鲜政治秩序演变的原因、特点、实质等问题，论证不够深入；二是中国学界的研究成果中，使用的中国史料较多，对朝（韩）原始文献《小华外史》、《尊周汇编》及《韩国文集丛刊》等利用不足；三是朝韩学界论及历史上的中朝（韩）关系时片面强调民族主义与爱国主义史观，有一些不恰当的评述，这不利于人们正确把握此时期中朝政治秩序演变的情况。

二、研究的主要内容

本书着重探讨清朝兴起时期（后金）清、晚明与朝鲜王朝政治秩序的演变轨迹、发展规律以及地区影响。研究时间断限为1583～1643年，即建州女真开始统一与后金（入关前的清）政权时期，晚明时期的万历、天启、崇祯三朝[①]，朝鲜宣祖王、光海君、仁祖王时期。书稿完成过程中，以清朝兴起为研究线索，以封贡关系嬗变为研究主线，以政治事件和外交关系为切入点，分四个阶段对明末清初时期中朝政治秩序演变的特点、规律性和性质等阐释和界定。即1583～1615年，努尔哈赤建立后金政权前，传统的中朝政治秩序中蕴含着危机；1616～1626年，随着后金天命[②]王朝的建立，中朝之间稳定的政治秩序受到冲击，发生动摇；1627～1635年，后

① 至于笔者在文中使用的“晚明”这个概念的界定，据肖瑶：《李成梁与晚明辽东政局研究》（吉林文史出版社2011年版，第1页）中的统计，有五种意见，即李洵的“1596～1644年”说，樊树志的“1573～1644年”说，刘志琴的“嘉靖末年至崇祯朝将近一百年”的说法，杨旸的“1522～1644年”说（肖瑶倾向此说），万明的“1450～1644年”说。在此，本书限定的时间段为“1583～1643年”，基本上与樊树志所限定的时间段相吻合，之所以如此限定，是由于1583年清太祖努尔哈赤开始起兵，到1643年清太宗皇太极去世的六十年时间，正是明亡清兴的时期。

② 关于努尔哈赤后金政权的“天命”，学界有争议，有的主张此乃年号；有的认为努尔哈赤统治时期一直使用的是干支纪年，未使用“天命某某年”，史籍中出现的“天命汗”是指“天所任命的汗”，故“天命”乃尊号而非年号（卢正恒、黄一农：《先清时期国号新考》，《文史哲》2014年第1期）。对此，笔者的看法倾向于“天命”为年号，因为联系到12世纪建立的金朝，有很多皇帝皆使用“天”字，如“天辅”、“天会”、“天眷”、“天兴”，而努尔哈赤之后的皇太极政权为“天聪”，所以我们认为“天命”应是指年号。

金天聪王朝时期，中朝政治秩序发生深刻变化，产生裂变；1636～1643年，清崇德王朝与朝鲜结成君臣关系，于是中朝政治秩序得以重新建构。

本书之所以选取清朝兴起为线索展开对相关问题的论述，是因为从1583年女真首领努尔哈赤起兵开始，历经后金天命政权、天聪政权、清崇德政权，直至1643年皇太极去世的60年间，女真族（后改称满洲）由小到大，由弱到强，先后统一女真内部，恩抚蒙古势力，武力战胜朝鲜国，削弱明朝的统治，促使明朝灭亡。后金政权的建立，为后来的清军入关、建立统一全国的政权，奠定了坚实的基础。笔者认为，后金天命、天聪政权及清崇德政权的兴盛发展史，就是明朝晚期的衰败史；明朝被清政权所取代，具有历史的必然性，朝鲜被纳入到清朝的封贡体制之内，这也是大势所趋，因而个中的政治、民族、外交关系颇值得探讨。

研究过程中，重点考虑的问题是：封贡体制对明清交替时期中朝政治秩序变迁的重要作用。（1）中国东北边疆民族建州女真人与邻国朝鲜的交往，是作为明朝境内的割据政权与外国的交往，此时的明朝尽管已经衰落，但仍是统治中国的正统王朝；后金（清）尽管强大，但只是占据东北一隅的地方政权；朝鲜与后金（清）开展关系，必然要遵守封贡体制的规则，顾及明朝的态度，因而明王廷在其中的地位和作用不容忽视。（2）在女真崛起建立后金政权与明朝争夺王权的斗争过程中，朝鲜作为第三者地位，既囿于与明朝长期的封贡关系，又面临后金强硬的威逼，处于两难的境地，在现实形势面前，朝鲜不得不及时改变其对外政策，由一贯的“奉明”转变为不情愿的“事清”，因而朝鲜与后金（清）的矛盾持续不断，直到明朝灭亡，清军入关取代明朝的统治，朝鲜才正式转变到清朝的封贡体制之内。（3）后金天聪政权、清政权之所以先后对邻国朝鲜发动“丁卯之役”、“丙子之役”两次征伐战争，表面上的原因是出于朝鲜尊奉明朝、轻视后金的态度，实际上是后金（清）欲代明君临天下重建中朝政治秩序而实施的战略步骤。

本书特别关注以下两个问题：第一，在分析后金（清）与明朝、明朝与朝鲜以及朝鲜与后金（清）三角关系的基础上，探讨以明为中心的中朝传统封贡关系，是如何一步步地转变为以清朝为中心的新的中朝政治秩序，注重从明朝的没落、后金（清）的奋起、朝鲜的选择等因素探究原因；第二，针对朝韩学界的民族主义史学倾向，辨析如何在中朝（韩）历史研究中贯彻民族主义与爱国主义，处理好民族感情与科学治史的关系，由此对明朝抗倭援朝作用等做出适当评价，进而厘清“事大”与“字小”问题，以期使人们正确认识古代历史上的中朝（韩）关系。

三、本书写作的特点

本书的研究思路是，首先，以政治事件和外交关系为切入点，着重对清朝兴起时期中国王朝与朝鲜政权之间开展政治外交往来的内容，进行系统、全面的阐述和分析比较，剖析明代至清代中朝政治秩序的沿革历程，反映历史发展。其次，注意宏观研究与微观分析相结合，既全面反映中朝政治秩序演变过程中出现的摩擦和冲突，又注意用矛盾的发展变化的观点对中朝政治关系中的问题进行微观的分析研究，力争提出符合历史史实的结论。最后，注意把握后金（清）是渔猎民族建立的政权的特点，按照具体问题具体分析的方法，正确阐释清朝统治体制在中朝政治关系问题中反映的特殊国际关系模式。

本书的研究方法是，第一，以马克思主义唯物史观为指导，在已经掌握大量丰富的中外文献资料及相关研究成果的基础上，认真梳理与本书研究有关的资料，从微观研究入手，注重宏观问题的把握，探索这一时期中朝政治秩序演变的基本走势，本着辩证的、历史的态度，进行理论探索，将实证研究和理论研究相联系，把问题放置于当时特定的历史背景中，坚持历史的、矛盾的联系发展观点，注意分析其内在的因果关系。

第二，运用史论结合与比较研究的方法。应用第一手资料，由表及里地分析问题的背景、性质、影响等。同时，注意使用丰富的历史资料，进行纵向和横向的比较研究，说明中朝关系的特点。在研究过程中充分借鉴、参考前人的研究成果，尤其注重对韩国相关研究成果的分析、对比，考察中韩学者在历史观、方法论方面的异同，澄清对相关问题的一些模糊认识，对一些历史问题给出客观的评价，系统概括出自己的看法，从而开拓更为广泛的研究思路。

第三，运用多学科相结合的研究方法，从政治学、民族学、历史学、国际关系学等角度进行跨学科综合研究。例如，把朝鲜与后金（清）、晚明的政治关系置于东亚国际环境中考察，分析中朝的国力、相互追求的政治实利、国际环境对中朝关系的影响等问题。

书稿研究的创新点在于，其一，就研究角度而言，以往国内外学者关于后金（清）、晚明、朝鲜关系的研究，都是局限于其中两方的关系研究。本书则以明清史发展及中国古代对外关系史的研究视角，对后金（清）、晚明、朝鲜三者之间复杂的互动关系进行全面系统性研究，选取后金崛起而明朝衰落这段明清交替历史时期，以清朝兴起即后金（清）的发展为研究线索，以史论结合的方式探讨明清更替为中国与朝鲜封贡关系所带来的新变化。本书研究角度与以往研究有所不同，这不仅可以发现以往没有引起学界注意的历史现象，而且可以更加客观地认识该时期的历史发展状况，因而本成果在一定程度上属于开创性的研究工作。

其二，在研究观点上，笔者认为，清朝兴起时期，后金（清）从一个被支配、被统治（被明与朝鲜双方统治）的地位，转变成为一个支配者与统治者；与此同时，明与朝鲜一点点、一步步变得失去主动，以至被宰割、被统治，也就是一个由明支配的中朝华夷秩序，逐渐演变成为一个由清支配的中朝封贡体系，在此过程中，朝鲜的反应及其应变，是中朝政治秩序变迁的重要影响因素。而朝鲜对明清封贡对象的转变，根源在于思想文化的认可度，朝鲜本来只尊奉代表中原文明的明王朝，即使被后金（清）军事打败，仍难以从心理上接受“野蛮化外文明”，只有当清人入关建立起统一王朝完成儒化过程，朝鲜才真正认同清王朝。

其三，本书完成过程中充分利用一些新的文献资料。写作本书所依据的资料，除了深入分析那些与本书研究相关的最基本原始文献，如中国方面的《明史》、《明实录》、《清史稿》、《清实录》，朝鲜方面的《朝鲜王朝实录》、《承政院日记》、《备边司眷录》、《同文汇考》等，更重要的是，注意挖掘和使用一些新的文献资料。这一是指此前大陆学者较少使用的《满文老档》、《东华录》（两种版本）等；二是指韩国所收藏的《尊周汇编》、《小华外史》，以及出版不久的《韩国文集丛刊》及《燕行录全集》（有的《燕行录》包含在《韩国文集丛刊》之中）等，这些文献极具史料价值，包含较多中朝官方正史所不曾记录的资料，值得认真研读利用；三是笔者利用到韩国高校及科研机构研修的机会，查阅到台湾历史学家张存武、叶泉宏编纂的《清入关前与朝鲜往来国书汇编》一书，该资料集中披露了大量的以前未曾见到的史料，如《朝鲜国书往来簿》、《清入关前与高丽交涉史料》等，为笔者从事研究提供了极好的资料，在新资料的发掘方面是一个极大的收获。另外，笔者利用出外访学机会，购买、复印许多韩国学界的研究成果，如《壬辰倭乱与韩中关系》、《明清时代中韩关系史研究》、《丙子胡乱史》，以及与本书有关的大量韩国博士、硕士论文，能够借鉴参考韩国学界的最新研究成果，这为笔者顺利从事本研究提供了可靠的保证。

本书研究的学术意义在于：清朝兴起时期，即16世纪末17世纪前期，正值明王朝衰落，后金（清）崛起之时。明、后金（清）政权的更替，影响到了东邻朝鲜，使其朝贡对象发生转变，即由臣属于明朝变为对清朝贡。中国大陆封建王朝的更迭，使该时期的中朝传统政治秩序相应发生变动，即本来以明朝为上国的中朝政治秩序，由蕴含危机到受到冲击再到发生深刻变化，直至演变为以清朝为主导的中朝政治关系体系。本书历时性考察清朝兴起取代明朝以及与朝鲜政治秩序变化的历程，共时性探究彼时中朝政治秩序的变迁特点。共时性探究是在历时性考察基础上的抽象和升华，这种研究视角与路径在以往的研究中尚不多见。鉴于目前学界对明清交替时期中朝封贡关系史的研究尚有待深入，因而本书稿的完成，有助于丰富该时期中朝关系史的研究，加深对古代中朝政治秩序的理解，研究成果对中国史、朝鲜史、中朝关系史、中朝边疆史、比较历史研究及国际政治学都具有较高的学术参考价值。

本书研究的现实意义在于：第一，目前，东亚区域国际问题备受世界瞩目，现在盛行一种说法，“世界的未来在亚洲”，“亚洲的未来在东亚”，而地处东亚中心位置的中国，其与朝鲜半岛关系的变化，同样是国际社会高度关注的问题，本书通过探讨清兴起时期明清王朝更迭与朝鲜王朝的政治秩序演变，可以做到鉴古知今，把握当今中国与朝鲜半岛国家关系的走向，审视当今东亚国际关系政策的得失，以此对我国和朝鲜半岛国家之间外交政策的制定和实施提供一定借鉴意义，进而构建东亚和谐秩序。第二，本书研究过程中注意与韩国学界的相关著作论文进行对比研究，辩证地、历史地分析中国与朝鲜的复杂国际关系问题，这一研究成果的问世，可以促进当今中韩学者之间的学术交流，澄清历史上的一些模糊认识，如关于壬辰战争中明朝“援朝御倭”作用以及后金（清）发动丁卯之役与丙子之役等事件如何看待的问题，纠正错误的学术观点，消除存在的隔阂和偏见，共同推动日益繁荣的中韩关系研究的深入发展，从而开创中韩和平、友好与发展的新未来。

四、各章节内容概要

本书由六部分内容组成，除绪论与结语以外，本论部分由四章构成。具体而言，本论部分：第一章，后金建立前之中朝传统政治秩序。本章分为四节。第一节为边疆民族建州女真部在明末的兴起。首先论述明朝对于边疆少数民族建州女真部的恩威并施政策，“以夷制夷”，分化瓦解女真部；其次叙述建州部在其杰出首领努尔哈赤的领导下迅速崛起，为了蒙蔽明朝，努尔哈赤表面上做出对明恭顺的姿态，臣服于明朝。第二节为明与朝鲜的传统封贡关系及抗倭援朝。首先介绍明与朝鲜保持的长期友好关系，其次阐述针对日本发动对朝鲜侵略的壬辰战争，作为朝鲜上国的明朝，出兵救助朝鲜。这其中对有关明援朝御倭的作用问题进行了深入辨析。第三节阐述建州女真部与朝鲜的关系。首先探讨努尔哈赤主动对朝鲜示好，要求与朝鲜开展友好关系的原因；其次叙述建州部与朝鲜之间发生的“渭原事件”。为防止努尔哈赤对朝鲜发动军事进攻，朝鲜先后派出官员进行外交斡旋，与建州女真部有限制的交往，拒绝努尔哈赤的抗倭、“授职”请求。第四节综合分析后金建立前的中朝传统政治秩序。从宏观的角度首先阐述努尔哈赤建州势力的迅速崛起，其次分析明朝后期的尴尬政治地位，再次对朝鲜与明朝及建州部的节制性交往情况进行说明，总结指出，彼时中朝传统政治秩序稳定中蕴含着危机。

第二章，后金天命年间中朝政治秩序之动摇。本章分为四节。第一节为后金公开挑战明的正统地位及对朝鲜的争取，阐述努尔哈赤建立后金政权，与明朝发生一系列战争，在此过程中后金要求朝鲜在明金战争中保持中立、与后金结盟。第二节为明朝与后金作战及对属国朝鲜的笼络政策，具体论述明朝要求朝鲜在萨尔浒战役中助兵作战，战后又对朝鲜予以争取。第三节为朝鲜对明、后金的两端外交政策，首先探讨朝鲜助兵明朝的曲折出兵历程，其次是有关朝鲜对明、后金政策的调整内容，分别剖析光海君与仁祖国王对明朝与后金态度的变化情况。第四节综合分析后金天命年间中朝政治秩序的裂变，认为后金天命政权强硬处理与周边国家和政权的关系，明朝已经失去对东北边疆的控制，朝鲜在明与后金之间的两端外交矛盾心理，从而得出基本观点为：中朝传统政治秩序受到很大冲击。

第三章，后金天聪年间中朝政治秩序之裂变。本章分为三节。第一节阐述皇太极继承汗位以后兵指朝鲜，发动丁卯之役，迫使朝鲜签订和约，与后金缔结兄弟关系，使朝鲜逐步脱离明朝。第二节为朝鲜在后金与明战争中的反应。分析天聪政权对明朝的和谈与战争策略；朝鲜在丁卯之役后依旧推行尊明轻金政策，引起后金汗皇太极的不满，从而为后来的丙子之役埋下伏笔。第三节综合研讨后金天聪年间中朝政治秩序的裂变。笔者认为，后金对朝鲜的战争确立了后金在中朝政治秩序中的优势地位，明朝“自毁长城”丧失其作为天朝上国的地位，剖析朝鲜在“城下之盟”后的处境，概括指出，彼时的中朝政治秩序已经发生深刻变化。

第四章，清崇德年间中朝政治新秩序之重构。本章分为四节。第一节为中国王朝更替的战略决战。阐述皇太极改后金为清后，清朝加紧对明朝征伐，进行松锦战略决战，加速了明朝的灭亡。第二节为朝鲜继续对明“事大”，清再伐朝鲜。由于朝鲜不支持皇太极称帝，于是皇太极亲自率兵第二次讨伐朝鲜（丙子之役），迫使朝鲜签订城下之盟，使清朝与朝鲜结成君臣关系，清朝代明成为朝鲜的上国。第三节论述在明朝灭亡之前，清与朝鲜封贡关系的种种不和谐，如贡赐争端、互市贸易、助兵清朝、朝鲜质子等问题。第四节为清崇德年间中朝政治新秩序的重构。尽管明朝尚在苟延残喘，但清已经成为中国的实际统治者，清代明已呈不可逆转之势。虽然朝鲜从心理上不愿意接受清朝的统治，处处予以抵制，但是随着明朝的彻底灭亡以及清朝的问鼎中原，清人在掌控中朝政治秩序中处于主导地位，中朝政治新秩序得以重建。本节中对中朝传统政治秩序的变迁提出了理论思考，指出中朝封贡关系变化中思想文化是重要的影响因素。

在结语中，笔者指出，从后金天命政权建立到清政权入关之前的清朝兴起时期，中朝政治秩序的变化，经历由最初的中朝传统政治秩序稳定中蕴含着危机，到受到冲击产生动摇，再到发生深刻变化产生裂变，直至以清朝为中心的中朝政治新秩序重构的演变过程。而在这个过程中，朝鲜对明清封贡对象的转变，经历了长期的曲折历程，个中原因，朝鲜王朝所尊奉的“春秋义利观”思想，是导致中国和朝鲜封贡关系发生变化的重要影响因素。

第一章　后金建立前之中朝传统政治秩序

17世纪初，在明朝境内的东北地区，兴起一个欲与明王朝相抗衡的边疆民族地方政权，这就是女真（即后来的满洲）杰出首领努尔哈赤建立的后金天命政权。在后金政权建立前，明朝与邻国朝鲜保持了两百余年的传统封贡关系，但随着努尔哈赤建州女真部的迅速崛起，腐朽没落的明王朝政治地位尴尬。一方面，它受到来自边疆部族女真人的挑战，另一方面，作为长期臣属国的朝鲜对明朝的态度发生微妙变化，与明朝只开展有限度的交往。这种现象的出现，说明彼时表面稳定的中朝传统政治秩序已经蕴含着一定的危机。

第一节　边疆民族建州女真部在明末的强势崛起

建州女真部兴起于明朝东北边疆。长期以来，明朝对女真部采取的是“恩威兼施”政策，以此压制女真人的发展；而以努尔哈赤为首领的建州女真部在其势力尚未强大之前，积极发展与明王朝及周边国家朝鲜的友好关系，力求有一个稳定的发展空间，趁机壮大自己的力量。

一、明朝对建州女真部的长期有效统治

对于建州女真部，明朝统治者实施恩威并举、以笼络为主的政策，“以夷制夷”，企图使建州女真各部互相牵制，从而达到有效控制女真人的目的。

（一）明朝前中期对女真部的羁縻控制

女真即为今天满族之前身。女真民族是一个有着悠久历史的古老族群，很早以前就生活在中国东北地区。从先秦时期的肃慎，到汉魏晋时期的挹娄，再到南北朝时期的勿吉，隋唐时期的靺鞨，直到辽朝初年开始以“女真”的名称见著于史籍。辽朝末年，女真民族日益发展壮大，于1115年建立了大金政权，并先后灭亡辽朝与北宋，与南宋政权形成对峙。蒙古部兴起之后，1234年灭亡金政权，女真人臣属于蒙古人建立的元朝统治之下。1368年，朱元璋推翻元朝建立明朝后，蒙古残余势力仍然存在，女真人继续受到蒙古贵族建立的北元政权控制。随着明朝统一东北战争的节节胜利，北元势力退缩到蒙古草原上，生活在东北地区的女真人成为明朝统治下的边疆民族。

明朝时期，按照生活方式和经济状况以及地区分布，女真人分为海西女真、建州女真和野人女真（又称东海女真）三大部，其下各有若干大小不等的部落。彼时女真各部的大致分布是：建州女真原居于今黑龙江依兰附近及其以北地区，其主体部分为元代女真的胡里改部、斡朵里部与毛怜部。明初，这三部分成两路，相继南下，分布在抚顺以东，以浑河流域为中心，东达长白山东麓和北麓，南抵鸭绿江边。海西女真原驻地是以忽喇温江（今黑龙江呼兰河）为中心，后部分海西女真南迁至辉发河流域。野人女真指松花江下游、乌苏里江和黑龙江下游的女真部落，分布在建州、海西女真以东和以北的广大地区，北达黑龙江下游以北地区，东抵日本海和鄂霍次克海海岸。①

明朝建立伊始，蒙古残余势力依然存在，尤其是盘踞辽东的故元主将纳哈出，力量较为强大，对明朝构成严重的边防威胁。为了孤立纳哈出势力，明太祖朱元璋对于居住在东北地区的广大女真人，实施以招抚为主的笼络政策，所谓：“朕既为天下主，华夷无间，姓氏虽异，抚字如一。”② 明太祖不断遣使到女真地区进行宣慰，于是女真各部相继前来归顺明朝，如《明实

① 翁独健主编：《中国民族关系史研究》，中国社会科学出版社1984年版，第353页；程妮娜主编：《东北史》，吉林大学出版社2004年版，第254～255页。

② （明）姚广孝等：《明太祖实录》卷53，洪武三年六月丁丑，台湾“中央研究院”历史语言研究所1962年校印本。

录》记载：“故元海西右丞阿鲁灰遣人至辽东，愿内附。”[①]对于前来归附的女真人，明太祖注重以赏赐的方式加以安抚，如“赐辽东女直所部阿苦义等六人，衣各一袭、钞五锭”[②]，等等。

明成祖继位后，注重加强对女真人的控制，专门派人到图们江、松花江和乌苏里江流域以及朝鲜半岛北部招谕女真各部。明永乐元年（1403），明成祖派“行人邢枢偕知县张斌往谕奴儿干，至吉烈迷诸部落招抚之，于是海西女直、建州女直、野人女直诸酋长悉境来附”[③]。是年十一月，明成祖任命来朝的胡里改部女真头目阿哈出为建州卫军民指挥使司“指挥使”[④]，这是明朝设置在松花江流域管辖女真人的羁縻卫。明成祖为了招抚女真诸部，利用女真名酋阿哈出的声望，以赏赐爵禄方式招谕女真人，借机扩大对女真人居住区的统治，如永乐二年（1404）十二月，辽东总旗张孛罗、小旗王罗哈等奉敕谕经朝鲜到建州卫地“使（阿哈出）招谕野人，赐书慰之”[⑤]。于是，今辽宁开原县以北，包括今吉林、黑龙江两省及黑龙江以北广大地区的女真人，纷纷表示服属于明朝。永乐六年（1408）三月，忽的河、法胡河、卓儿河、满剌河等处女真野人头目哈剌等来到明王朝，明成祖“遂并其地入建州卫”[⑥]。在阿哈出的荐举下，明朝经过一定的说服工作，使斡朵里部著名女真首领猛哥帖木儿最终加入建州卫。

为管理偏远地区的女真人，永乐七年（1409）四月，明成祖决定设置奴儿干都司，以东宁卫指挥康旺为都指挥同知、千户王肇舟等为都指挥佥事，“统属其众”[⑦]。永乐九年（1411）春，明朝太监亦失哈等率官军一千人，巨船二十五艘，在黑龙江下游东岸特林地方，正式设立奴儿干都指挥使司（简称奴儿干都司），[⑧]作为统辖女真地区诸羁縻卫所的上一级机构。据《明史》记载，到正统十二年（1447），奴儿干都司管辖184卫、20

① 《明太祖实录》卷153，洪武十六年四月己亥。
② 《明太祖实录》卷187，洪武二十年十二月癸亥。
③ （明）严从简：《殊域周咨录》卷24，《女直》，中华书局1993年版，第733页。
④ 《明太宗实录》卷25，永乐元年十一月辛丑。
⑤ 《朝鲜太宗实录》卷8，四年十二月庚午，韩国国史编纂委员会1986年影印本。
⑥ 《明太宗实录》卷77，永乐六年三月辛酉。
⑦ 《明太宗实录》卷91，永乐七年闰四月己酉。
⑧ 《敕修永宁寺碑记》，转引自孙进己等：《女真史》，吉林文史出版社1987年版，第171页。

所。建州女真、海西女真、野人女真的各卫所，皆隶属于奴儿干都司，其分布范围很广："东濒海（日本海），西接兀良哈，南邻朝鲜，北至奴儿干、北海（鄂霍次克海）。"[①] 奴儿干都司的设置，有效地促进了明朝廷对女真的招抚工作。对于设置在女真地区的羁縻卫所，明朝采取与内地的卫所不同的建置形式与不同的统辖管理方式：首先，羁縻卫所是军政合一的地方机构，既有军事职能，又要管理地方的行政事务；其次，羁縻卫所属土官体制，即由当地女真部落首领担任卫所各级官员，官职是世袭的，父死子继，但诸卫所官员必须经过明朝廷委任，与明王朝有明确的隶属关系。[②] 为了防止女真等塞外少数民族的反抗，明朝很注重服属的效果，所谓"以不战为上兵，羁縻为奇计"[③]。而通过实行卫所制度，对于女真各部落首领授予都指挥使、都指挥同知、都指挥佥事、千户、百户等官职，使他们相互对立、互相牵制，可以制止他们之间的势力联合，防止他们谋求分裂。

明永乐十年（1412），明朝从建州卫中分出一部分，设置建州左卫，任命斡朵里部女真首领猛哥帖木儿为建州左卫指挥使。明宣德八年（1433）十月，由于猛哥帖木儿配合明朝打击逃到朝鲜半岛的女真豪族杨木答兀，引起杨木答兀的愤恨，因而杨木答兀纠集部分野人女真，在阿木河（今朝鲜会宁）杀死了猛哥帖木儿，史称"阿木河事件"。在这次事变中，猛哥帖木儿的次子董山被掳走。后来，董山因得到毛怜卫指挥使的帮助，回到朝鲜境内的阿木河，与其叔父凡察（猛哥帖木儿同父异母弟）一起居住，并且"袭为本卫（建州左卫）指挥使"[④]。这时期，建州卫由阿哈出的孙子李满住担任都督，势力日益壮大，与邻境朝鲜发生冲突；明廷为了压制李满住的势力发展，实施一贯的"以夷治夷"政策，听任朝鲜于明宣德八年（1433）和正统二年（1437）先后两次侵入建州。[⑤] 为了达到使女真各部相互分离，从而削弱女真势力的目的，明英宗于正统七年二月，

① （明）李贤：《大明一统志》卷 89，《女直》，三秦出版社 1990 年影印本。
② 孙进己等：《女真史》，第 172 页。
③ （明）李贤：《大明一统志》卷 89，《女直》。
④ 《明英宗实录》卷 36，正统二年十一月甲寅。
⑤ 王兆兰：《十五世纪三十年代朝鲜两次入侵建州》，《中朝关系史研究论文集》，吉林文史出版社 1996 年版。

“分建州左卫，设建州右卫。升都督佥事董山为都督同知，掌左卫事；都督佥事凡察为都督同知，掌右卫事”①。从此，建州女真分为建州卫、建州左卫和建州右卫，合称“建州三卫”。三卫同属于明朝奴儿干都司的统辖，属于具有较强自主权的羁縻卫所。

明宪宗成化年间（1465 ～ 1487），为了从经济上控制女真人，明朝廷给女真各部落首领发放印信，允许他们定期入京朝贡。历史上，中原王朝为了显示天朝大国的地位，与周边臣属国家及境内少数民族之间封贡关系的一贯原则，是实行“厚往薄来”的怀柔政策，回赐物品十分优厚，比进贡物品种类、数量更多，价值更高。明朝廷为了招抚、安置女真人，使其服从明朝的统治，对女真人采取羁縻政策，对于前来朝贡的女真人同样给予丰厚的抚赏和回赐，所谓：“来则嘉其慕义而接之以礼，不计其物之厚薄也。若必责其厚薄，则虏性易离，而或以启衅，非圣朝怀远人厚往薄来之意。”② 这种物质上的进贡与回赐关系，是一种变相的经济贸易形式；但应该指出的是，它是建立在政治隶属关系上的。后来，正是由于以董山为首的建州女真不服从明朝的约束，大肆抄掠辽东都司所辖的汉人地区，使明朝东部边疆地区不得安宁。成化三年（1467）七月，明廷出动军队杀死了董山。③ 十月，明朝联合朝鲜军队讨伐李满住所辖的建州卫女真，给女真人以沉重打击。④ 成化十五年（1479）十月，明朝和朝鲜联军讨伐建州女真。这次军事行动，给建州三卫带来毁灭性的灾难，幸存者“仅结草穴土，而居耳”⑤，建州女真由此一蹶不振，陷入了一个漫长的低迷期。

由此可以看出，明朝前中期对边疆民族女真的政策，是实施传统的羁縻控制，通过对女真各部实施政治分封和经济赏赐等手段，进行招抚与安置，借以巩固明朝边防。但当建州女真寇掠明朝辽东都司辖区，危及明朝的政治利益时，明廷便出兵镇压女真部落。

---

① 《明英宗实录》卷 89，正统七年二月甲辰。
② 《明宪宗实录》卷 35，成化二年十月甲寅。
③ 《明宪宗实录》卷 44，成化三年七月甲子。
④ 《明宪宗实录》卷 47，成化三年十月甲寅。
⑤ 《朝鲜成宗实录》卷 112，十年十二月辛未。

（二）明朝后期对建州女真部的打压

经过成化年间明朝与朝鲜的联合军事打击，建州女真衰落下去。此后明朝与女真之间并无大的战事，明廷通过分封李满住、董山等人的子孙官职，保持正常的封贡关系，实行对女真人的羁縻统治。在经过近一个世纪的沉寂后，女真人重新兴起。

16世纪70～80年代，建州女真、海西女真、野人女真经过分散、组合，重新形成了新的部落势力。野人女真主要分布于外兴安岭、锡霍特山脉、日本海和鄂霍次克海西岸地区以及库页岛等地，包括这些地区不同语系、语族、语支的若干氏族部落。海西女真的核心部分逐渐形成了“扈伦四部”，哈达部，以居哈达河（今辽宁省西丰县小清河）一带而得名，其地在今吉林辉南县西一带，在王台为首领时哈达部强盛。叶赫部，首城为叶赫城（今吉林省梨树县叶赫满族乡），以居叶赫河而得名，主要分布于今辽宁开原之北叶赫河、伊通河、东辽河上游。乌拉部，以居乌拉河（今松花江）畔而得名，主要分布于伊通河至辉发河口的松花江两岸地区，首城为乌拉城（今吉林省吉林市郊区乌拉街镇）。辉发部，以居辉发河一带而得名，主要分布于今吉林省辉发河、柳河、沙河一代。建州女真有建州五部与长白山三部，合称八部，其中建州部包括完颜部（居住浑江上游西侧各支流）、苏克素浒河部（居住苏子河流域）、浑河部（居住浑河及其上游英额河流域）、完颜部（居住今吉林省敦化西一带）、栋鄂部（居住浑江支流栋鄂河流域）、哲陈部（居住浑河支流扎克丹河，今土木河流域）；长白山部包括鸭绿江部（居住今鸭绿江上游集安县一带）、朱舍里部（居住松花江上游朱冷河流域，今吉林省临江县北一带）、讷殷部（居住松花江上游地区，今吉林省长白县一带）。[①]

在当时的女真内部，各大小部落之间相互征战讨伐，矛盾重重，史载：“各部蜂起，皆称王争长，互相战杀，甚且骨肉相残。”[②] 在建州女真诸部中，以王杲为都指挥使的苏克素浒河部建州右卫势力最强。据赵维和考证，王杲（喜塔拉氏）为猛哥帖木儿同母弟建州右卫都督凡察的后裔。[③] 明嘉靖年

---

① 转引自袁闾琨等：《清代前史》，沈阳出版社2004年版，第26、160～161、195～196页。

② 《清太祖武皇帝实录》卷1，《满洲源流》，故宫博物院1932年铅印本。

③ 赵维和：《试论建州右卫王杲》，《满族研究》2003年第4期。

间（1522 ～ 1566），王杲继承父业，在苏克素浒河河畔古勒山城（今辽宁新宾上夹河镇古楼村）袭任建州右卫都指挥使，后自封为都督。由于王杲采取远交近攻的策略，“建州诸夷悉听杲调度”[①]，王杲势力迅速强大，控制一方，自行其是。当时建州左卫的觉昌安、塔克世，也依附于王杲，并与之联姻。

由于王杲联合蒙古各部落，接连寇犯抚顺、辽阳等地，对明统治构成巨大威胁，于是在隆庆四年（1570）十月，明朝穆宗皇帝以名将李成梁“署都督佥事，充总兵官，镇守辽东”[②]。李成梁到辽东总兵任后，“大修戎备，甄拔将校，收召四方健儿，给以厚饩，用为选锋，军声始振”[③]。同时，李成梁利用女真人内部的各种矛盾，采取威胁利诱等手段，对女真人实施分化瓦解政策，利用女真人对付女真人，企图让女真内部自己消耗，难以形成统一民族，从而达到削弱整个女真力量的目的。明万历二年（1574）十月，李成梁率兵攻打建州右卫王杲所属古埒寨，围剿桀骜不驯的王杲所部，王杲逃到海西女真哈达部王台处。王台势力很大，“自抚顺、开原而北属海西者，王台制之”，“东陲晏然三十年，王台有力焉”。[④]为了有效地控制女真人，明朝采取“以夷制夷”的政策，对于地处建州女真与蒙古之间、对明表示忠诚的海西女真哈达部，明廷给予大力扶持。而王台也忠顺于明朝，“执（王杲）以献，（明朝）斩之”[⑤]，王杲被杀。为了表彰哈达部首领王台献建州女真首领王杲于明朝之功，明朝“加台龙虎将军”[⑥]。

与王杲同时代的建州女真还有王兀堂所部。根据有关专家的考证，王兀堂属建州左卫，为努尔哈赤五世祖董山的后裔[⑦]，其部散居于今辽宁省抚顺东南、清河至鸭绿江地方“自清河而南抵鸭绿江属建州者，兀堂制之”[⑧]。当时，明朝与建州女真在清河、叆阳、宽甸等地开设互市，进行贸易。由于互市过程中女真人与辽东都司居民产生了矛盾，王兀堂欲率部袭

---

① （明）瞿九思：《万历武功录》卷 11，《王杲传》，见薄音湖编辑点校：《明代蒙古汉籍史料汇编》第四辑，内蒙古大学出版社 2007 年版。

② 《明穆宗实录》卷 50，隆庆四年十月庚子。

③ （清）张廷玉：《明史》卷 238，列传 126，《李成梁传》，中华书局 1974 年版。

④ （清）谷应泰：《明史纪事本末》补遗，卷 1，《辽左兵端》，中华书局 1977 年版。

⑤ （清）张廷玉：《明史》卷 238，列传 126，《李成梁传》。

⑥ （明）于慎行：《谷山笔尘》卷 11，《筹边》，中华书局 1994 年版。

⑦ 李健才：《明代东北》，辽宁人民出版社 1986 年版，第 184 页。

⑧ 《明史纪事本末》补遗，卷 1，《辽左兵端》。

击明朝的城堡。明朝先发制人，辽东总兵李成梁率军讨伐之，但未能阻止女真王兀堂部的寇抄行为。万历八年（1580），“其秋，兀堂复犯宽奠，（明朝）副将姚大节击破之。兀堂由是不振”[①]。在明军的追杀之下，王兀堂部逐渐衰败。

上述史实说明，长期沉寂后意在重新奋起的建州女真部落，在明朝辽东总兵李成梁的镇压下，发展受到阻碍。作为辽东总兵的李成梁镇守东北三十余年，在维护东北边疆稳定、保障地方安全方面，既有建功立业的一面，也有腐败堕落的一面，总体上看前者应大于后者。《明史》载：“成梁镇辽二十二年，先后奏大捷者十。帝辄祭告郊庙，受廷臣贺，蟒衣金缯岁赐稠叠。边帅武功之盛，二百年来未有也。”[②]这是对李成梁镇守辽东前二十余年为维护东北边疆稳定所做出贡献的评价。然而，二次复出后的李成梁晚节不保，为追求“贵极而骄，奢侈无度”的腐朽生活方式，李成梁大肆贪污搜刮，尤其是与税监高淮相互勾结，以征收矿税为名，横征暴敛；以军事物品进行垄断贸易，“军赀、马价、盐课、市赏，岁干没不赀，全辽商民之利尽笼入己”。[③]李成梁的敲诈勒索，使辽东地区经济衰退，人民生活困苦不堪。军事上，李成梁不再刻意于整修战事，而是贪图享受；属下军官任意侵占田地，军屯遭到破坏，军官肆意克扣军饷，军事训练经费难以保障，士兵生活困苦，无备战热情，因而导致辽东边备的废弛。而这种情况，为建州部首领努尔哈赤提供了一个在东北地区大展身手的良机。

二、努尔哈赤治下的建州部迅速发展壮大

在明朝对女真人的羁縻政策下，作为后起的建州女真部首领，努尔哈赤根据当时的形势，明智地采取对明朝表面恭顺、暗自积蓄力量的应对策略，尽力避免过早地遭到明朝的打击，从而为建州女真部的崛起、统一女真事业的顺利进行，谋得良好的发展契机。

---

① （清）张廷玉：《明史》卷238，列传126，《李成梁传》。

② （清）张廷玉：《明史》卷238，列传126，《李成梁传》。

③ （清）张廷玉：《明史》卷238，列传126，《李成梁传》。

（一）努尔哈赤的身世及统一女真

明嘉靖三十八年（1559），努尔哈赤诞生在建州左卫赫图阿拉（今辽宁省新宾县境内兴京老城），其“龙颜凤目，伟躯大耳，天表玉立，声若洪钟，仪度威重，举止非常，英勇盖世”[①]。努尔哈赤的祖父和父亲觉昌安、塔克世，属于建州左卫觉罗部。觉昌安姓觉罗，系建州左卫指挥使猛哥帖木儿的后裔。猛哥帖木儿为努尔哈赤的六世祖，后被野人女真杀死。猛哥帖木儿的次子董山为努尔哈赤的五世祖，被明朝斩杀。董山的第三子锡宝齐篇古，是努尔哈赤的四世祖，锡宝齐之子福满为努尔哈赤的三世祖。福满第四子觉昌安是努尔哈赤的祖父，觉昌安精明强干，经过一番打拼，他确定本家族定居于赫图阿拉，以此为中心扩展势力。觉昌安有五子，其中第四子为塔克世（塔失），此即努尔哈赤之父。觉昌安、塔克世虽然世袭为建州左卫指挥使，但由于当时建州右卫都指挥使王杲的势力强大，觉昌安、塔克世所部难以同王杲抗衡，因而受制于王杲的建州右卫。

建州右卫都指挥使王杲随着自身力量的膨胀，不服从明朝廷约束，频频挑战明王朝的权威地位，明廷决定予以军事打击。万历二年（1574），明朝辽东总兵李成梁率军围剿王杲所在的建州右卫。觉昌安、塔克世由于长期受王杲的压制，心怀不满，于是积极配合明军对王杲的清剿行动，帮助明军消灭了王杲。王杲死后，其子阿台成为建州右卫指挥使，继续统辖浑河、苏子河地区。万历十一年（1583）二月，明辽东总兵李成梁在建州女真苏克素浒河部图伦城主尼堪外兰的引导下，又领兵讨伐据守古埒寨的阿台。阿台的妻子是觉昌安长子礼敦之女，即为觉昌安的孙女，出于替阿台着想，觉昌安、塔克世到古埒寨做劝降工作，但阿台并不听从，于是明军武力攻城。在双方混战中，觉昌安、塔克世两人不幸被明军杀死。

关于觉昌安与塔克世的死因，《清太祖高皇帝实录》与《清太祖武皇帝实录》中有记载明军答复为“被误杀”[②]。学者们也大多认为觉昌安和塔克

① 《清太祖高皇帝实录》卷 1，中华书局 1985 年版。

② 《清太祖高皇帝实录》中记载：“明遣使谢曰：‘非有意也，误耳。’”（《清太祖高皇帝实录》卷 1）《清太祖武皇帝实录》中记载：“（明帝）诏下，曰：‘汝祖、父实是误杀。’”（《清太祖武皇帝实录》卷 1，《满洲国》）。

世确实是在混战中被明兵误杀，[1]但学者姜相顺却持有不同的看法，他认为："李成梁很可能有意将塔克世杀害而以误杀掩盖真相"[2]，肖瑶也认为"是尼堪外兰在这混乱之中，挑唆李成梁杀了觉昌安和塔克世"[3]。笔者同意此种看法，认为李成梁故意杀害了觉昌安父子。因为明朝对待少数民族一贯的政策是"以夷制夷"，此时建州部落苏克素浒河部图伦城主尼堪外兰正与明朝打得火热，明朝意欲扶持尼堪外兰，故而听信尼堪外兰的挑唆，杀死了对明朝并无多大利用价值的觉昌安和塔克世，对此，建州人还是有清醒认识的，即"尼康外郎（尼堪外兰）唆使大明兵并杀觉常刚（觉昌安）父子"[4]。

由于塔克世的妻子即努尔哈赤的生母，是女真酋长王杲之子阿台之女，明朝不可能不考虑到王杲部与塔克世一家的关系，因而早在当年明军攻破王杲寨时，李成梁曾想杀死作为塔克世长子的努尔哈赤，"（努尔哈赤）抱成梁马足请死"，不过，李成梁还是发了善心，没有斩草除根，反而留了努尔哈赤一条性命"成梁怜之，不杀，留帐下卵翼如养子"，[5]并且让努尔哈赤在李成梁的军营中接受军事训练，据《东夷考略·女直》记载："奴尔哈赤方幼，李成梁直雏视之。"[6]《山中闻见录》也有类似的记载："塔失（努尔哈赤父亲）有二子，长即太祖，次速儿哈赤，俱幼，李成梁抚之。太祖既长，身长八尺，智力过人，隶成梁标下……"[7]在李成梁的庇护下，努尔哈赤"接

---

① 周远廉：《清太祖传》，人民出版社2004年版，第44页。
② 姜相顺：《努尔哈赤曾为明朝质子考》，载《满族史论集》，辽宁民族出版社1999年版。
③ 肖瑶：《李成梁与晚明辽东政局研究》，第186页。
④《清太祖武皇帝实录》卷1，《满洲国》。
⑤（明）瞿九思：《万历武功录》卷11，上海古籍出版社1996年版。
⑥《东夷考略·女直》，转引自潘喆等编：《清入关前史料选辑》（第一辑），中国人民大学出版社1984年版，第50页。
⑦（明）彭孙贻：《山中闻见录》卷1，建州，转引自李澍田主编：《先清史料》，吉林文史出版社1990年版，第1页。至于努尔哈赤是否被李成梁抚养过，姜相顺先生曾著文（《努尔哈赤曾为明朝质子考》，载《满族史论集》，辽宁民族出版社1999年版）指出，努尔哈赤不仅在李成梁帐下被抚养过，而且还曾作为明朝的质子；而曹德全先生则提出相反的看法（《"李成梁抚养过努尔哈赤"质疑》，载抚顺市社会科学界联合会、抚顺市社会科学院编：《抚顺清前史暨满族文化国际学术研讨会论文集》，辽宁民族出版社1999年版），认为努尔哈赤未曾被李成梁抚养过。结合前引文献资料，笔者认为，努尔哈赤被李成梁抚养过应是事实，至于是否作为"明朝的质子"，这跟努尔哈赤的发展并无过多的直接联系。

受了汉族的文化，又学习了作战的本领”[①]，这就为后来努尔哈赤的壮大奠定了良好的基础，正如后世与努尔哈赤作战的明朝将领熊廷弼所言：“生其（努尔哈赤）羽毛，而长其爪距，纵其飞扬，而成其跋扈，宁远（李成梁）不得而辞其过也。”[②]

那么如何看待李成梁“养虎（努尔哈赤）贻患（明朝）”问题？国内外学者认为，正是在李成梁的关照下，努尔哈赤得以迅速崛起，李成梁为努尔哈赤以后的发展提供了成长的土壤。如国内学者孙文良指出：“李成梁的失策纵容了努尔哈赤。”[③] 曹国庆认为：“建州努尔哈赤势力的迅速崛起，正是李成梁一再纵容的结果。”[④] 日本学者和田清指出：“李成梁与努尔哈赤关系密切，李成梁扶持努尔哈赤成为建州首领。”三田村泰助也认为：“努尔哈赤的崛起得到了李成梁的大力扶持，李成梁是他的后援、保护者”，“李成梁勾结高淮弃宽甸六堡纵容了努尔哈赤；努尔哈赤利用万历时期贡敕贸易获得貂参之利，壮大了建州女真的经济实力”。[⑤] 由此可看出李成梁对努尔哈赤发展壮大所起到的间接作用。在此，笔者认为，我们并不能将努尔哈赤成为明朝“后患”的责任完全归罪于李成梁一人，因为当时整个的明朝体制已经昏庸腐朽，病入膏肓，给外族入侵以可乘之机；加之以李成梁为代表的明朝贵族地主政权对女真人的镇压打击，激起努尔哈赤强烈的民族仇恨，于是努尔哈赤养精蓄锐，伺机谋叛，故应该说是明朝的政局及民族政策使然。

彼时，对于自己的父、祖被明军杀死，努尔哈赤非常伤心，他曾前去诘问明朝边将曰：“我祖、父何故被杀？汝等乃我不共戴天之仇也。”明朝廷解释为“非有意也，误耳”，作为补偿措施，明皇帝“与（努尔哈赤）敕三十道，马三十匹，封龙虎将军，复给都督敕书”。[⑥] 于是，努尔哈赤承袭父祖职位，担任建州左卫指挥使，成为明朝卫所制下的地方官员。对于自己的父

① 翦伯赞：《中国史纲要》，人民出版社 1961 年版，第 220 页。

② 熊廷弼：《熊经略集一・答友人》，载（明）陈子龙编：《明经世文编》卷 480，中华书局 1962 年版。

③ 孙文良：《满族崛起与明清兴亡》，辽宁大学出版社 1992 年版，第 100 页。

④ 曹国庆：《万历皇帝大传》，辽宁教育出版社 1994 年版，第 156 页。

⑤ 转引自肖瑶：《李成梁与晚明辽东政局研究》，第 7 页。

⑥（清）王先谦：《东华录・天命一》，癸未（明神宗万历十一年）二月，上海古籍出版社 2008 年版。《东华录》还有一种版本，即（清）蒋良骐：《东华录》（齐鲁书社 2005 年版），相比较而言，王本比蒋本更为具体，本书写作时根据需要，分别采用不同版本的内容。

祖是否是“误杀”，努尔哈赤心里自然清楚，因而后来努尔哈赤举起反明大旗，在公开宣称的“七大恨”中，第一大恨就是明朝杀死了他的父祖。

富有心计的努尔哈赤吸取建州部王杲、王兀堂等首领遭到明朝镇压的教训，没有同明朝继续纠缠下去，而是把父、祖之死的责任转嫁到其他女真首领身上，曰：“害我祖、父者，尼堪外兰所构也，必执以与我。”于是万历十一年（1583）五月，二十五岁的努尔哈赤以其父祖“遗甲十三副，谋伐尼堪外兰”[①]，率军队攻打尼堪外兰所在的图伦城。图伦城被攻破后，尼堪外兰逃入明朝廷，寻求保护。努尔哈赤请求明朝交出尼堪外兰，明朝边将配合努尔哈赤的活动，将尼堪外兰斩杀，明廷并赐给努尔哈赤“银八百两、蟒缎十五匹”[②]，以此笼络努尔哈赤。这同样是明朝“以夷制夷”政策的体现。本来尼堪外兰是明军攻打阿台所在建州右卫的向导，如今古埒寨已被攻下，对明朝而言，尼堪外兰已经没有利用价值了，于是明朝将尼堪外兰抛出，转而扶持努尔哈赤。后来，明朝为了遏制努尔哈赤，又利用海西女真的叶赫部来压制努尔哈赤，阻挠努尔哈赤迎娶叶赫的女儿即为例证，目的正是为了防止他们的联合。

清除尼堪外兰势力后，针对周围强敌林立，严重威胁建州部生存的局面，努尔哈赤采取“恩威并行”[③]的策略，既对投靠人员施以恩惠拉拢，又对敌对势力予以军事打击，由此展开统一女真各部的斗争。当时，明朝为了加强对辽东地区的管理，设立了海西卫，分南北二关，以哈达部为南关，叶赫部为北关。努尔哈赤灭亡哈达部，则明朝失去了在南关的防卫。由于叶赫部所在的开原、铁岭地区是明朝辽东边防的重要屏障，明朝对于该地区的防守非常重视，因而明神宗皇帝屯重兵于开原，通过扶持叶赫部来制约建州部。叶赫部则依仗明廷的支援，与建州部抗衡。这样，明朝与海西叶赫部成犄角之势，联合防御努尔哈赤建州部。

努尔哈赤并没有急于同叶赫部作战，而是逐一打败苏克素浒河部等建州五部和鸭绿江部等长白山三部，万历十六年（1588），统一了建州女真本

① （清）王先谦：《东华录·天命一》，癸未（明神宗万历十一年）二月。
② 《清太祖高皇帝实录》卷2，丙戌秋七月甲午。
③ 《清太祖武皇帝实录》卷1，《满洲源流》。

部，女真“各路归附益众，环境诸国有逆命者，皆削平之，国势日盛”[1]。尤其是在万历二十一年（1593）九月的古勒山一战中，努尔哈赤领导其部众，成功地击退以叶赫为首的九部联军三万人对建州部的围攻，生擒乌拉首领布占泰，迫使叶赫外逃。为彻底荡灭叶赫部，万历四十一年（1613），努尔哈赤调集力量，攻取叶赫国“大小寨十九处，尽焚其城寨、房舍、粮储，收降众编为三百户”[2]，于是，努尔哈赤就平服了海西女真中除叶赫以外的扈伦三部，陆续兼并东海女真的许多弱小部落，结束女真社会长期分裂动荡不安的混乱局面，基本完成女真的统一大业，所谓：“自东海至辽边，北自蒙古嫩江，南至朝鲜鸭绿江，同一音语者俱征服，是年诸部始合为一。”[3]

这样一来，利用明朝把国内大部分兵力投入援朝抗倭、东北边疆地区疏于治理的有利时机，努尔哈赤领导的建州女真部积聚力量，乘隙发展，迅速崛起，成长为中国东北边疆的重要势力。

（二）努尔哈赤对明朝的两面政策

在女真部落发展过程中，当时女真的诸多酋长为了获取政治资本及经济利益，曾设法与明朝建立联系，以图得到明朝的支持，如此前的王台、尼堪外兰；但明朝并不想真正地扶持这些女真首领，只是暂时利用他们而已，一旦失去利用价值，即被明廷抛弃。至于那些公开对抗明朝的女真首领，如此前的王杲、王兀堂，最终落得个兵败被杀的结局。努尔哈赤清楚地认识到，彼时的建州女真部作为强大明朝境内的一个地方部落，与明朝实力相差悬殊，尚难与明朝抗衡，因而在统一女真的过程中，努尔哈赤对明政府采取明智的两手政策，即明里效忠于明朝廷，暗地里却不断发展建州女真自身的势力。

首先，努尔哈赤在政治上顺应明王朝的羁縻统治，接受明朝的册封，经常到明朝京城入觐朝贡，体现出谦恭态度，表示甘作明朝的臣民。在明朝社会，边疆地区的各少数民族，能否按时朝贡，尤其是其首领是否亲自到京城

---

① （清）王先谦：《东华录·天命一》，戊子（明神宗万历十六年）四月。

② 中国第一历史档案馆译注：《满文老档》太祖皇帝第1函，第3册，癸丑年九月，中华书局1990年版，第25页。

③ 《清太祖武皇帝实录》卷3，天命四年八月条。

朝拜皇帝，这是明朝衡量该少数民族及其首领是否忠于朝廷的重要标志，精明的努尔哈赤自然非常明白这个道理。万历十八年（1590）四月，努尔哈赤率领部下，带着人参、貂皮、蜂蜜等物品，到京城朝贡，史载："建州等卫女直夷人奴儿哈赤等一百八员名，进贡到京，赏赉如例。"[①] 这是努尔哈赤入京朝贡的最早记录。此后，努尔哈赤或亲自、或派属下多次到明廷朝贡。阎崇年先生据《明神宗实录》及谈迁的《国榷》记载统计，在努尔哈赤建立后金之前的二十余年间，平均每三年努尔哈赤亲自到北京朝贡一次。[②]

除了"与大明通好，遣人朝贡，执五百道敕书，领年例赏物"外，努尔哈赤在经济上，以抚顺、清河、宽甸、叆阳四处关口，与明朝"互市交易，照例取赏"，因此建州女真部"民殷国富"，[③] 物资充足，社会发展。在贸易过程中，由于以税监高淮为首的明朝辽东地方官员欺行罢市，强买强卖，任意勒定马价，残酷对待女真人"权使威驱，梃辱奴虏"[④]，这就激起了女真民族的仇恨，民族矛盾不断激化。如据朝鲜人所见，女真人将高淮部下征税太监"酷加绑缚，禁小圈子里，不得出入饮食"，意在使这些太监"饥渴而死"。[⑤] 努尔哈赤为了谋求未来更大的发展，没有与明朝官员发生更大的冲突。

作为有远见卓识的部落首领，努尔哈赤不像其他女真部酋长那样侵扰明边，不仅不抢掠辽东人畜财帛，而且送还被其他女真、蒙古酋长掳掠的汉人和逃往建州的汉人，并且奏请明朝表示愿意助兵抗倭援朝，还用赠送厚礼等方式笼络明朝官将。[⑥] 如此一来，努尔哈赤的行为赢得明朝君臣的信任，明朝皇帝认为努尔哈赤是忠诚于朝廷、可以信赖的边疆民族首领"忠顺学好，看边效力"，于是派官员前去建州部赠送礼物，与之开设互市，交易物资，

---

① 《明神宗实录》卷222，万历十八年四月庚子。

② 阎崇年：《努尔哈赤传》，北京出版社2006年版，第156页。而周远廉所著的《清太祖传》认为，努尔哈赤到北京进贡的次数可以肯定的数字是八次，在他被尊称为"聪睿恭敬汗"以前有六次，此后有两次（人民出版社2004年版，第193页）。

③ 《清太祖武皇帝实录》卷1，戊子年四月条。

④ （明）何尔健著，何兹全、郭良玉编校：《按辽御珰疏稿》，中州书画社1982年版，第47页。

⑤ 《朝鲜宣祖实录》卷113，三十二年五月辛酉。

⑥ 周远廉：《清太祖传》，第122～128页。

并先后封努尔哈赤为“都督佥事”和“龙虎将军”[①]等重要官职。而努尔哈赤利用明朝的封爵，逐步树立其在女真部落中的地位，为其称雄女真奠定了基础，所谓：“建州夷酋奴儿哈赤以姻歹商，先入贡，且以斩叛夷克五十乞升赏，加都督秩，以此遂雄长诸夷。”[②]

其次，努尔哈赤在表面上顺从明朝统治的同时，私下里却加紧蓄积力量，不断完善各种政治制度，从而为日后的发展壮大奠定基础。万历十五年（1587）六月，努尔哈赤“定国政，凡作乱窃盗欺诈悉行严禁”[③]；并且，努尔哈赤积极发展军事，据史书记载，万历三十九年（1611）时，建州部已是“列帐如云，积兵如雨，日习征战，高城固垒”[④]，军事上达到了相当的规模。

如此一来，通过入京朝贡以及与明人开展马市贸易，努尔哈赤一方面壮大了自身部落的经济实力，另一方面在多次到明朝京师的过程中，“往来窥探，夷险熟知”[⑤]，了解了明朝在辽东的军事布防情况，窥知了明朝内部政局的虚实，于是，羽翼渐丰的努尔哈赤暗下决心，打算起兵反叛明朝。

努尔哈赤在与明朝保持臣属关系期间，对明朝称臣贡纳方物；但努尔哈赤与明朝的几次接触，已经暴露出其与明廷分庭抗礼的意图。例如，万历三十六年（1608）正月，努尔哈赤曾与明朝盟誓建碑，其辞曰：“两国各守边境，敢有窃逾者，无论满洲、汉人，见之杀无赦。若见而不杀，殃及不杀之人。明若渝盟，其广宁巡抚、总兵、辽东道、副将、开元道、参将等官，均受其殃。满洲渝盟，殃及之。”[⑥]努尔哈赤在与明朝的盟誓中，竟然指出“明若渝盟”将与“满洲渝盟”一样的后果，反映出努尔哈赤谋求与明王廷同等的地位。而万历三十七年（1609）二月，努尔哈赤遗书明廷，要求“临朝鲜境而居瓦尔喀部众，皆吾所属也，可往谕，令彼察出予我”[⑦]，更是暴露出努尔哈赤欲与明朝抗衡的咄咄逼人意图。

---

① 《明神宗实录》卷215、卷251，万历十七年九月乙卯、二十年八月丁酉。
② （明）王在晋：《三朝辽事实录》，总略，《建夷》，全国图书馆缩微文献复制中心，2002年。
③ 《清太祖武皇帝实录》卷1，丁亥年六月二十四日。
④ 《明神宗实录》卷484，万历三十九年六月丁亥。
⑤ 《明神宗实录》卷373，万历三十年六月戊申。
⑥ （清）王先谦：《东华录·天命一》，戊申（明神宗万历三十六年）正月。
⑦ 《清太祖高皇帝实录》卷3，己酉春二月癸丑。

努尔哈赤的迅速崛起与强盛，引起了明朝大臣的警惕，他们认识到，努尔哈赤对明朝廷的恭顺，只不过是掩人耳目而已。朝廷中的一些有识之士，预见到将来努尔哈赤必成明朝的重大隐患，如阁臣叶向高曾言："今日边疆之事，惟建夷（努尔哈赤）最为可忧。度其事势，必致叛乱。"[①] 兵部尚书李化龙亦称："中国无事必不轻动，一旦有事，为祸首者，必此人（指努尔哈赤）也！"[②] 其实，明神宗万历皇帝何尝没有觉察到努尔哈赤的野心所向。例如，针对努尔哈赤征讨叶赫问题，明神宗曾致函努尔哈赤，要求努尔哈赤看在自己的情面上"不再征讨叶赫"，否则即是对明朝宣战；但努尔哈赤声称"此乃我等诸申国之战也"，[③] 在陈述了诸多与叶赫的矛盾后，仍然继续派兵清剿叶赫残余势力。这就说明，此时的努尔哈赤已经不再听命于明王廷，为此，明神宗只好部署一些针对建州部的防范措施。

总之，作为明朝东北边疆部族，明廷一度对女真部实施有效控制；但后来，努尔哈赤领导建州女真部，通过统一女真内部、壮大外部势力，短期内强势崛起，建州部已然成为与明朝相抗衡的重要割据力量。对此，明朝上下已经感受到了潜在的威胁。不过，由于此时的明王朝自身内部严重腐败，已无法有效约束努尔哈赤，故难以阻挡建州部的迅猛发展之势了。

第二节　明与朝鲜的传统封贡关系及抗倭援朝

有明一代，明朝以"天朝上国"自居，视东邻朝鲜为属国，与其保持了较为密切的友好关系；当朝鲜遭受日本的侵略时，明朝及时出兵相助，体现出自己作为朝鲜上国的地位。

一、明朝"抚藩字小"与朝鲜"尊明事大"的稳定关系

明王朝建立以来，对于臣属于自己的东方邻国朝鲜一直采取"抚藩字

① 《三朝辽事实录》，总略，《建夷》。
② 《明神宗实录》卷484，万历三十九年六月丁亥。
③ 《满文老档》太祖皇帝第1函，第3册，癸丑年十月，第26页。

小”的政策，政治上进行册封，经济上予以赏赐，文化上开展相互交流。李成桂建立朝鲜王朝后，继承了前朝高丽奉行的“事大”于明王朝的政策，尊奉明朝为上国，接受明朝的册封，定期对明朝朝贡，积极学习吸纳先进的中国文化成就，从而有明一代，朝鲜与明朝保持了长达两百余年的相互友好关系。明朝对朝鲜的“抚藩字小”与朝鲜的“事大”于明，是中朝两国历史上传统封贡关系的具体体现。

中国大陆与朝鲜半岛山水相连，地缘优势使两国发展起源远流长的友好关系。数千年来，中国历代封建王朝同朝鲜国家政权之间，政治往来频繁，经济贸易不断，文化交流兴盛。明洪武元年（1368），新的明王朝取代元政权，出现了“大明开基，混一六合，东渐于海，西被于流沙，声教迄于四海，凡在远方之国，莫不捧琛执白而来贡矣”[①]的局面。明朝建立统一政权后，鉴于残存的北元势力尚活跃于北部边疆，为了避免北元与高丽联合，明朝统治者积极拉拢高丽统治者。太祖朱元璋确立对高丽的友好政策，即位当年的十一月，明太祖派遣使者偰斯前往高丽，向恭愍王王颛（1352～1374年在位）通报“天命”元亡而明兴的中国局势，所谓：“臣民推戴，即皇帝位，定有天下名号，曰大明，建元洪武。惟四夷未报，故修书遣使，涉海洋，入高丽，报王知之。”翌年四月，偰斯抵高丽，“赐玺书及纱罗缎匹总四十匹，（高丽）王率百官出迎于崇仁门外”[②]。八月，高丽恭愍王王颛遣使奉表明朝，请求封爵。明太祖立即遣使臣赴高丽，颁赐诏书，封恭愍王王颛仍为高丽国王，并表明对高丽“是以一视同仁，不分化外”[③]。随后，高丽恭愍王通过进贡物品、庆贺节日、请祭服制度等方式向明称臣朝贡，表示臣属明朝。朱元璋曾自夸曰：“高丽安南占城爪哇西洋锁里，海外诸国，皆称臣入贡。”[④]洪武四年，朱元璋又确定高丽、日本在内的十六个国家为不征之国，告诫后世子孙，不得无故侵犯他国，所谓“海外蛮夷之国，有为患于中国者，不可不讨；不为中国患者，不可辄自兴兵”[⑤]，要与各国

① 《殊域周咨录》卷4，《东夷・琉球》，第129页。

② 郑麟趾：《高丽史》卷41，世家41，恭愍王十八年四月壬辰，朝鲜民主主义人民共和国科学院，1957年。

③ 《明太祖实录》卷44，洪武二年八月丙子。

④ 《明太祖实录》卷56，洪武三年九月乙卯。

⑤ 《明太祖实录》卷68，洪武四年九月辛未。

和平相处。

洪武二十五年（1392），原高丽大将李成桂推翻高丽王朝，建立新的朝鲜王朝。早在高丽末期，李成桂就属于积极的亲明派，反对高丽国王攻打辽东，对此明太祖朱元璋非常赏识。李朝建立后，李成桂马上派使节到明朝，要求明朝予以册封，确立法统。明太祖积极反应，对李成桂的即位予以承认，“赐国号曰朝鲜”①，表示支持，并宣布将继续贯彻自高丽末期以来的两国友好政策，视朝鲜为亲密的属国，所谓：“朝鲜在明虽称属国，而无异域内。”② 此后的两百余年间，朝鲜与明朝定期贡赐，使臣往来频繁，保持了十分密切的封贡关系。

具体而言，政治上，明朝对朝鲜国王、世子、王妃等予以册封，尽管明朝并不干涉朝鲜的内政，但在礼仪关系上将朝鲜纳入以天朝为中心的东亚封贡体系。正如有学者在著述中所指出的：“以中国为中心的东亚国际体系，基于这样一种目的：中国的历代统治者要求臣属国的仰慕、臣服，要求他们承认中国是世界的中心、是文明之邦。”③ 明朝也一样，它需要的是包括朝鲜在内的周边臣属国“仰慕、臣服”，以满足统治者的天朝大国心理。经济上，朝鲜与明朝通过进贡与回赐，进行定期的贸易往来，明朝按照对待臣属国“厚往薄来”的传统原则，给予朝鲜非常优厚的回赐物品，如明成祖在位时期，一次赐给朝鲜太宗王“白金二千两、文绮表里二百匹、纱罗绒锦五十匹、马二十匹”④，如此一来，朝鲜从贡赐贸易中获益颇多。另外，明朝还通过开设互市的方式与朝鲜开展贸易往来，甚至允许朝鲜购入弓角等违禁物品：“弓角贸易时，据《大明会典》，只许贸五十枚……考前规，仍旧许贸，故依前收买二百对矣。”⑤ 文化上，两国文人唱和诗文，切磋经史之学，明朝大量的文化典籍源源不断地输往朝鲜，如明成祖赐给朝鲜“《春秋会通》、《大学衍义》、《通鉴纲目》诸书”⑥，朝鲜“工曹参判郑顺朋，以北京所

① 吴庆元：《小华外史》，《小华外史总要通论》，朝鲜高宗五年（1868）初刊本，第1册，第13页。

② （清）张廷玉：《明史》卷320，列传208，《朝鲜传》。

③ 刘雪莲主编：《整体视角的东亚——地缘政治的分析》，吉林人民出版社2005年版，第52页。

④ 《明太宗实录》卷194，永乐十五年十一月甲寅。

⑤ 《朝鲜中宗实录》卷56，二十一年三月壬寅。

⑥ （清）万斯同：《明史》卷413，外蕃传一，《朝鲜》，上海古籍出版社2008年版。

得《皇明政要》，来献”[①]，朝鲜在中国传统儒家思想的影响下，自喻为“小中华”[②]。军事外交上，明朝对朝鲜继续推行“字小”政策，爱护朝鲜，维护朝鲜的利益不受侵犯。对于朝鲜与明朝境内边疆民族建州女真的冲突，明朝及时地出面调停二者之间的矛盾，但对于同为明朝臣属国与内附民族的建州女真，明朝是严令禁止他们之间的私下交往的，告诫朝鲜“宜谨守法度，以绝私交（女真），恪秉忠诚，以全令誉”[③]，目的是防止他们之间的联合对明朝边境构成威胁。当朝鲜受到日本的入侵，危及朝鲜的国家安全时，作为上国的明朝自然是义无反顾地出兵朝鲜，予以支援，保护臣属国。总之，明朝通过政治、经济、文化、军事、外交上的这些措施，加强对朝鲜的羁縻。

朝鲜则视明朝为天朝上国，自己以臣属国身份与明朝开展密切的往来。太祖李成桂建立朝鲜后，继承高丽末期以来的“事大”于明王朝的政策，尊明朝为上国，从而开启朝鲜与明朝长达两百余年的相互友好关系：“皇朝（明朝）视小邦（朝鲜）如子，小邦事皇朝如父母。”[④]在朝鲜建立之初，李成桂即以知密直司赵胖为赴明使臣，请求明朝承认其继位的合法性；接着，又以“权知国事”的名义，派使臣韩尚质赴明，请明太祖为朝鲜确定“朝鲜”[⑤]国号，向大明称臣纳贡，主动接受明的诰命、印信，奉明朝之“正朔”，“年号法度，一遵大明”[⑥]，积极推行同明王朝的睦邻交往政策，对明朝表示：“谨当始终惟一，益殚事上之诚，亿万斯年，恒贡祝厘之悃。”[⑦]此后，朝鲜与明朝定期贡赐，使臣往来频繁，保持十分密切的封贡关系，所谓“（朝鲜）事天朝最恭谨”；明朝则对待朝鲜“亦厚礼之，异于他蕃……册封之例以为常”。由于得到明王朝的特殊礼遇，朝鲜在各周边属国中的地位得以提

---

① 《朝鲜中宗实录》卷 89，三十四年三月丁丑。

② 朝鲜成宗言：“吾东方，自箕子以来，教化大行，男有烈士之风，女有贞正之俗，史称小中华。”（《朝鲜成宗实录》卷 20，三年七月乙巳）《小华外史》中有解释：“中国称朝鲜为小中华，以其礼乐文明亚于中国也。”（《小华外史》第 1 册，第 13 页）

③ 《明英宗实录》卷 302，天顺三年四月庚辰。

④ 金尚宪：《朝天录》，载林基中辑：《燕行录全集》卷 13，东国大学出版社 2001 年版，第 331 页。

⑤ 《明太祖实录》卷 221、卷 223，洪武二十五年九月庚寅、闰十二月乙酉。

⑥ 崔溥：《飘海录 —— 中国行记》，社会科学文献出版社 1992 年版，第 68 页。

⑦ 《朝鲜太祖实录》卷 2，元年十月癸酉。

高，“他蕃不敢望焉”。[①]

太祖李成桂在位时期，较之前朝的高丽国王，更加尊奉明朝，“卑辞谨事”[②]，个中原因，是出于以下几个因素的考虑。首先，从政治因素而言，因为李成桂是通过发动军事政变得以掌握政权的，按照东亚文化圈内的儒家义理思想，他属于篡位，因而需要与周边国家尤其是明朝搞好关系，取得明朝对其继位合法性的认可，以获得朝鲜国内民众的信任与支持，从而保持朝鲜国内政局的稳定。其次，从经济上来考虑，明朝对朝鲜推行“厚往薄来”政策，通过与明朝朝贡贸易，朝鲜可以获得巨大的经济利益。最后，朝鲜通过全面而广泛地吸收明朝先进的封建制度和封建文化，促进了自身社会的发展，推动了本国文明的进步。因此，李成桂“事大”明朝的选择，是符合彼时朝鲜人民的利益和国家利益的，是为了自身的生存和发展所必须采取的对外政策，是明智之举。

此后的朝鲜历代国王，都效法太祖李成桂的做法，即位后马上派使节到明朝，主动接受明廷的册封。每年，朝鲜都会选派使臣定期前往明朝，恭贺节日，庆贺皇帝诞辰、皇太子千秋，临时委派使臣前去吊祭亡故君主，祝贺新君即位、王后册封等，以示对中国皇帝的臣服，即：“每岁圣节、正旦、皇太子千秋节，皆遣使奉表贺，贡方物，其余庆慰谢恩无常期。若朝廷有大事，则遣使颁诏于其国，国王请封，亦遣使行礼，其岁时朝贡，视诸国最为恭慎。”[③]这方面的例子有很多，如朝鲜太宗王三年（1403），“（永乐帝）新登宝位，天下诸侯未有朝者。独朝鲜遣上相进贺”[④]。太宗王七年，派遣世子李禔为进表使入京师贺正，使团由副使、进笺使 3 人、侍从官 12 人、书状官 6 人、押马 2 人、押物 2 人，以及司仆官、典医监事、内侍、司衣司宰等组成，约达 110 人。[⑤]朝鲜世宗时期，“圣旦、元旦，皆使朝贡……庆吊谢使来无常”[⑥]。朝鲜中宗王在位期间，中宗二十六年（1531），“正朝进贺，移

---

① 《殊域周咨录》卷 1，《朝鲜》，第 19、46 页。

② 《朝鲜太祖实录》卷 3，二年五月己巳。

③ （明）申时行：《明会典》卷 105，《主客清吏司·朝贡朝鲜》，中华书局 1989 年版，第 571 页。

④ 《朝鲜太宗实录》卷 6，三年十一月丙子；卷 14，七年九月乙亥。

⑤ 参见《朝鲜太宗实录》卷 14，七年九月乙亥。

⑥ （清）万斯同：《明史》卷 413，外蕃传一，《朝鲜》。

于冬至”；对于明朝的诏书，“置黄幄殿内龙亭……上行五拜三叩头礼”。[①]朝鲜国王通过对明朝皇帝的进贺，获得金印、诰命、冕服、九章等。

总之，明朝统治前期，自太祖李成桂建立朝鲜王朝以来，朝鲜与明朝的关系尽管因“表笺风波”[②]、女真问题[③]以及使节往来中的礼仪问题等出现过一些矛盾，但由于以太祖李成桂为首的朝鲜国王长期对明朝推行“事大”之策，因而两国关系总体处于稳定发展的态势，正所谓：“自明成祖即位，到壬辰年（1592）日本军队侵入朝鲜的将近两个世纪的时间里，明朝与朝鲜的关系始终处于稳定发展的阶段，期间明朝先后更替了11位皇帝，朝鲜也经历了12位国王的统治，但两国一直保持着正常、和睦的往来。”[④]后世的朝鲜仁祖国王（1623～1649年在位），曾在上明朝皇帝的奏疏中，对朝鲜与明朝的长期传统封贡关系进行一番表白，所谓“自古中国之待外藩，惟覃声教取羁縻而已。皇朝之于小邦则不然，粤自列圣以来，覆帱之恩，视同内服，祁焉而靡不应也，吁焉而靡不听也”；他还尤其提到在朝鲜危亡之际，上国明朝对朝鲜“化危为安”的贡献，即：“及至壬辰之难，君臣播越，宗社为墟，乃蒙神宗皇帝，发天下之兵，倾府库之财，拯救而奠安之。”[⑤]此应当是明朝“抚藩字小”朝鲜的真实写照。而正是以朝鲜与明王朝稳定的封贡关系为基础，构成了当时中朝传统政治秩序的基本格局。

二、日本侵略朝鲜及明朝出兵援助属国

16世纪末，日本大封建主丰臣秀吉（1536～1598）发动历史上有名的壬辰战争，全面侵入朝鲜，使朝鲜遭受沉重打击。明朝统治者认识到日本入

---

① 《朝鲜中宗实录》卷70，二十六年三月甲午；卷84，三十二年三月己丑。

② 指的是朝鲜太祖在位时期与明朝所发生的三次外交文书上的争端。由于明太祖认为朝鲜的来书中有不尊敬明朝的词语“侵侮之辞”而大为不满，经过朝鲜君臣做解释工作，所谓：“小邦僻处荒远，言语不通，闻见不博，粗习文字，仅达事情。其于制作，未黯体格，以致错误，非敢故为侮慢”（《朝鲜太祖实录》卷5，三年二月己丑），最终明朝方面对朝鲜予以谅解。

③ 由于女真人生活在朝鲜半岛的西北部，15世纪前期，朝鲜和明朝一度展开对居住在朝鲜半岛女真所有权的争夺。

④ 王小甫等：《中韩关系史》（古代卷，第2版），社会科学文献出版社2014年版，第269页。

⑤ 《明熹宗实录》卷77，天启六年十月辛酉。

侵朝鲜的下一步目标是侵略中国，于是应朝鲜的要求，出兵援救朝鲜抗击倭寇，明朝与朝鲜联军最终取得反侵略斗争的重大胜利。

（一）日本发动入侵朝鲜的壬辰战争

明万历二十年（1592）四月，日本前关白（宰相）丰臣秀吉派船队逼近今韩国釜山，悍然发动入侵朝鲜的战争。因万历二十年为中国干支纪年的壬辰年，故国内称此次日本侵略朝鲜的战争为“壬辰倭乱”。发生在壬辰年间的这场战争，是当时东亚地区的一次重大事件，由于日本的侵入，使朝鲜面临亡国灭种的危险，明朝也卷入到这场战争中来，因而东亚地区的政治格局相应发生了变化。

日本发动入侵朝鲜的战争，并不是偶然的，对于战争发生的原因，学界已进行过相关探讨。[①] 笔者在参考诸家学说的基础上，结合中外文献史料，认为民族本性、政治企图、经济利益、个人意志、客观环境五个因素的综合作用，导致了壬辰战争的发生。

其一，日本大和民族的侵略本性使然。日本属于岛国，长期的海洋生活习性使大和民族富有掠夺性，他们窥视邻境朝鲜半岛的野心由来已久。早在朝鲜三国时期，日本列岛九州地区的渔民、农民、商人、武士、浪人集团，即不断武装侵袭新罗边界：“祗摩王十年（121）夏四月，倭人犯边；儒礼王四年（287）夏四月，倭人袭一礼部，纵火烧之，掳人一千而去。”[②] 高丽时期，倭寇猖獗，频频骚扰朝鲜沿海地区：“高宗十年（1223），倭寇金州；元宗四年（1263），倭寇金州管内熊神县勿岛，掠诸州县贡船。”[③] 李氏朝鲜时期，自16世纪初以来，朝鲜沿海一带不断遭到日本人的骚扰。朝鲜中宗时期，居住在对马岛的倭人即频频侵扰朝鲜，史书记载：“对马岛倭人等，多数出来，陷没济浦后，近处各浦，一时攻击，熊川镇，则时方围立，城底民家，皆被兵火。”[④] 朝鲜明宗十年（1555）五月，70余艘倭船在明朝沿海大肆

---

① 据杨昭全先生的统计，国内外关于日本发动对朝战争原因的观点有12种说法之多（杨昭全：《中朝关系史论文集》，世界知识出版社1988年版，第102～105页）。

② 金富轼著，孙文范等校勘：《三国史记》，《新罗本纪》一、二，吉林文史出版社2003年版。

③ 《高丽史》卷22，世家22，高宗十年五月甲子；卷25，世家25，元宗四年二月癸酉。

④ 《朝鲜中宗实录》卷11，五年四月癸巳。

抢掠之后，在返回日本的途中经过朝鲜时，“先劫闾阎，又攻郡县”，致使朝鲜“主将见杀，一道人心沮丧，无策可措矣”。[①] 从这一点上来说，丰臣秀吉发动侵朝战争，应为日本侵略政策的延续。

其二，日本欲在政治上建立东亚霸权，实现领土扩张的野心，“古代国际关系更多地表现为领土的兼并、财富和人力的掠夺，以及征服与反征服。换言之，军事冲突与对抗成为古代国际关系的主要内容”[②]。以丰臣秀吉为代表的日本军事封建领主发动战争的目的，是为了建立包括朝鲜、中国、印度及东南亚一些国家和地区等在内的殖民统治圈，满足其政治霸权及领土扩张的欲望。日本首先挑起了对朝鲜的侵略战争。朝鲜半岛在军事上具有极为重要的战略地位，它是日本与大陆交通联系的天然桥梁，即“此奴一得朝鲜，据为巢穴，分投入犯，特易易耳”[③]，因而日本欲以朝鲜为军事跳板，继续进犯中国乃至整个亚洲大陆。如丰臣秀吉曾先后表白道：“图朝鲜，窥视中华，此乃臣之素志”，“在我生存之年，誓将唐（明）之领土纳入我之版图”。[④] 当时的朝鲜宣祖国王也认识到这一点：“此贼（丰臣秀吉）凶狂，非但为我国而来，其势必长驱犯上国（明朝）。”[⑤] 为了“一超直入大明国，欲易吾朝风俗于四百余州，施帝都政化于亿万斯年者，在方寸中”[⑥]，丰臣秀吉曾“遣僧玄苏等乞假途犯辽”，向朝鲜提出借道要求，但遭到朝鲜的严词拒绝，即“我国以大义拒之甚峻”[⑦]，于是丰臣秀吉“以我国（朝鲜）不许借途，发诸岛兵”[⑧]，大举寇犯朝鲜。[⑨]

① 《朝鲜明宗实录》卷 18，十年五月辛亥。
② 蔡拓等：《国际关系学》，南开大学出版社 2005 年版，第 13 页。
③ （明）宋应昌：《宋经略奏议》二，《报三相公并石司马书》，《明经世文编》卷 402。
④ 〔日〕参谋本部编：《日本战史》，《朝鲜战役》第 11 页。转引自赵建民等主编：《日本通史》，复旦大学出版社 1989 年版，第 110 页。
⑤ 李廷龟：《月沙先生别集》卷 1，《杂著：壬辰避兵录》，韩国民族文化推进会编刊：《韩国文集丛刊》第 70 册，景仁文化社 1990 年版，第 498 页。
⑥ 《朝鲜宣祖修正实录》卷 25，二十四年三月丁酉。
⑦ 《朝鲜宣祖实录》卷 26，二十五年四月壬寅。
⑧ 吴庆元：《小华外史》卷三，第 2 册，第 2 页。
⑨ 关于日本首先侵略朝鲜的动机，孙文良教授提出了自己的看法：丰臣秀吉挑起的这场侵略战争，并不仅仅限于所谓的“借道”朝鲜，其真实意图在于吞并朝鲜；而所说进攻明朝，“不过是虚张声势”（孙文良：《明代“援朝逐倭”探微》，《社会科学辑刊》1994 年第 3 期）。笔者认为，不管丰臣秀吉是“借道”朝鲜还是真正想吞并朝鲜，但其图谋在东亚建立霸权，实现扩张领土的野心是昭然若揭的。

其三，日本试图通过发动对朝鲜及明朝的战争，在经济上获得可观利益。日本的大领主、武士们对土地和其他经济利益贪得无厌，对于财富具有极强的占有欲，而日本狭小的国土及国内贫乏的资源显然不能满足他们的欲望，那些日本豪商们为了获取经济利润，迫切要求开展海外贸易，“对于庞大、富庶但又禁闭的中国市场，豪商们早已垂涎已久”[①]。丰臣秀吉欲带领大领主、武士、豪商们通过军事扩张到海外掠夺资源，这正迎合了他们的需求。另外，由于倭患严重，自明朝嘉靖年间开始，明王廷采取严厉的海禁政策，中断了与日本的“勘合”贸易，使日本期望通过海路贸易获取明朝物资的计划落空。为了与明朝重新开通贡贸易关系，以期源源不断地获得各种产品，必须首先打通日本从陆路获取明朝物资的通道——朝鲜。[②]

其四，战争的发生，是与丰臣秀吉的个人意志分不开的。自15世纪60年代以来，日本进入了群雄割据的战国时代，经过长期混战，到16世纪中叶，基本上实现了地域性的统一。丰臣秀吉本名为木下秀吉，曾为日本封建领主织田信长的属下，在织田信长被杀后，他接掌政权，用武力平定了四国、北国、奥羽、关东及九州各封建领主的反抗，逐渐统一了日本列岛，日本国势强盛起来。1585年木下秀吉任关白，次年天皇赐姓丰臣，任太政大臣。尽管日本实现了国家的统一，但国内矛盾重重，以德川家康为首的大封建领主同丰臣秀吉貌合神离，并不服从于丰臣秀吉的领导，“曾经被他征服的大名们，各自怀着苦恼和不满”[③]。如果发动对朝鲜乃至对明朝的战争，“就会暂时转移他们（大领主、大武士）的注意力，又可以在战争中消耗他们的实力”[④]，因而丰臣秀吉为转移国内矛盾，借机树立自己的个人威信，奠定自己的统治地位。1591年，丰臣秀吉把关白职位让于养子丰臣秀次，自称太阁，专心致力于对朝鲜、明朝的征服战略。[⑤]

---

① 朱亚非等：《万历援朝战争起因再探讨》，《山东青年政治学院学报》2012年第2期。

② 关于日本是否是出于经济利益而入侵朝鲜，杨通方先生有不同的看法，他承认“日本是为了通贡贸易才发动了这场先打通朝鲜，然后进攻明朝的战争”，但他否认“丰臣秀吉为商品寻找市场”的说法，认为彼时的日本“远远没有达到要为商品市场而发动战争的地步”（杨通方：《明朝与朝鲜的壬辰卫国战争》，《当代韩国》2001年秋季号）。笔者认为，对经济利益的追求，只是日本侵朝战争的动机之一。

③ 〔日〕铃木良一著，郝迟译：《丰臣秀吉》，黑龙江人民出版社1983年版，第134页。

④ 汪高鑫、程仁桃：《东亚三国古代关系史》，北京工业大学出版社2006年版，第165页。

⑤ 汪向荣：《〈明史·日本传〉笺证》，巴蜀书社1988年版。

其五，日本之所以敢于进犯朝鲜，是由于朝鲜和明朝政局动荡、军事废弛国力虚弱的衰败环境给日本以可乘之机。朝鲜王朝内部，由于党争激烈加剧了国内各种矛盾的激化，政治黑暗，经济残破不堪，军队战斗力下降；尽管朝鲜认识到丰臣秀吉假道朝鲜进攻明朝的企图，但是对此没有给予足够的重视，只派出三名官吏巡视南部三道，动员群众抗倭。明朝从朝鲜那里得知丰臣秀吉的阴谋，即“关白平秀吉并吞六十余州，琉球南蛮皆服。明年三月间要来侵犯，必许和方解”①，但这同样没有引起明朝的重视，只是向沿海哨卡下一道戒饬海防的命令，没有进行任何军事上的准备。②丰臣秀吉了解到朝鲜国内的实际情况，果断决定率兵进犯朝鲜。

在完成了各项战争准备工作后，万历二十年（1592）四月十三日，丰臣秀吉派出二十万侵略军进攻朝鲜，“以玄苏、平行长（小西行长）、平清正（加藤清正）、平义智等为将，大举入寇”。由于朝鲜“升平二百年，民不知兵”，武备废弛，人心涣散，因而战争爆发后，朝鲜军队在大举进攻的日本侵略军面前仓皇失措，“郡县望风奔溃”。③四月十四日，日军占领釜山后，乘胜长驱，兵分三路，向朝鲜王京（汉城）推进。日军“入王京，毁坟墓，劫王子、陪臣，剽府库荡然一空”④，朝鲜“浃旬之间，三都失守，八方瓦解”⑤，忠清、咸镜、全罗、京畿等许多地区尽被倭寇攻陷。在日本咄咄逼人的进攻面前，朝鲜宣祖国王李昖令次子李珲摄政国事，自己先逃往开城，继之逃往平壤。五月三日，朝鲜的王京被攻陷。二十七日，日军突破津江防线，进入开城。六月十四日，侵略军渡大同江，十五日占领平壤，宣祖国王被迫逃到中朝边境鸭绿江边的义州。至此，朝鲜汉城、开城、平壤三都全部失陷。日军另一路人马于二十五日进入咸镜道，俘获了朝鲜二王子，王子的随臣向日军投降。在短短的两个多月里，朝鲜大部分国土沦丧。在此紧急关头，朝鲜君臣只得向中国求援，“请援之使络绎于道”⑥。

---

① 《明神宗实录》卷242，万历十九年十一月丙寅。
② 参见张声振：《中日关系史》（卷一），吉林文史出版社1986年版，第291、292页。
③ 《朝鲜宣祖实录》卷26，二十五年四月壬寅。
④ （清）万斯同：《明史》卷413，外蕃传一，《朝鲜》。
⑤ 柳成龙：《惩毖录》（序），《壬辰之役史料汇辑》（下），全国图书馆文献缩微复制中心藏本，第263页。
⑥ （清）张廷玉：《明史》卷320，列传208，《朝鲜传》。

不过，在日本入侵朝鲜以及朝鲜向明王朝求救的过程中，有两个问题值得注意：第一，朝鲜早就知道日本要借道朝鲜进而继续进犯明朝，却没有将此消息及时通报明朝。个中原因，其一是朝鲜担心会由此得罪日本，给朝鲜带来不利，即“若我国陈奏，则倭无不知之理……倭国必致深怨”①。其二，则是由于一部分朝鲜大臣担心明朝会因此怀疑朝鲜与日本私下相通，如首相李山甫就认为，“皇朝若以交通倭国罪我则无说，不如讳之”。不过，也有大臣持相反看法，兵曹判书柳成龙认为，一旦明朝从它处得知该消息则会令朝鲜被动，即：“今讳不以闻，于大义不可；况贼若实有犯上之谋，（明朝）从他处奏闻，而天朝反疑我国同心隐讳。”② 最终，在大多数廷臣认可柳成龙看法的情况下，朝鲜国王决定派出大臣到明朝通报倭情。

第二，日本军队四月份侵入朝鲜，朝鲜直到六月才请求明朝派兵，之所以如此，是因为朝鲜大臣对于是否向明朝求救一事曾有一番争论，有大臣担心明军入境，会招致又一个入侵者，所谓：“辽、广之人，性情玩暴，若天兵渡江，蹂躏我国，则淠江（今清川江）以西未陷诸郡，尽为赤地”，故“两议争论，日久不决”。③ 但面临日军步步紧逼的严峻形势，朝鲜宣祖国王不得不向明朝请求支援。在求救函中，宣祖王指出：“予之失国，非有他罪。特以尽节天朝，取怒于狂贼耳。”④ 宣祖王认为，正是由于朝鲜拒绝日本的“假道于明”要求，才招致了日本侵略朝鲜，因此要求明朝出兵援助朝鲜。

（二）明朝出兵抗击日寇救助朝鲜

在朝鲜的一片求救声中，明朝神宗皇帝果断做出派兵援救朝鲜的决定。万历二十年（1592）和二十五年，明朝廷先后派出多路兵马，帮助朝鲜抗击日寇的入侵。在与日寇作战的过程中，明朝与朝鲜军队相互协助，浴血奋战，取得了抗倭斗争的胜利，最终迫使日本侵略者退出朝鲜半岛，从而在中

---

① 《朝鲜宣祖修正实录》卷 25，二十四年五月乙丑。

② 柳成龙：《西崖先生文集》，《西崖先生年谱》卷 1，《年谱》，《韩国文集丛刊》第 52 册，第 504 页。

③ 《朝鲜宣祖实录》卷 26，二十五年五月戊子。

④ 《朝鲜宣祖实录》卷 26，二十五年五月壬戌。

朝历史上谱写了联合对敌的友好篇章。

在日寇发动大规模军事侵略战争，朝鲜处于危难关头的时刻，是否应派兵支援封贡体制内的属国朝鲜，明朝大臣之间有两种不同的意见。当时朝鲜使臣郑昆寿奉国王之命，急急来到明朝京城上呈奏文，在陈述朝鲜“灭亡之祸，迫在朝夕”严重情况的同时，请求上国“且请速打发兵马，以拯小邦之急”[①]，明神宗皇帝下旨令兵部商讨。兵部尚书石星对朝鲜的悲惨境遇深表同情，极力主张派兵援朝，甚至提出亲自带兵赴朝作战。时任兵部右侍郎的宋应昌观点与石星一致，他从维护明朝利益的立场出发，积极建议出兵朝鲜，曰：“盖朝鲜与中国，势同唇齿，非若琉球诸国泛泛之可比也。唇亡齿寒，自古言之。休戚与共，是朝鲜为我中国必不可失之藩篱也。”[②]宋应昌认识到，朝鲜与明朝是“唇亡齿寒”、“休戚与共”的关系，朝鲜受到侵犯，则必然影响到明朝的利益，故理应相救朝鲜。而以兵科给事中许弘纲为首的一部分大臣，则反对援朝的做法，称：“夫边鄙，中国门庭也，四夷则藩辅耳。闻守在四夷，不闻为四夷守”，认为只能是属国藩蔽上国；“朝鲜虽忠顺，然被兵则慰谕，请兵则赴援，献俘则颁赏，尽所以待属国矣”，指出明朝对朝鲜已经仁至义尽了；“（朝鲜）望风逃窜，弃国授人，渠自土崩，我欲一苇障之乎”，指责朝鲜不自己相救，反而欲利用明朝当“苇障”；许弘纲还讽刺了宋应昌等“即欲立功异域，又臣等所大惑矣”。[③]

实际上，面对朝鲜被侵犯的情况，明神宗很早就制定相应预案，他一方面命令明朝“沿边将吏各守要害，以防不虞”，做好自身防范；另一方面，又传谕朝鲜“密侦声息”[④]，及时向明朝报告动向。随着日本对朝鲜侵犯的深入，明神宗倾向于石星与宋应昌的援朝主张，他出于两点考虑，决定出兵相助：其一，朝鲜为明朝的属国，当此属国遇难之时，作为天朝上国，“抚藩字小”，扶弱济危，出兵保护臣属国不受外来侵略，维护周边国家的稳定与和平，这是作为上国的明朝的责任，所谓“朝鲜为国藩篱，在所必争”[⑤]；其

① 郑昆寿：《柏谷先生集》卷2，《呈文》；卷4，《行状》，《韩国文集丛刊》第48册，第432、478页。

② （明）宋应昌：《宋经略奏议》二，《慎留撤酌经权疏》，《明经世文编》卷402。

③ 《明神宗实录》卷250，万历二十年七月庚申。

④ 《明神宗实录》卷245，万历二十年二月庚戌。

⑤ （清）张廷玉：《明史》卷320，列传208，《朝鲜传》。

二，明神宗认同兵部的建议，意识到中朝两国利益攸关，一旦朝鲜被攻下，势必影响到明朝的边疆安全："朝鲜倘陷，蝥必中辽"，抗击倭寇可以遏制日本势力向东亚大陆扩张，保障明朝的利益，即："固我藩篱，壮彼声势，亦势不可已者。"因而明神宗力排众议，决定出兵朝鲜，所谓："上念朝鲜被陷，国王请兵甚急，即经会议，宜速救援，无贻他日边疆之患。"①

早在万历二十年（1592）六月，明神宗皇帝曾派出先遣部队援助朝鲜，即："命辽东抚镇发精兵二枝应援朝鲜，仍发银二万解赴彼国（朝鲜）犒军，赐国王大红纻丝二表里，慰劳之。仍发年例银二十万给辽镇备用……"②七月，明朝政府派副总兵祖承训、游击将军史儒"率师援朝鲜"，与倭寇在平壤城遭遇，结果明军战败，"游击史儒等皆死"。③初战失利，明朝震动。八月，明神宗"命兵部右侍郎宋应昌经略朝鲜"；十月，明神宗又命李如松提督蓟辽保定山东军务"充防海御倭总兵官，救朝鲜"。④十二月初八日，提督军务李如松率大军与宋应昌会合，明朝的援朝兵力大增"兵合四万三千人，继出者八千人"⑤，于是十六日，明朝大军启程出发，之后渡过鸭绿江进入朝鲜境内，由此开始了明朝历史上大规模的抗倭援朝战争。

领兵作战的将领李如松为明朝著名辽东总兵李成梁之长子，"骁果敢战，少从父谙兵机"，曾先后担任山西总兵官、提督陕西讨逆军务总兵官，取得赫赫战功；值此朝鲜遭受倭患之际，李如松"提督蓟、辽、保定、山东诸军，克期东征"。⑥李如松率领的明军出国作战，志在收复朝鲜国土，他曾声称："我征西未久，皇帝即差我东征。显有明旨，剿尽倭奴，收复朝鲜，

---

① 《明神宗实录》卷250，万历二十年七月癸酉、癸未。关于明朝出兵朝鲜的动机，"韩国学者普遍认为，明朝意识到丰臣秀吉的侵略目标是中国，救朝鲜就是将倭寇挡在中国本土之外；而中国学者多将明朝援救朝鲜的行为视为上国对藩邦的字小表现……国家利益尤其是王朝的安全利益是决定明朝对藩属国家危亡是否援救的首要因素"（陈尚胜：《字小与国家利益：对于明朝救朝鲜壬辰倭乱所作反应的透视》，《社会科学辑刊》2008年第1期）。笔者认为，明朝之所以派兵援救朝鲜，既是出于保护附属国的利益不受侵犯，又是从维护明朝自身的国家利益出发，这两个因素应该兼而有之，是同时存在的。

② 《明神宗实录》卷249，万历二十年六月己丑。

③ （清）万斯同：《明史》卷19，《神宗本纪》（上），二十年秋七月甲戌。

④ （清）万斯同：《明史》卷19，《神宗本纪》（上），二十年八月乙巳、十月壬寅。

⑤ 《朝鲜宣祖修正实录》卷26，二十五年十二月丁亥。

⑥ （清）张廷玉：《明史》卷238，列传126，《李如松传》。

是我责任，不管余事矣。”[①] 这时，朝鲜方面却传出不和谐声音，有谣言声称，明王朝会趁机占领平壤。对此，宋应昌代表明王朝予以辟谣，宣称平壤本属朝鲜，明朝只是前来救援，绝无趁机占据之企图；宋应昌奉劝朝鲜国王，安心治理国家，积极备粮配合明军的作战，以期早日恢复过去的统治。宋应昌同时表明，朝鲜可以派兵防守平壤等处，如果需要明军协助，则明朝可暂时派兵帮助防守，一旦战局稳定，明军则马上撤回，因此宋应昌忠告朝鲜国王“王其安心，勿惑流言”[②]。

明朝援军到达朝鲜后，军事进程顺利。万历二十一年（1593）正月初八日，在朝鲜将领李舜臣的配合下，明军于平壤一役中大败日本侵略军，取得了平壤大捷，明军“斩获首级一千二百八十五颗……夺获马二千九百八十五匹，得获倭器四百五十二件，救出本国（朝鲜）被掳男妇一千一十五名”[③]。朝鲜礼曹大臣欣喜地上报国王道：“平壤之贼，俱就歼灭。再造邦国，覃在于此。”[④] 在战斗中，李如松指挥有方，身先士卒，冲锋在前，虽坐骑毙于敌炮，仍易马再战，而其他将士，无不以一当百，奋勇杀敌，致使日军惨败。

平壤战役的胜利，极大地鼓舞了明朝的士气，所谓：“我师捷平壤，锋甚锐。转战开城，势如破竹。”[⑤] 在朝鲜北部领土完全收复之后，明军又乘胜南击，帮助朝鲜收复“黄海、平安、京畿、江原四道”失地，迫使占据咸镜道的日军将领（加藤清正）率部“退守王京”。[⑥] 在战争过程中，为激励明军对倭作战的士气，经略宋应昌宣称：“斩获首级军士，愿赏者，照例每颗给银五十两。”[⑦] 士兵们受到激励，作战勇敢，不断取得胜利，由此反映出以宋应昌为代表的明军势将倭寇赶出朝鲜半岛的坚定之心。为此，朝鲜国王上

① 《朝鲜宣祖实录》卷33，二十五年十二月癸卯。
② 《朝鲜宣祖实录》卷33，二十五年十二月癸卯。
③ 《朝鲜宣祖修正实录》卷27，二十六年正月丙辰。
④ 《朝鲜宣祖实录》卷34，二十六年正月乙丑。
⑤ 《明史纪事本末》卷62，《援朝鲜》。关于平壤战役的胜利，《明史》以及日本的史书中都将战功归于李如松的指挥，但根据宋应昌的《经略复国要编》记载，平壤之役的战前准备以及临战的方略，“皆出于应昌之计略”（宋应昌：《经略复国要编》提要，第8页），由此看出宋应昌的作用同样重要。
⑥ （清）万斯同：《明史》卷332，列传183，《宋应昌传》。
⑦ （明）宋应昌：《经略复国要编》卷5，第507页。

奏明朝皇帝，称赞宋应昌曰："侍郎宋应昌专心机务，指授方略，谋猷克合，用集殊功……"[①]但在接下来的战争中，由于统兵将领李如松骄傲轻敌、麻痹大意，因而在正月二十七日的碧蹄关一役中，明军溃败"兵气破伤，功亏一篑"[②]，于是明军退驻开城。

此时由于日本国内政局不稳，加之军事进程并不是非常顺利"倭亦困乏食"[③]，小西行长提出："天朝兵锐不可当，不早讲解，窃恐王京亦未可恃。"[④]于是万历二十一年（1593）四月十八日，日军撤出朝鲜王京汉城，退守蔚山西生浦、东来、金海、熊川、巨济岛一带，并主动向明朝和朝鲜提出议和。而明朝政府也没有足够的把握取胜日本，尤其是碧蹄关之役的失败，使明朝大为受挫，宋应昌与李如松"急欲休息"[⑤]，故同意与日方议和。六月十七日，在兵部尚书石星的授意下，明朝经略宋应昌派主和派沈惟敬为使节，与日本在汉城龙山举行和谈，即："急图成功，于是惟敬之款始用。"[⑥]

需要指出的是，主观上，宋应昌起初并不同意议和。关于这一点，从战争初期宋应昌对议和派人物沈惟敬的指示可以体现出，即："倭求封贡，第宜卑辞向阙，何敢破朝鲜以要我？我奉命讨倭，唯知有战耳。汝往见倭，必求封贡者，宜尽还朝鲜一国，全军退釜山听命，具表称臣，我当为请，今议止退平壤，是以计缓我师也，有战而已。汝善保首领，无草草。"[⑦]这段文字说明两点：其一，宋应昌派沈惟敬去跟日本斡旋，是出于"缓兵之计也"[⑧]；其二，宋应昌强硬指出，日本若想和谈，则必须撤军至釜山，退出朝鲜半岛，否则将继续兵戎相见。

---

① 《朝鲜宣祖修正实录》卷 27，二十六年正月丙辰。

② 《明史纪事本末》卷 62，《援朝鲜》。关于碧蹄战役，普遍观点是认为明军损失惨重，张廷玉《明史》李如松传中也记载明朝"官军丧失甚多"；但杨昭全先生经过考证，认为明军并非"大败"而是"小挫"，指出"《明史》等之目的，是借此为和议、撤军制造借口，将妥协议和之责任转嫁李如松"（杨昭全：《论明代援朝御倭战争的几个问题》，《中朝关系史论文集》，第 114 ～ 220 页）。

③ （清）万斯同：《明史》卷 413，外蕃传一，《朝鲜》。

④ （明）诸葛元声：《两朝平壤录》，《壬辰之役史料汇辑》（下），第 164 页。

⑤ （清）张廷玉：《明史》卷 238，列传 126，《李如松传》。

⑥ 《明史纪事本末》卷 62，《援朝鲜》。

⑦ （明）诸葛元声：《两朝平壤录》，《壬辰之役史料汇辑》（下），第 51 页。

⑧ 〔日〕川口长孺：《征韩伟略》，《壬辰之役史料汇辑》（下），第 568 页。

后来，宋应昌之所以主张议和，是因为彼时明朝面临着一些不利的客观条件：首先，由于天气条件不利于明军，“我兵久卧冰雪中，冷疫俱兴，食死马肉，疗毒又发，兵甚疲羸”，因此打算“近日分驻开城平壤便宜诸处，休养生息”。[①] 其次，地理因素不利于明军继续进军，随着春天的到来，天气转暖化冻，道路泥泞，不利于骑兵作战，“王京一带地方，道旁皆是稻地，即今天气融和，冰解土滑，战马不便驰骋”[②]。再次，人事方面，宋应昌与提督李如松有矛盾，李如松不听从宋应昌的调遣，“平壤首级大功未赏，各军意志似不如前，是人事不在我矣”[③]。最后，粮草匮乏，正如宋应昌派人通报朝鲜国王：“军前粮草缺乏，故经略差俺，使之查点粮草有无。民间未经贼变之处，如有储谷，计其口粮，而取饷大兵，偿以辽东所输之谷。民如不悦，则亦不强取。”[④] 没有足够的粮草保证，则何谈战事的进行？宋应昌只能对明朝廷汇报曰：“彼众我寡，彼逸我劳，山险崎岖，春雨地泞，千里馈粮，师不宿饱，是未可以仓促进也。”[⑤] 对于明军所遭遇的困境，朝鲜兵曹判书柳成龙也表示认同：“每念天朝将士，暴露修程，经历寒暑，勤苦万状，为之怛然疚怀。”[⑥] 由此说明，在气候、地理条件不利于明朝的情况下，宋应昌选择与日本举行和谈，是一种缓兵之策。

沈惟敬代表明朝和朝鲜向日本提出了议和条件，所谓：“献工京，返王子，如约纵归。”[⑦] 丰臣秀吉也提出议和的七项条件，即：（1）迎娶明朝皇帝的女儿作为日本天皇之后妃；（2）恢复明朝与日本间的勘合贸易；（3）明日两国大臣相互交换誓书；（4）将黄海、平安、京畿、江源四道返还朝鲜；（5）朝鲜派王子及大臣一至两名作为人质到日本；（6）日本归还俘虏的两个朝鲜王子；（7）朝鲜大臣向日本提出永远不背叛日本的誓书。[⑧] 经过一番谈判，双方于六月二十六日签订了和约。

---

① （明）宋应昌：《经略复国要编》卷6，第458页。
② （明）宋应昌：《经略复国要编》卷6，第476页。
③ （明）宋应昌：《经略复国要编》卷6，第498页。
④ 《朝鲜宣祖实录》卷35，二十六年二月丁酉。
⑤ （明）宋应昌：《经略复国要编》卷6，第503页。
⑥ 柳成龙：《西崖先生文集》卷9，《答王游击书》，《韩国文集丛刊》第52册，第191页。
⑦ 《明史纪事本末》卷62，《援朝鲜》。
⑧ 转引自崔韶子：《明清时代中韩关系史研究》，梨花女子大学出版部1997年版，第46～47页。

既然明朝与日本已经达成议和意向，明廷要求经略宋应昌、提督李如松领兵撤回到辽东。对此，宋应昌有不同意见，他反对撤兵，认为“倭奴虽宵遁，难保不再来，大兵虽凯旋，难保必无事。朝鲜疮痍残破，倭再来犯，必至沦亡”[①]，因而他上疏明神宗，陈述朝鲜之安定对于明朝边疆稳定的重要性，请求留兵戍守朝鲜，即：“关白之图朝鲜，意实在中国；我救朝鲜，非止为属国也。朝鲜固，则东保蓟、辽，京师巩于泰山矣。今日拨兵协守，为第一策。即议撤，宜少需时日，俟倭尽归，量留防戍。”[②]朝鲜方面也极力挽留明朝援军，认为明军并未给予倭贼以彻底打击，倭贼的侵略野心并未罢休，在此情况下，明朝“举众引还，盖无是理”[③]。但明神宗坚持要求明军撤兵，君令难违，九月，宋应昌“留兵一万六千防守朝鲜”[④]，同时对明军撤兵后的朝鲜防御情况进行部署，让朝鲜加固防御工事，更新武器装备，加强与留在朝鲜的明军配合，派军队在庆尚道大邱以及全罗道南原一带“各守险要，则倭贼不足忧也”[⑤]。十二月，明神宗“召宋应昌李如松还，明蓟辽总督顾养谦代之”[⑥]。由此，这场由日本大封建主丰臣秀吉挑起的第一次侵朝战争随之结束。由于这场战争是在日本后阳成天皇文禄年间发生的，故日本方面称之为“文禄之役”。

由于明朝使臣沈惟敬并没有将丰臣秀吉提出的七条议和条款内容如实汇报给明朝皇帝，只是转达了日方祈求封贡的愿望，所谓：“伏望陛下，廓日月照临之光，弘田地覆载之量，比照旧例，特赐册封藩王名号。臣秀吉，感知遇之洪休，增重鼎吕，答高深之大造，岂爱发肤？世作藩篱之臣，永献海邦之贡。”[⑦]殊不知，这是日本小西行长与沈惟敬等人伪造的一份丰臣秀吉的降表，丰臣秀吉本人并不知情。而专制的明皇帝未加分析便听信了沈惟敬的话，以为只要分封丰臣秀吉就可彻底结束战争，于是万历二十四年（1596）五月，借日本天皇更替之际，明神宗颁发诏敕，派都督佥事杨方亨、

① （明）宋应昌：《经略复国要编》卷8，第715页。
② 《明史纪事本末》卷62，《援朝鲜》。
③ 《朝鲜宣祖实录》卷41，二十六年八月癸巳。
④ 《明神宗实录》卷264，二十一年九月戊辰。
⑤ 郑琢：《药圃先生文集》卷6，《龙湾闻见录》，《韩国文集丛刊》第39册，第524、525页。
⑥ （清）万斯同：《明史》卷19，《神宗本纪》（上），二十一年十二月丙辰。
⑦ 《朝鲜宣祖实录》卷48，二十七年二月庚申。

游击沈惟敬前往日本，册封丰臣秀吉为日本国王，但丰臣秀吉拒不接受，而是酝酿再次侵略朝鲜，即："秀吉辞貌倨傲，为称脚疮，拜不屈膝……忽怒责曰……我受皇上恩典，感激至矣，朝鲜则当加兵也。"[①] 万历二十五年（1597）正月十三日，丰臣秀吉借口朝鲜没有遵守议和的七项条件，首先派将军加藤清正率领倭兵两万人，"先来船二百余只"[②]，到达朝鲜海岸多大浦，重开战端，第二次入侵朝鲜。由此，明日议和完全失败。这一年为农历丁酉年，故朝鲜称此次入侵为"丁酉倭乱"。

日军发动第二次进攻后，迅速占领朝鲜庆尚道、全罗道的许多城市，使朝鲜受到沉重打击；而日本一鼓作气，旋即向王京汉城进军。在形势危急的情况下，二月，朝鲜国王派权挟以应教任告急使身份赴向上国明朝，哭诉"小邦危亡之势，迫在朝夕"[③]，请求明朝再次救援。明朝认为"朝鲜，是我天朝属国"，"二百年恭事上国，不可不救"[④]，于是当年三月，明神宗派兵部尚书邢玠出任总督，同知麻贵为备倭总兵官，"升山东右参政杨镐为都察院右佥都御史，经理朝鲜军务"[⑤]。由于此次日军准备充分，先后派出的军队达十二万，而明朝援军只有四万左右，因而日军凭借优势兵力，在七月、八月分别攻陷朝鲜全罗道的闲山、南原等处，击溃了部分明朝援军，即："七月，倭夺梁山、三浪，遂入庆州，侵闲山。夜袭恭山岛，统制元均风靡，遂失闲山要害"[⑥]；"八月，（日本加藤）清正围南原，乘夜猝攻，守将杨元遁。时全州有陈愚衷，去南原仅百里，南原告急，愚衷不敢救，闻已破，弃城走"。[⑦] 九月，明军终于迎来了战略转机，在经略杨镐的直接指挥下，明军在稷山以少胜多，大败日军，"斩首三十一级，死伤者不可胜数"[⑧]，极大地震慑了敌人，致使日军不敢继续北进。十二月，杨镐又率领明朝援军攻取蔚山，日军将领加藤清正的军队被围困在蔚山的内城岛山。此

① 《朝鲜宣祖修正实录》卷 30，二十九年九月甲午。
② 《朝鲜宣祖实录》卷 84，三十年正月壬子。
③ 〔韩〕权怏：《石塘公燕行录》，《燕行录全集》卷 5，第 15 页。
④ 《朝鲜宣祖实录》卷 86，三十年三月戊戌、甲辰。
⑤ 《明神宗实录》卷 308，二十五年三月乙巳。
⑥ 《明史纪事本末》卷 62，《援朝鲜》。
⑦ （清）张廷玉：《明史》卷 320，列传 208，《朝鲜传》。
⑧ 《朝鲜宣祖实录》卷 92，三十年九月丙申。

时由于日本大批援军加入，而杨镐指挥失误，加之天降大雨，明军损失惨重，“诸营上军籍，士卒死亡殆二万”，杨镐为此采取的对策是“屏不奏，止称百余人”。[①]

万历二十六年（1598）正月，蔚山战役结束之时，杨镐并没有向明朝廷如实报告作战失利的情况，却谎称取得了大捷，此举遭到了前来汉城督战的兵部赞画主事丁应泰的弹劾，他指责杨镐谎报军情，欺君瞒上，“所当罪者二十八事，可羞者十事”[②]。面对丁应泰的弹劾，杨镐无奈上书明神宗，请求撤兵归国。鉴于杨镐率军在援朝战争中作用很大，一旦杨镐撤兵归国，则对朝鲜的抗倭战争将带来难以估量的困难，因而朝鲜宣祖国王从朝鲜自身的利益出发，先后两次上疏明朝，“移咨备陈，并冀军门陈奏辨白”[③]，为杨镐辩护，意在挽留杨镐继续率明军对抗日军。不料，朝鲜此举引起丁应泰的极大反感，他上奏文，连带弹劾杨镐与朝鲜，指责朝鲜“诱倭入犯，愚弄天朝，复与杨镐结党，朋欺天子”[④]。宣祖国王认识到丁应泰是利用其与杨镐的个人私怨来对朝鲜打击报复，于是派出以右议政李恒福为正使、工曹参判李廷龟为副使、司艺黄汝一为书状官的陈奏使团，到北京面见明朝皇帝，希望“皇帝览奏，快赐昭雪，应泰革职听勘”[⑤]。尽管朝鲜方面为杨镐及本国“辩诬”，但杨镐毕竟已被罢官去职回到明朝，这在一定程度上削弱了明军援朝战争的力量。

七月，由于中朝联军及日军皆不能迅速打败对方，朝鲜战争陷入相持局面，此时日本国内突然发生政变，七月九日，丰臣秀吉病故，由于幼子尚小，大将德川家康趁机夺权，并下令正与中朝联军作战的倭官加藤清正归国。消息传至朝鲜，日军军心涣散，不得不撤出朝鲜半岛，“秀吉死，诸倭扬帆尽归”[⑥]。明朝联军乘倭军撤退之际抓住战机，乘胜追击，十一月，在露梁海战中，明朝 70 岁的老将邓子龙与朝鲜水军将领李舜臣并肩战斗，给日

① 《朝鲜宣祖实录》卷 92，三十年九月丙申。
② 《明神宗实录》卷 323，万历二十六年六月丁巳。
③ 《朝鲜宣祖实录》卷 101，三十一年六月辛未。
④ 《朝鲜宣祖实录》卷 104，三十一年九月癸卯。
⑤ 李廷龟：《月沙先生集》卷之二，《戊戌朝天录》上，《韩国文集丛刊》第 235 册，第 102 页。
⑥ （清）万斯同：《明史》卷 413，外蕃传一，《朝鲜》。

军以重创，“焚贼船二百余艘，杀获无算”[①]，遭受明朝联军沉重打击的日本军队被迫全部撤出朝鲜。明朝援军随之也全部撤退至朝鲜王京汉城。这场在日本庆长年间发动的侵朝战争，日本称作“庆长之役”。这场前后持续七年之久的侵略战争，以丰臣秀吉的死去为转折，不久即宣告结束，正如《明史·日本传》所述：“至关白死，兵祸始休，诸倭亦皆退守岛巢，东南稍有安枕之日矣。”[②]

（三）壬辰战争对中朝封建王朝及两国关系的影响

发生在1592～1598年，由明朝军队参与、联合朝鲜军队共同对抗日本侵略的壬辰战争，具有重大的历史意义，它对当时的明朝、朝鲜产生了重要的影响。具体表现为：

从朝鲜的角度而言，一方面，壬辰卫国战争的伟大胜利，保障了朝鲜王朝政权的稳定。在外敌入侵面前，朝鲜人民发扬高度的爱国主义精神，与倭寇英勇斗争，维护了封建王朝的利益，捍卫了本国的尊严。另一方面，战争给朝鲜带来了极大的负面影响。其一，加剧了朝鲜的党争。党争是朝鲜社会长期存在的问题，在遭受日本侵略的国难面前，朝鲜内部的政治派别不是团结起来一致对外，而是围绕主战与主和、选派抗倭将领等问题互相倾轧（如抗倭名将李舜臣曾因受到东人党内北人派系李山海的诬陷，而被宣祖国王罢免职务），这严重影响了朝鲜国王对倭政策的确定，影响到人民抵抗侵略的情绪；战后，这一在战时得以延续的党争“传统”持续发酵，朋党派别日趋错综复杂，党争越演越烈，“战争几乎使整个国土化为焦土，就是在这种情况下，作为统治阶层的两班阶层，仍热衷于攀比门阀和争当贵族，陷入了漫长的党争漩涡中”[③]，这种情况严重削弱了朝鲜的封建统治。其二，朝鲜经济遭到极大摧残。壬辰卫国战争的发生，给朝鲜带来深重的灾难，史载：在直接遭受战乱的地区，“凤山以西，则犹有民居；自凤山至京城，一带直路，荡无人烟，往来公差及商贾行旅，亦无过宿之地”；战乱使人口大幅减少和经济严重衰退，“经乱之后，八道物力，一样残破，而畿甸

① 《朝鲜宣祖修正实录》卷32，三十一年十一月壬午。
② （清）张廷玉：《明史》卷322，列传210，《日本传》。
③ 〔韩〕姜万吉：《韩国近代史》，东方出版社1993年版，第13页。

尤甚”；全国各地，出现“田野未尽辟，污莱榛莽，满目萧然，畎亩阡陌，无迹可据”的荒凉景象。[①]战争给朝鲜带来的破坏性影响，使朝鲜经济一蹶不振。其三，朝鲜文化遗产与古迹遭受极大的战争摧残。由于日军所到之处，焚烧抢掠，对朝鲜文化财产冲击很大，“佛国寺与景福宫等主要文化宝藏被烧毁，许多书籍亦付之一炬”。[②]其四，对朝鲜后世遭受女真侵略带来了隐患。壬辰战争期间及战后的很长时间，朝鲜无力顾及边防建设，这为毗邻朝鲜国境的明朝边疆民族女真部提供了发展机遇，如朝鲜备边司所谓：“我国自倭寇之后，边备荡然，黠酋之所审知也。”[③]以至于后来的建州女真部频频与朝鲜发生边境冲突，乃至后来后金（清）两次发动对朝鲜战争直至彻底战胜朝鲜，使之成为臣属国。

从明朝的角度来看，抗倭援朝战争的胜利间接保卫了明朝的领土利益。由于朝鲜与中国的天然地缘因素，一旦朝鲜国土沦陷，势必危及明朝的东北边疆直至整个的明朝国土安全，“属国安则大明亦安，属国危则大明亦危”[④]，因此粉碎日本征服朝鲜进而进犯辽东的企图，这有利于保障明朝的根本利益。但这场援朝战争，也不可避免地对明朝产生了不利影响。其一，加深了政治危机。明朝倾全国之力援助朝鲜抗倭，蒙受了巨大损失，通过这场战争，暴露出明朝政治上“外强中干”的真实面目，战后不到50年，明王朝即走向灭亡，这在一定程度上说明援朝战争极大地削弱了明朝的国力，使之由此衰落下去，“以这场战争为分水岭……揭开了明朝走向灭亡的帷幕”[⑤]。其二，激化了阶级矛盾。明朝为援救朝鲜，在经济上耗费巨大，所谓“自倭乱朝鲜七载，丧师数十万，縻饷数百万”[⑥]，援朝战争的庞大军费支出，直接影响到明朝的经济命脉，造成了国库空虚，财政困难。为了解决财政危机，明王廷在战时及战后即加重对广大百姓的赋税征收，“接踵三大征（其

---

① 《朝鲜宣祖实录》卷131，三十三年十一月丁卯；卷159，三十六年二月己丑、三十六年二月己亥。

② 〔韩〕李元淳等：《韩国史》，幼狮出版社1987年版，第213页。

③ 《朝鲜光海君修正日记》卷7，即位年八月辛未。

④ 黄景源：《江汉集》卷27，《明陪臣传》一，《韩国文集丛刊》第225册，第28页。

⑤ 万明：《万历援朝之战与明后期政治态势》，《中国史研究》2001年第2期。

⑥ （清）张廷玉：《明史》卷320，列传208，《朝鲜传》。对于《明史》中所记载的明朝在壬辰战争中遭受损失情况，有许多学者认为这一记载不可信，指出明朝并非有如此大的损失。笔者认为，尽管损失数目有待考证，但这场战争确实给明朝带来了较大的人力、财力消耗。

中之一征即为东征朝鲜的援朝战争)，颇有加派”[①]，把经济困难转嫁到老百姓头上，如此一来，国内阶级矛盾加剧，农民由于负担加重无法生存，于是奋起反抗封建压迫，农民起义风起云涌，迅速呈星火燎原之势，最终明朝封建王廷被李自成等农民政权所推翻。其三，造成了边防危机。由于明朝把大量精力投入援朝战争，无暇顾及国内边疆民族事务，这就给一些少数民族首领发展实力提供了可乘之机，如西南地区四川播州的土酋杨应龙“利用明朝全力援朝抗倭之机，肆无忌惮地发动叛乱”[②]；同时，生活于中国东北边疆的建州女真部，在首领努尔哈赤的带领下，利用没有外来因素干扰的难得发展机会，迅速兴起，先是集中精力平定女真内部，之后建立后金割据政权，与明廷分庭抗礼，通过多次军事斗争，最终取代明朝统治，一统天下。

壬辰战争的发生，对中朝两国关系及封贡秩序的演变产生了巨大影响。在属国朝鲜危难之时，作为上国的明朝，先后派出多路兵马，及时出兵援助朝鲜抗击倭寇，挽救了朝鲜王廷，使朝鲜国土免遭日本的践踏，正所谓：“壬辰之变，宗社灰烬，车驾西迁，国势岌岌，莫保朝夕。而赖圣上平日事大至诚之效，特蒙圣天子钦恤下国之至恩，兴复疆域，保有宗社。”[③]明朝及时援朝抗倭，使明朝与朝鲜的传统封贡关系更加牢固，“益增高对明朝的崇慕，认为明对朝鲜有再造之恩，尤其在知识阶级中，尊明思想与事大主义，日益根深蒂固。这种思想，即在后日明亡清兴之时，亦未改变”[④]。在战争中，明朝军队和朝鲜军民并肩战斗，相互协助，生死与共“（邓）子龙战死，（李）舜臣赴救，亦死”[⑤]，这增进了两国人民兄弟般的友谊，谱写了两国政治友好关系的新篇章。后来，1619 年，在明朝与努尔哈赤后金天命政权爆发萨尔浒之战时，明朝要求朝鲜出兵夹击后金；朝鲜光海君国王顺应备边司等主战官员的民意，派出以姜弘立为都元帅的一万三千人军队加入到上国明朝的军队中，同后金军队作战，此举正是朝鲜对壬辰战争中明朝援助本国的回报。在此后很长的一段时间里，朝鲜王廷心仪明廷，长期抵制后金

① （清）张廷玉：《明史》卷 78，志 54，《食货》二。
② 黄尊严、颜廷宏：《试论壬辰战争对明朝的消极影响》，《烟台大学学报》2009 年第 4 期。
③ 《朝鲜宣祖实录》卷 131，三十三年十一月丙辰。
④ 〔韩〕李丙焘著，许宇成译：《韩国史大观》，正中书局 1961 年版，第 347 页。
⑤ （清）张廷玉：《明史》卷 247，列传 135，《邓子龙传》。

（清）政权，从而中朝封贡秩序的变迁经历了曲折过程。

（四）关于壬辰战争中明朝援军作用问题

持续长达七年之久的壬辰卫国战争，明朝联军取得了最终的胜利。对于明朝在援朝御倭战争中的作用，古今中外之人评价不一，主要有肯定、否定两种不同看法。充分肯定明朝援军积极作用的人士，自然是占绝大多数；但对此持有贬词者，也不在少数。

在日本学人所著的书籍中，对壬辰战争的史实有很多混淆是非的叙述，从而掩盖了明朝援军的贡献。例如江户时代的川口长孺所著《征韩伟略》中，对名将李如松指挥的"平壤大捷"大为抹杀，认为明军的损失远大于日军"我（日本）兵死者一千六百余……明兵死者数千"[①]；赖山阳所著《日本外史》描述明军在露梁海战中并无战斗力，"（日军）斩（邓）子龙……射杀之（李舜臣）……进围（陈）璘……击却之（刘綎），明军不敢复追蹑"[②]。近代日本有人曾将丰臣秀吉侵朝行为译成英文本《蓝皮书》，在西方诸国进行宣传，书中夸耀日本早在三百年前的壬辰战争中就曾战胜过中国。更可悲的是，中国清人蔡尔康竟然为日本人所愚，"其所著《中东和战端委考》中谈到明朝援韩之役，便是根据《蓝皮书》的意见而叙述日本当初所获的胜利"[③]。关于否定明朝在抗倭援朝战争中取得胜利问题，直至当今时代，日本学术界依然继承其前辈学人的观点，为此有中国学者指出："经过了这么多年的研究，对这个问题的认识并没有根本的改观。"[④]

朝鲜学界过分夸大"奋起保卫祖国的朝鲜人民"[⑤] 的贡献；韩国学者也从民族利益出发，对明军援朝的作用并不十分认可，主要有四种看法。一是认为明军作用不大，战争的胜利应当主要归功于朝鲜李舜臣水军及国内义军的力量；二是认为明朝出兵是出于"自救"，唇亡齿寒，是为了防止日本势

---

① 〔日〕川口长孺：《征韩伟略》，《壬辰之役史料汇辑》（下）卷五，第580页。

② 〔日〕赖山阳：《校刻〈日本外史〉》，文盛馆修文馆双书观发行，原版主松平基则，明治三十九年（1906），第676～677页。

③ 李光涛：《朝鲜壬辰倭祸史料》（序），"中央研究院"历史语言研究所1972年版，第1页。

④ 转引自孙卫国：《李如松之东征及其后裔流寓朝鲜考》，《人文杂志》2014年第1期。

⑤ 朝鲜民主主义人民共和国科学院历史研究所：《朝鲜通史》，吉林人民出版社1975年版，第215页。

力染指明朝领土；三是认为明军的到来，朝鲜要提供粮草物资保障，这增加了朝鲜民众的经济负担；四是对明军个别兵士不守纪律，给朝鲜造成的伤害颇多微词。[①] 总之，某些韩国学者引述民间口述材料，对明军的行为予以丑化，所谓："明军来到朝鲜，并不作战，而是倒行逆施，给韩民族带来了不亚于倭兵的灾难，被当做是民族的敌人……明军的长期驻守造成民弊丛生，民众对明军的仇恨不亚于对日本的仇恨。"[②]

一段时间以来，我国学界也有人热衷于历史上留下来的偏激不实的资料，大加贬低明军抗倭援朝的功绩，否认平壤大捷，认为收复平壤并不是以李如松为首的明军浴血奋战的结果，而是日本主动撤军，给明军留下的空城，而对后来的稷山大捷也认为是假的。还有论者极力夸大明军在朝鲜的负面影响，对流传的在平壤"辽兵割鲜人首级报功"、"在开城割鲜人腐首报捷"之说深信不疑，对明军"名为救援朝鲜而重虐之，奴虏其主，鱼肉其民"，"被朝鲜人视同日寇"的恶言加以肯定，对明军"镇压朝鲜义军"大加强调，最后结论为："在某种程度上，我们是否也可以说，明军虽然帮助朝鲜人民维护了国家的独立，但它镇压朝鲜人民起义，保护腐败的李朝免于灭亡，对朝鲜历史也起了一定的消极作用。这也许正是朝鲜史学界对明军作用评价较低的原因所在。"[③]

笔者认为，历史研究中，只有对历史事件及历史人物辩证地分析看待，才能对明军所从事的抗倭援朝作用做出正确的评价，还历史以真相，从而驳斥那些歪曲事实的错误说法。应该承认，由于军队给养以及士兵纪律等问题，明朝援军过程中可能有一些不和谐的因素，但就明朝将领先后率兵作战乃至牺牲在朝鲜战场的行为来看，其功绩不应被轻易抹杀与否定。正是在明军与朝鲜军队的联合军事打击下，才最终使日军撤出朝鲜，"没有中国的干

---

① 韩国相关论文有崔韶子：《壬辰倭乱时明의 派兵에 대한 论考》，《东洋史学研究》第 11 辑，1977 年；崔韶子：《壬辰倭祸와明朝》，《亚细亚文化》第 8 辑，1992 年；赵湲来：《明军의 出兵과壬辰战局의 推移》，《韩国史论》第 22 辑，1992 年；金景泰：《壬辰倭乱后明朝驻军问题与朝鲜的对应》，《东方学志》，2009 年。

② 〔韩〕郑容和：《从周边视角来看朝贡关系》，《国际政治研究》2006 年第 1 期。

③ 李铁匠：《万历朝鲜之役真相》，载耿昇等主编：《多元视野中的中外关系史研究》，延边大学出版社 2007 年版。

预，朝鲜也许已被丰臣秀吉的军队征服了”[①]。进一步说，明朝抗倭援朝战争的胜利，打破了丰臣秀吉君临中国乃至东亚的美梦，使东亚的政治格局又恢复到战前的状态，日本的失败应是历史的必然。关于这一点，当时的朝鲜大臣赵翊有其切身认识：“各处主将，举皆无力战之心，避坐闲地，只令天兵独当矢石之场。本国将士，一不交锋。其为愤痛，莫此为甚。若使天兵不来，则长以山川庙社，安心与贼乎！”[②]《朝鲜实录》亦有记载：“贼不敢西向，皆天朝之力也”[③]，“彼（倭军）之所畏者，在于天兵”[④]，强调指出明朝军队的贡献。另外，从朝鲜历代国王念念不忘明朝的“再造之恩”，可以看出明朝抗倭战争的正面作用。当时的朝鲜宣祖国王上书明王朝，表达感激之情曰：“小邦君臣，蒙圣天子之恩，如死灰复燃，枯骨再肉。仰戴洪造，不知所报。”[⑤]此后，宣祖王又先后表白曰：“国家千万年之业，实是天朝所赐。至于军少则请兵，饷竭则请粮，天朝户、兵衙门，不以藩邦猥屑之请，闭关绝之，有请必从，无愿不遂。不知调遣几十万兵，放散几百万银，漕转几千万谷。汉、唐之际，虽设都护，而特被皇朝恩典者，无如我朝鲜之厚且大矣”[⑥]，“东土之再造，实是皇上之洪恩”[⑦]。宣祖国王认为，像明朝这样以义为上，动员天下之兵，带着天下之粮，帮助朝鲜击退倭贼的事绝无仅有，这正是朝鲜多年对明谨守“事大”之仪而得到的回报，为此朝鲜也一直感激明王朝的“再造之恩”。[⑧]

此后的继任者光海君国王，尽管因继位问题对明朝皇帝存有一定的隔阂，但对于明朝出兵援助朝鲜一事还是肯定的，“本国昔遭倭乱，天朝发兵五六万，费币金八百万，历寒暑三四年，顿令本国，三畿底定，八道澄清。

---

① 〔英〕崔瑞德、〔美〕牟复礼编：《剑桥中国明代史》，中国社会科学出版社2006年版，第269页。

② 赵翊：《可畦先生文集》卷8，《辰巳日记》，《韩国文集丛刊》第9册，第462页。

③ 《朝鲜宣祖实录》卷36，二十六年三月癸未。

④ 《朝鲜宣祖实录》卷42，二十六年九月丁卯。

⑤ 《朝鲜宣祖实录》卷47，二十七年正月戊戌。

⑥ 《朝鲜宣祖实录》卷131，三十三年十一月丙辰。

⑦ 《朝鲜宣祖实录》卷177，三十七年八月庚寅。

⑧ 韩国学者韩明基认为，朝鲜感恩于明朝的“再造之恩”，这正是壬辰倭乱后朝鲜与明朝两国关系一直和谐的重要因素（韩明基：《壬辰倭乱时期“再造之恩”的形成和意义》，《东洋学》第29辑，1999年）。

此兴灭继绝，雪耻除凶之恩，千百世所难忘者”①。朝鲜领议政朴承宗亦曰：“壬（辰）丁（酉）年，皇上发山东粮十万斛，赈济小邦军民，至今生齿不灭者，秋毫皆帝力也。”② 可见，对于明朝救朝鲜于水火之中的恩德，朝鲜君臣始终难以忘怀。

推翻光海君拥立仁祖王上台执政的朝鲜王大妃，在下教书宣谕中外时，曾表白曰：“我国服事天朝，二百余载，义即君臣，恩犹父子。壬辰再造之惠，万世不可忘也。”③ 朝鲜仁祖国王在位时期，更是念念不忘明朝的救助，实施积极的亲明政策。后来，面对后金对朝鲜的招抚，仁祖王坚持认为：“神宗皇帝动天下之兵，拯济生灵于水火之中，小邦之人，至今铭缕心骨。宁获过于大国（清），不忍负皇明，此无他，其树恩厚，而感人深也。”④ 仁祖王指出，对于明朝的救助，朝鲜民众刻骨铭心，即使得罪后金，也不能辜负明朝。正是由于朝鲜历代国王对明朝的感恩戴德，李氏朝鲜成为明王朝最忠实的臣属国，于是才有了彼时的光海君朝应明朝要求出兵抗金，以及仁祖国王旗帜鲜明地“亲明斥金”的行为。

总之，1592～1598 年间发生在朝鲜的两场战争，是古代东亚政治关系中的重大事件，它对当时的明朝、朝鲜、日本都产生了一定的影响，表现在：明朝倾全国之力援助朝鲜抗倭，蒙受了巨大损失，在政治、经济、军事上的实力都大为削弱，在一定程度上导致了明朝国力的衰落；朝鲜在战争冲击下，国力衰弱，经济衰退，无力顾及边防建设；日本在战争中惨败，丰臣秀吉势力垮台，战后上任的德川幕府把注意力放在调整国内经济上，与朝鲜和平相处，没有再挑起战事。而这样一来，生活于中国东北边疆的建州女真部，在首领努尔哈赤的带领下，利用没有外来因素干扰的难得发展空间，强势崛起，首先集中精力统一女真内部，之后开始与明朝争夺天下的斗争。由

① 《朝鲜光海君修正日记》卷 130，十年七月庚子。

② 《朝鲜光海君修正日记》卷 177，十四年五月丁酉。

③ 《朝鲜光海君修正日记》卷 187，十五年三月甲辰。

④ 《朝鲜仁祖实录》卷 34，十五年正月辛亥。明军对朝鲜的大力支持，是得到了朝鲜历代国王公认的；但韩国学者李基白竟然称“明军在汉城正北的平安道战败后，撤回到平壤，在那里一度按兵不动”，还说什么“明军并没有与日军交战，只满足于防止日军重新集结，再度北犯”（李基白：《韩国史新论》，国际文化出版公司 1994 年版，第 221、222 页），这是没有事实根据的主观臆测，属于错误的论断，因为明朝对朝鲜的支援，可以从朝鲜历代国王的言辞得到证明。

此，中国境内乃至中朝政治关系都即将发生大的变化。

第三节　建州女真部与朝鲜的友好与冲突并存

在建州女真部发展过程中，为了避免树敌过多，努尔哈赤对东邻朝鲜主动采取睦邻友好的政策，意欲团结朝鲜，以便使自己将来在与明朝争夺天下时减少后顾之忧，以期专意征明，这体现出努尔哈赤作为一个具有远见战略政治家的宽阔视野。朝鲜王朝方面，对于与自己国土毗邻的明朝边境民族女真人的迅速崛起颇感忧虑，担心女真人的发展会危及自身的生存利益，故朝鲜王朝对努尔哈赤为首的建州女真部一直保持高度的警惕，时时防范女真人的举动。

一、建州部努尔哈赤主动示好于朝鲜

建州女真部地处明朝东北边疆的鸭绿江、图们江地区，领土毗邻朝鲜国境。由于地理位置的邻近，元末明初，努尔哈赤的肇祖猛哥帖木儿时期，曾率所部人民渡过图们江，进入朝鲜境内的阿木河（今朝鲜会宁）居住，并曾接受过朝鲜的授职。由于当时明朝正集中力量与残存的北元势力作战，无暇顾及东北边疆地区，故朝鲜半岛的高丽、朝鲜王朝，积极实施“北拓”政策，大力招抚居住在朝鲜半岛东北地区的女真人，而女真人出于生计，也接受朝鲜的羁縻。如《朝鲜实录》记载的女真人每年去往朝鲜京城的人数为：“野人（女真人）上京之数，丰年则十七运，而其数不过一百二十人；凶年则十二运，而其数不过九十人，每运六七人上来，此前例也。而近年以来，驿路有弊，故丰年则十五运；凶年则十运，而每运用八九人上来，运数则减，而人数则不减矣。”[1]当然，由于女真人生活在与朝鲜接壤的边境地区，免不了对朝鲜造成骚扰，即：“北界藩胡作乱，陷庆源府……遂作乱，夜袭

① 《朝鲜中宗实录》卷60，二十三年二月丁未。

堡城。”①

16世纪末期，明朝与朝鲜在共同抗击日本的壬辰战争中都消耗了国力，无力兼顾建州女真部的发展，于是女真部在努尔哈赤的带领下迅速成长起来。努尔哈赤在统一女真各部过程中，曾领兵征讨地处图们江流域的野人女真瓦尔喀部，由于瓦尔喀部活动区域邻近朝鲜国境，因此努尔哈赤的军事活动引起了朝鲜的关注。由此，随着建州女真的日益强大，其与朝鲜之间的关系变得复杂起来，出现了新的局面。

朝鲜人与女真人，虽然一方为明朝的臣属国民，另一方为明朝境内的边疆民族，应该说二者之间地位是平等的。但是，长期受中华正统思想影响、以“小中华”自居的朝鲜人，对中原王朝所辖的边疆部民女真人，怀有蔑视心理，他们把女真民族看作是野蛮未教化的“夷人”，认为女真人不懂礼仪，不愿意同女真人交往。不过，鉴于女真人的迅猛发展，朝鲜又不得不面对现实，重视女真问题。因为朝鲜王朝自立国伊始，便致力于对女真人所居住的朝鲜半岛北部地区的“北拓”，与明王朝争夺对女真人的管辖权。努尔哈赤建州女真部的不断壮大，影响到朝鲜北进政策的实施，也对朝鲜的边疆安全构成了威胁，故朝鲜对建州部的发展动向予以密切关注。朝鲜王廷对努尔哈赤的详细了解，是在明万历十七年（1589）七月，当时朝鲜平安道兵使给宣祖国王上书，介绍了建州部的内部情况：作为建州部首领的努尔哈赤，在女真内部拥有绝对权威，所有政策的实施都由其一人最终决定；努尔哈赤注重军队建设，制造了弓矢等许多武器，将军队分为四个编制单位，经常进行军事训练，军队的作战能力很强，“老乙可赤（努尔哈赤）桀骜之状，据此可知”②。朝鲜君臣从平安道兵使的报告中感受到了努尔哈赤建州部对朝鲜边境安全的威胁，认为“在我阴雨之备，不可不预”③，积极加强与建州部相邻地区的边防防御建设，以防范来自建州部的不测之祸。

建州女真部在边境地区势力的迅速膨胀，也引起了明廷的重视，由于担心女真人与其邻国朝鲜联合会危及明朝的统治，于是明廷采取措施，严格限制他们之间的相互交往。朝鲜王朝一方面要听命于天朝上国明朝，服从明朝

① 《朝鲜宣祖修正实录》卷17，十六年二月甲申。
② 《朝鲜宣祖实录》卷23，二十二年七月丁巳。
③ 《朝鲜宣祖实录》卷23，二十二年七月丁巳。

的指令，另一方面也看清了努尔哈赤的真实意图，担心建州女真人借机进入到朝鲜境内带来边患，因而响应明朝的号令，不与建州部来往。但明朝的禁令及朝鲜的拒绝，并没有动摇努尔哈赤与朝鲜交往的决心，他在努力寻找与朝鲜接触的机会。

1592年壬辰战争爆发后，为躲避战祸，朝鲜半岛北部与女真地区接壤的一部分朝鲜民众，逃入到女真居住区。努尔哈赤以送还朝鲜逃人为借口，要求与朝鲜开展往来。明万历二十三年（1595）七月五日，在努尔哈赤的派遣下，建州部女真人来到朝鲜满浦（今朝鲜慈江道满浦）刷还朝鲜边民，并带来了努尔哈赤致朝鲜边将的书信，请求朝鲜方面准许女真人进入到朝鲜境内"恣意采参"[①]。

获知女真人试图出入朝鲜国境的消息，朝鲜宣祖国王忧虑重重，因为他对以努尔哈赤为首的建州部发展非常警觉，意识到女真人的扩张意图由来已久，即"欲因事生变者，故非一日矣"[②]，他认为此次努尔哈赤是借采参之名义，进入到朝鲜境内窥探朝鲜的边防建设，如果一旦允许女真军进入，则会给朝鲜带来不尽的后患，由此，宣祖国王打算拒绝努尔哈赤的要求。此时，朝鲜备边司上书国王，提醒他要妥善处理与建州女真部的关系，以免激化双方的矛盾，所谓："老乙可赤势力方强"，如果严辞拒绝努尔哈赤的要求，则将来"非徒不能禁止凶暴，后日难处之患，不可胜言"。[③]

宣祖国王经过一番思量，决定回复努尔哈赤的来信。书信中，宣祖王在对女真人刷还朝鲜边民表示感谢的同时，阐明了明王朝对朝鲜与边境相近之胡私相往来以及相通文书的禁令，即："但天朝法禁，故我国与贵卫，境土相近，而不能私相往来，其来已久。今若违天朝之禁，而开无前之例，逾越边境，采参横行，则不但两处之民，私自开衅，以败好意，而天朝亦必以为不可。"[④]宣祖王强调指出，朝鲜作为属国，理应听命于上国明朝，不可违反禁令，这实际上是间接拒绝了努尔哈赤与朝鲜往来的请求。

朝鲜宣祖国王担心由此激怒努尔哈赤，为避免建州人对朝鲜造成边患，

① 《朝鲜宣祖实录》卷65，二十八年七月丙申。
② 《朝鲜宣祖实录》卷65，二十八年七月丙申。
③ 《朝鲜宣祖实录》卷65，二十八年七月丙申。
④ 《朝鲜宣祖实录》卷65，二十八年七月丙申。

宣祖王想到利用明王朝的力量来打压努尔哈赤的险恶用心，所谓："夫夷狄（努尔哈赤）、禽兽，不可以言语，较其曲直……故夷狄不可以理谕，唯其所惮者，兵威而已。"[①] 此时，正值明朝游击胡大受领兵防守平壤并且训练朝鲜士兵。宣祖国王希望胡游击能够派人前去努尔哈赤处宣谕，申明明朝有关严禁女真人越江采参的边境法令："汝须恪守界限，毋得犯法相越。"对此，朝鲜备边司却并不认同此做法，他认为不应依赖胡游击，因为他毕竟只是一个军事教官，其影响力不会对努尔哈赤产生多少威慑作用，所谓"虽闻此言，意亦不过申报军门而已。其直遣人哨责，恐非渠所擅为"，故备边司认为还是从朝鲜自身做好防备，"在我阴雨之备，则不可以少缓也"。[②] 对此建议，宣祖国王予以采纳，于是积极采取防御措施，时刻防范努尔哈赤的突然袭击。

笔者认为，朝鲜国王对努尔哈赤的担心固然不无道理，但对于努尔哈赤借采参名义对朝鲜示好的行为，应结合彼时的实际情况去分析。努尔哈赤此举一方面是出于政治上的考虑，意图消除对明斗争的后顾之忧；另一方面，彼时建州女真部经济上确实也有迫切需求。作为渔猎民族，尽管"奴酋擅貂参海珠之利，蓄积綦富"，但由于女真"地颇哓瘠，粮料时苦不给"，[③] 女真人需要从朝鲜得到粮食等生产、生活资料，因此从这一点而言，努尔哈赤对朝鲜的主动示好也是可以理解的了。

二、"渭原事件"与朝鲜官员出使建州部

朝鲜王朝担心建州女真部努尔哈赤挑起事端，因而时时加强防范。但朝鲜边防军却杀死入境采参的女真人，造成了"渭原事件"。为了防止努尔哈赤借机侵袭朝鲜，朝鲜宣祖国王先后派出河世国、申忠一等官员出使建州。最后，在明朝官员的调停下，朝鲜与建州女真部避免了因"渭原事件"而爆发军事冲突。

---

① 《朝鲜宣祖实录》卷 66，二十八年八月癸丑。

② 《朝鲜宣祖实录》卷 66，二十八年八月癸丑。

③ 《明神宗实录》卷 519，万历四十二年四月丁酉。

（一）“渭原事件”的发生

为阻止建州女真人私自进入朝鲜境内采参，朝鲜在边境地区采取严格的防范措施，但建州女真与朝鲜毕竟疆土毗邻，中间仅隔有一江，因此努尔哈赤的部民经常因地缘优势，冒禁进入朝鲜境内采挖人参等特产品，由此一来，进入朝鲜境内的女真采参人与朝鲜边民之间就产生了许多纠纷。

早在万历二十年（1592），作为建州卫都督的努尔哈赤就曾向明王朝奏称：“高丽杀死所管部落五十余名。”[①] 这说明朝鲜王朝对于来到其境内的女真人采取严厉的镇压措施。万历二十三年十月，在朝鲜南海道的渭原地方，一批前往朝鲜刨参的建州女真人遭到朝鲜边防军的打击，“朝鲜官兵，将鞑子（女真人）杀死数多”，这引发了双方之间的冲突，史称“渭原事件”。得知建州女真人被朝鲜杀害，努尔哈赤非常气愤，他调动兵力，意欲前去报复朝鲜，即：“凑了许多精兵，要去朝鲜地方，报仇抢掠。”[②]

不过此时的朝鲜，正遭受日本侵略，主要兵力大都在南方跟倭寇作战，北部、西部防守空虚，如果努尔哈赤派兵越过边境侵犯朝鲜，则朝鲜根本无力抵抗，如备边司所言：“（努尔哈赤）若于合冰之后，举众来犯，则以我国兵力，决无抵挡之势，极为可虑。”[③] 认识到此严峻形势，朝鲜宣祖王马上想到向明朝求救。在给明朝的上书中，宣祖国王陈述朝鲜一贯遵守明朝的规定，从不主动与建州部交往，但是建州女真首领努尔哈赤却频频对朝鲜示好，坚持要求与朝鲜来往；遭到朝鲜拒绝后，建州女真人就强行越过朝鲜国境进行采参等活动，还抢夺朝鲜边民的财产，双方就产生了一些冲突，这其中包括被朝鲜边将杀死的女真人，不过这样一来惹怒了建州部，朝鲜担心“不测之祸，将发于朝夕”，故请求明朝能够出面制止建州女真人的军事企图，所谓“谕以皇朝禁令，俾无造衅动兵之患事”。[④]

但是令朝鲜失望的是，明朝廷并没有顺应朝鲜的要求，未对努尔哈赤采取管制措施。个中原因，一是此时的明朝政权自身虚弱，已无法对女真部形成威压，女真部也根本不会听命于明廷；二来明朝不愿为朝鲜出兵镇压女

---

① 《明神宗实录》卷 251，万历二十年八月丁酉。
② 《朝鲜宣祖实录》卷 68，二十八年十月丙午。
③ 《朝鲜宣祖实录》卷 68，二十八年十月丙午。
④ 《朝鲜宣祖实录》卷 68，二十八年十月丙午。

真，还有深层次的原因，是明朝一贯坚持“以夷制夷”的方针，期望朝鲜与女真相互牵制，彼此削弱，如此更利于明廷对他们的统治。基于这样的现实及考虑，明朝辽东镇抚代表明廷对朝鲜答复曰：“渭原采参胡被杀之怨，故其怒未解，而欲逞凶于边境。”建议朝鲜利用女真人贪图财物的心理给予一些物品，以此缓和与建州部的紧张关系，即“赐物，以慰其心”。[①]

（二）朝鲜派遣官员出使建州部

如前所述，日本对朝鲜的侵略战争已经令朝鲜难以应付，如果此时建州女真部再派兵深入，则朝鲜势必受到日本和建州女真部的双重夹击，为避免两面受敌，宣祖国王决定派使臣前去建州部，旨在与女真人搞好关系，并借机刺探建州部的实际情况。明万历二十三年（1595）十一月，朝鲜乡通事河世国奉国王之命，在明朝驻朝鲜练兵游击将军余希元的陪同下来到建州部。经过余希元及朝鲜使臣的交涉，努尔哈赤对余希元表示：“今后犯于朝鲜城底，朝鲜不为射杀而捉送，则我极法斩之。朝鲜之人犯于我地方，我捉送则朝鲜亦可处置。然则彼此无仇矣”；又特地对朝鲜通事河世国强调道：“两国别无仇怨……今后如前和好。”[②] 努尔哈赤表示不再追究朝鲜边将杀死女真人之事，并且希望自此以后双方边民可以自由往来。

但仅仅过了几天，努尔哈赤又向朝鲜方面提出新的要求，期望双方保持经常性的书信往来，以便互通信息。对此，朝鲜宣祖王很是为难，认为“通书之事，虑有难处之患，以言语通情，已为启达，而更为思量，则彼有通书，峻拒不答，徒增其愤，无益于事”[③]。宣祖王陈述的理由是，长期以来，明王廷有规定，“人臣无私交”，严禁作为明朝臣属国的朝鲜与明廷的地方卫所建州部私下通交，因此朝鲜只能遵守此法令，“自后则彼此当以言语相通而已”[④]，不敢与建州部进行书信往来。

为了有效地防范女真人对朝鲜的寇犯，当年十二月，朝鲜宣祖王派遣南部主簿申忠一与乡通事罗世弘、河世国等，跟随明朝官员余希元出使建州

① 《朝鲜宣祖实录》卷 69，二十八年十一月乙亥。
② 《朝鲜宣祖实录》卷 69，二十八年十一月戊子。
③ 《朝鲜宣祖实录》卷 69，二十八年十一月戊子。
④ 《朝鲜宣祖实录》卷 69，二十八年十一月戊子。

部，考察建州女真部的实际发展情况。余希元与申忠一一行到达努尔哈赤驻地后，努尔哈赤先派部下马臣、佟羊才、歪乃等予以接待。之后，努尔哈赤亲自出面接见来访的使臣，并为他们举行隆重的欢迎宴会。宴会前，努尔哈赤通过手下副将马臣，向朝鲜使臣表明世代友好的良好愿望，曰："继自今，两国如一国，两家如一家，永结欢好。"[①]

朝鲜使臣申忠一向努尔哈赤阐明朝鲜政府的边疆政策，指出，朝鲜政府致力于与建州部友好相处，约束朝鲜边将善待犯边的女真人"各馈酒食，且给米、盐"；至于在双方冲突中朝鲜边将的不当行为，并非有意剿杀，实是由于女真人私自犯边越境，"自就诛戮也"[②]，故希望建州方面予以谅解。而当女真使臣马臣提出努尔哈赤欲上京（去朝鲜京城）一事时，申忠一则以明朝法令为据，声称要禀报明朝廷"天朝许之则行，不许则不可行"[③]。可见，对于女真方面提出的一些要求，朝鲜使臣皆以听命于明王朝来搪塞。

尽管申忠一与努尔哈赤进行了有理有节的外交斗争，但通过阅读申忠一提交的出使汇报，朝鲜君臣对女真部的发展极为恐惧，认为努尔哈赤势必会给朝鲜形成极大的威胁。如上教院认为，努尔哈赤的强势发展，朝鲜不能不严加警惕："我国介于其间，腹背受敌，所谓又疖且痔。岂不寒心？"[④] 宣祖国王同样感受到了努尔哈赤建州部力量壮大给朝鲜边境带来的隐患，即"观申忠一书启，老乙可赤事，极可忧虑……其渐不可说也"[⑤]，认为努尔哈赤必有更大的扩张野心。为了防范建州部的随时侵入，朝鲜宣祖王要求边境地区的将官"知悉善处，毋致因此起衅"[⑥]，加紧做好针对性的军事防范准备。

三、朝鲜对建州女真部的戒备紧张心态

朝鲜王朝对于努尔哈赤建州女真部的发展，一直持有高度的戒备心理。在壬辰战争过程中，努尔哈赤主动提出协助明军救援朝鲜，由于朝鲜方面担

① 《朝鲜宣祖实录》卷 71，二十九年正月丁酉。
② 《朝鲜宣祖实录》卷 71，二十九年正月丁酉。
③ 《朝鲜宣祖实录》卷 71，二十九年正月丁酉。
④ 《朝鲜宣祖实录》卷 71，二十九年正月丁酉。
⑤ 《朝鲜宣祖实录》卷 72，二十九年二月己亥。
⑥ 《朝鲜宣祖实录》卷 72，二十九年二月己亥。

心努尔哈赤另有所图，拒绝了努尔哈赤的请求。当努尔哈赤提出到朝鲜京城接受封职的要求时，朝鲜予以婉拒。后来，努尔哈赤借肃清逃入朝鲜的女真势力为名，骚扰朝鲜边境，这更令朝鲜异常恐惧。

（一）朝鲜通过明朝制止努尔哈赤的抗倭愿望

1592年与1597年日本先后两次侵入朝鲜，给朝鲜带来了极大的灾难；但是这场战争的发生，为建州女真部开展对朝鲜关系提供了机遇。随着努尔哈赤统一女真各部事业的完成，以及女真势力的愈益强盛，努尔哈赤欲向外开拓发展，实现更宏伟的大业。作为具有远大抱负的政治家，努尔哈赤的最终奋斗目标自然是推翻明朝，建立由女真人统治天下的政权；而由于庞大的明帝国并非彼时的建州部势力所能抗衡的，于是，努尔哈赤就选择与建州部接壤的朝鲜，作为其对外发展的第一步。1592年，日本入侵朝鲜，朝鲜节节败退，在面临亡国的情况下，朝鲜向上国明朝求救，明朝也及时出兵救援；这时，作为与朝鲜国境毗邻的建州部，努尔哈赤主动向明政府提出，派建州兵随明军援救邻邦朝鲜，所谓："有建州卫老乙可赤（努尔哈赤）来救（朝鲜）之言。"[①]

恰在此时，明朝与朝鲜的联军虽取得一定的胜利，但在日军卷土重来的强大攻势面前，明朝联军因战斗力衰弱难以招架，在与倭作战中一度节节败退，于是明廷拟利用女真军事力量打击倭寇"欲以老乙可赤除倭贼"[②]，打算答应努尔哈赤的派兵援朝御倭要求。朝鲜君臣得知努尔哈赤欲率建州兵参与朝鲜战争的消息，却十分恐慌，他们担心建州女真人进入到朝鲜境内，会了解到朝鲜的地形分布、军事部署等情况，这会给朝鲜日后带来灾难，因此户曹判书李诚中提出："老乙可赤出来之事，不可不速拒。"大司宪李德馨也认为，如果努尔哈赤日后率兵来朝鲜，则"拒之亦难矣"，所以他建议及时遏止努尔哈赤的派兵做法。朝鲜宣祖国王听从众大臣的意见，决定拒绝努尔哈赤的援兵提议，即"老乙可赤，速为拒之，须送朝官及解事译官，力争可也"[③]。

---

① 《朝鲜宣祖实录》卷30，二十五年九月辛未。
② 《朝鲜宣祖实录》卷30，二十五年九月辛未。
③ 《朝鲜宣祖实录》卷30，二十五年九月辛未。

过了不久，努尔哈赤又派属下将领马三非来到明朝，以建州与朝鲜疆土相连，担心日后女真也会遭受倭寇侵犯为理由，再次向明朝表示希望派建州兵参加援朝战争，所谓："情愿拣选精兵，待严冬冰合，即便渡江，征杀倭奴，报效皇朝"；朝鲜方面获知建州人的这一动态，更加认为建州人用心险恶，所谓"夷情叵测，心口难凭。况事在彼中，遽难准信"。① 为了禁绝努尔哈赤的派兵意图，朝鲜宣祖王急忙呈书明辽东都司，陈述朝鲜与建州人之间的历史积怨，认为值此建州与朝鲜关系紧张之际，努尔哈赤名义上抗倭援朝，实际上是要达到其借机进入朝鲜的目的。如果朝鲜允许建州军队进入国境，则必将给朝鲜带来灾难性的后果。为了保障朝鲜国土利益，朝鲜期望明廷出面制止努尔哈赤出兵朝鲜，即"乞（明王朝）即明饬凶徒，痛破奸计，杜外胡窥觇之渐"②。不久，明朝廷下旨，同意朝鲜的意见，驳回了努尔哈赤援助朝鲜的提议。这样，在朝鲜方面的抵制下，努尔哈赤率兵进入朝鲜的计划未能实现。

笔者认为，努尔哈赤之所以提出援助朝鲜，是出于两个方面的考虑。其一，努尔哈赤表示愿跟随明朝抗倭援朝，是为了借机向明朝表达所谓的"赤诚"之心，以进一步博得明廷的好感。其二，努尔哈赤对朝鲜有野心，从近期目标而言，努尔哈赤是想向朝鲜显示军威，令朝鲜感恩，进而使女真人取得进入朝鲜采参的权利；从长远目标来看，努尔哈赤欲借此契机进入到朝鲜境内窥探朝鲜的实际情况，以便未来军事征伐朝鲜，将朝鲜作为自己同明朝争夺天下的同盟军。

明万历二十五年（1597）一月，日本丰臣秀吉派军队第二次大规模侵略朝鲜。朝鲜再次向明朝求救，于是明朝以邢玠为总督，令其领军援救朝鲜。得知明军出兵的消息，努尔哈赤又主动提出派建州军队跟随明军入朝作战。明朝邢玠总督并未意识到努尔哈赤的真正意图，他认为既然建州出兵可以帮助明军作战，因而这一提议可行。但朝鲜边将却顾虑甚多，如梁布政认为，如果允许建州兵参与征倭战争，则明朝的军事力量、朝鲜的兵力及地形情况，都会暴露于建州人面前，故梁布政代表朝鲜政府表明态度："所关非

---

① 《朝鲜宣祖实录》卷 30，二十五年九月甲戌。

② 《朝鲜宣祖实录》卷 30，二十五年九月甲戌。

细，决难听从。”[①] 不同意努尔哈赤率军入朝鲜国境。由于朝鲜方面的坚决主张，于是明朝邢玠总督再次否决了努尔哈赤的援朝提议。这样，由于朝鲜君臣从心理上仇视女真，坚决抵制建州人的企图，故而努尔哈赤试图进入朝鲜国境的两次愿望皆未能得以实现。

除了通过明朝廷来抑制建州部对朝鲜的觊视之心，朝鲜还制定出利用投降的倭寇士兵攻打女真人的策略，以此来打压努尔哈赤对朝鲜的图谋。例如，明万历二十二年（1594）三月，针对壬辰战争以来女真人寇略朝鲜永建堡，并进犯易水部钟城、稳城，使居民深受其害的情况，朝鲜北兵使郑见龙密发六镇兵马，以降倭为先锋，突袭女真所部；尽管女真人顽强抵抗，但在降倭和朝鲜官军的联合攻打下，攻陷城池，“胡人老少死者，七八百口”[②]，从军事上极大地震慑了女真人。

（二）朝鲜拒绝努尔哈赤“上京受职”的请求

努尔哈赤在统一女真各部的过程中，为了树立自己在女真社会的权威，以便“威服诸部”，加强对其他女真部落的控制，于是努尔哈赤想到与朝鲜“以结好之意，夸示胡人”。[③] 为此，努尔哈赤请求朝鲜国王授予自己一定的官职。明万历二十四年（1596）一月，努尔哈赤派部将马臣到朝鲜，借刷还朝鲜逃人之机，提出请朝鲜国王授职的要求。马臣说：“刷还之报，不要他物，且要除职。”[④] 马臣指出，如果朝鲜能够授职，即使给一尺布也无怨言，但如果不授职，即使给金银财宝也不高兴。对此授职要求，朝鲜宣祖国王并未答应，理由是朝鲜作为明朝臣子，不能私自授予同样作为明朝臣属的边疆民族首领以官职，这不符合等级规范。

对于朝鲜拒绝授职一事，努尔哈赤并未灰心。明万历二十九年（1601）十月，努尔哈赤又派遣副将忙剌哈来到满浦，再次请求朝鲜允许努尔哈赤到朝鲜京城接受官职。朝鲜满浦佥使金宗得认识到努尔哈赤的真实意图，知道

---

① 《朝鲜宣祖实录》卷 97，三十一年二月癸未。

② 《朝鲜宣祖修正实录》卷 28，二十七年三月己卯。

③ 申忠一：《建州纪程图记》，载潘喆等编：《清入关前史料选辑》第二辑，中国人民大学出版社 1989 年版，第 440 页。

④ 《朝鲜宣祖实录》卷 71，二十九年正月丁酉。

努尔哈赤并不甘居人下，于是以努尔哈赤已经接受明朝廷授予的“龙虎将军”职务为借口，明确表示拒绝。[①]不过，朝鲜宣祖国王担心满浦佥使金宗得的断然回绝会得罪努尔哈赤，故宣祖王让备边司致书努尔哈赤，表明朝鲜方面并非不答应建州方面的要求，实是有难言之苦衷，即“我国虽欲加职，亦于事体，有所不敢”[②]，以此为由对努尔哈赤的要求表示回绝。

实际上，朝鲜宣祖国王对于努尔哈赤的真实意图有深刻的认识，意识到努尔哈赤“凭陵桀骜，已有难制之渐”，努尔哈赤作为明朝授职的官员，尚且不朝贡明廷，岂能诚心到朝鲜京城接受官职？此举只不过是想借机打探朝鲜虚实，戏弄朝鲜罢了！对此，宣祖王深表忧虑，曰“予意西方之事，良可忧哉！”考虑到努尔哈赤的“桀骜”、“难制”，宣祖王告诫朝鲜将领制定御敌之策，严加防范建州女真人的来袭，即“此意更察施行，且谕于都体察使，专委策应”[③]。

（三）朝鲜对努尔哈赤女真的骚扰充满恐惧

明万历二十四年（1596）三月以来，努尔哈赤以建州女真已与朝鲜通交为名，经常率领部下，进入到朝鲜境内，从事采参活动。此举引起朝鲜方面的不满，于是朝鲜政府上书明廷，要求阻止努尔哈赤的擅自入境行为。应朝鲜的请求，当年四月，明政府下发咨文，声称：“朝鲜与建夷，各有封疆，旧制，不许私相往来交通。近来建夷，私往朝鲜地方刨参，朝鲜居民，见必逐赶，建夷亦乘机抢掠朝鲜人畜。虽称送还，怨尤未解，私往刨参，竟未禁戢。……即今朝鲜、建夷，有无私通往来，刨参掠人，曾否禁止，两国疆界，作何限隔以防，怨尤衅端，作何为彼解释，后有私相交通或仇杀，作何禁谕，逐一查议明白，并申明禁约事宜，作速详报。”[④]在咨文中，明政府严禁建州与朝鲜私相交通往来，是冀此避免女真人越境给朝鲜造成伤害；同时，也有防备建州女真部与朝鲜联合之意。此后，朝鲜王朝始终没有放松对

① 对此，朝鲜史臣评论曰：“以老酋之桀骜，岂肯受我国官职而为此言哉？不过侮弄探试，且执此以为他日开衅之地耳。西方之忧，其始斯乎！”见《朝鲜宣祖实录》卷142，三十四年十月丁亥。

② 《朝鲜宣祖实录》卷142，三十四年十月壬辰。

③ 《朝鲜宣祖实录》卷142，三十四年十月壬辰。

④ 《朝鲜宣祖实录》卷74，二十九年四月丁巳。

努尔哈赤的防范，因为朝鲜上下感觉努尔哈赤老奸巨猾、深不可测，因而朝鲜在边境地带加强防守，对建州人保持高度的戒备，“凡干瞭望防备等事，毋或少忽，刻意待变，十分检饬”①，以防不测事件的发生。

努尔哈赤在统一女真过程中，为了使其统一有一个安定的外在环境，除了如上述对明朝表示恭顺之外，他也要交好邻国朝鲜，避免历史上其祖先被明朝与朝鲜联合夹击的命运②，因而极力对朝鲜表示出友好之意，主动与朝鲜通书往来，即“建州等处地方国王佟为我二国听同计议事……若要和事讲和，罢讲和事完”。尽管朝鲜对建州女真保持戒备，表明“我国与本卫，自来和好，少无疑惑，各保地界”③，并拒绝努尔哈赤的抗倭援朝提议，以各种理由阻挠女真人进入朝鲜境内，但努尔哈赤还是表示出极大的克制，并不想与朝鲜为敌。

尽管努尔哈赤向朝鲜表现出了和谐相处的意愿，但鉴于建州部与朝鲜疆界相接，努尔哈赤对朝鲜觊视已久，一旦建州出兵必将殃及朝鲜的现实隐患，朝鲜君臣还是表露出了极大的顾虑，宣祖王曰：“今建州，有老酋称名者崛起，距我境不出数日。观其所为，殊非寻常之胡，西鄙岂有忧乎！”④领事柳永庆则谓：“老酋之猝发，未可知……此贼甚可虑也。”⑤由于担心建州部可能随时会侵袭朝鲜，朝鲜工廷积极开展防范工作。

明万历三十四年（1606）五月，针对努尔哈赤与海西女真忽刺温缔结婚姻“屡谋侵犯朝鲜”的情况，朝鲜宣祖国王曾上书明朝“降敕谕禁二酋”，⑥明神宗要求兵部处理此事，但建州部对明朝的干涉置若罔闻。万历三十五年（1607）二月，努尔哈赤派遣其弟舒尔哈齐等率兵三千渡过图们江，在朝鲜钟城附近的乌碣岩与女真乌拉部作战，之后以追击寇犯朝鲜的忽刺温残余势力为名，率军队进入朝鲜，“穿由我（朝鲜）境，帖然过去……所过闾里，

---

① 《朝鲜宣祖实录》卷78，二十九年八月己酉。

② 指15世纪时期，朝鲜王朝曾配合明廷先后围剿努尔哈赤的二世祖董山及另一建州女真部首领李满住。

③ 《事大文轨》卷46，万历三十三年十一月、十二月条，《朝鲜史料丛刊》（七），韩国国会图书馆藏本。

④ 《朝鲜宣祖实录》卷178，三十七年九月丁卯。

⑤ 《朝鲜宣祖实录》卷190，三十八年八月丙午。

⑥ 《明神宗实录》卷421，万历三十四年五月癸巳。

一无害及。至于钟城村氓夫妻，持马一匹，向城中，途上为老兵所掳，其酋即令放还，以示和好之意”[①]。虽然建州军队并没有伤害朝鲜民众，但建州兵的入境令朝鲜方面非常恐慌。朝鲜备边司很早就上书宣祖王，指出：“老乙可赤自称王号，其渐颇凶”，进而提出努尔哈赤建州部势力膨胀可能会给朝鲜边境安全带来的威胁：“老乙可赤距江边不远，彼必觇我强弱虚实。若以万余兵，长驱入境，其锋不可当。此非可虞之甚者乎？”[②] 此次建州军队闯入朝鲜国境，宣祖国王通过备边司给努尔哈赤写信，要求建州部遵守边疆约定，不要随意闯入朝鲜境内。同时，朝鲜宣祖王又致书明廷，请求明廷出面干涉建州军队骚扰朝鲜之事。但此时的努尔哈赤早已不听命于明廷，即“桀黠非常，旁近诸夷，多被吞并，恃强不贡（明朝）已经二年”[③]，对于努尔哈赤的桀骜不驯，明王朝无计可施，只是告诫朝鲜图强自保，“所望严敕该国，大修武备，整饬边防”[④]。

继宣祖王之后执政的朝鲜光海君朝，仍然十分关注努尔哈赤女真部的发展动向。在备边司及咸镜道监司上呈给光海君的奏疏中，皆提到努尔哈赤势力的膨胀，所谓：“老酋（努尔哈赤）……其势大盛，雄于诸部，故远近部落几尽服属”，“老贼近十余年间，并吞诸部，悉令服属”。[⑤] 对于建州女真部的“窥视之心”，朝鲜王朝只能加强自身防范意识，在秉持“来则拒之，去则不追，以逸待劳，以主待客，蓄力养锐，固守封疆”的防御政策同时，“申饬边备，慎择将士，据险守要，增防添戍”，[⑥] 积极进行军事备战。

总之，努尔哈赤领导下的建州部，出于自身利益考虑，在其羽翼未丰时，主动对邻国朝鲜示好；同时，在建州女真人权益受到伤害时，努尔哈赤一度借机显示兵威，对朝鲜进行武力恫吓，这体现出努尔哈赤对朝鲜政策的有礼有节性。作为朝鲜方面而言，由于本国力量的虚弱，面对日渐兴起的边境近邻建州部，朝鲜上下很是恐惧，为避免建州势力渗透到朝鲜国境内部，只好一方面借助上国明朝的力量做调解工作，另一方面就是从自

---

① 《朝鲜宣祖实录》卷 209，四十年三月戊子。
② 《朝鲜宣祖实录》卷 208，四十年二月壬子。
③ 《明神宗实录》卷 244，万历三十六年三月乙巳。
④ 《明神宗实录》卷 446，万历三十六年五月己丑。
⑤ 《朝鲜光海君修正日记》卷 14、卷 23，元年三月辛卯、十二月丙寅。
⑥ 李廷龟：《月沙先生集》卷 30，《谏北征书》，《韩国文集丛刊》第 70 册，第 32 页。

身做起，采取针对性防范措施。这样一来，双方关系尚算平静，并未产生直接冲突。

第四节　蕴含危机的中朝传统政治秩序

16 世纪末期，即 1592 年至 1598 年，日本丰臣秀吉发动了侵略东方邻国朝鲜的“壬辰战争”，由此使东亚各国的关系变得动荡不安。应朝鲜的要求，作为上国的明朝出兵抗倭援朝，经过中朝两国人民的并肩战斗，最终将日本侵略者驱逐出朝鲜半岛，取得了抗倭斗争的伟大胜利。壬辰战争的发生，导致了多种政治力量的变化。壬辰战争期间，兴起于明朝东北边疆的建州女真部，欲借抗倭援朝名义开展与朝鲜的关系，但遭到朝鲜方面的拒绝。壬辰战争之后，朝鲜对其上国明朝更加忠诚，同时严密防范建州女真人在中朝边境的活动。综观彼时中朝政治关系的变化，随着建州女真人的迅速崛起，中国与朝鲜的传统政治秩序在悄悄地发生着变动。

一、建州女真部觑视明朝与朝鲜

明朝末年，政局动荡，国运衰微；此时，建州女真部在其首领努尔哈赤的率领下，迅速崛起于中国东北边疆，成为威胁中央王权的重要力量。在建州女真统一之前，女真部落纷争不已，“强凌弱，众暴寡”[①]，各部互相倾轧，彼此削弱。在女真各部之中，努尔哈赤领导的建州部发展较快，加之努尔哈赤本人的才能和胆略，“君临”女真地区则成为必然。

作为明王朝境内的边疆部族，明朝前期注重对女真地区的控制，通过设立奴儿干都司机构统辖羁縻卫所，加强对女真人的管理；到了明中期的英宗正统年间，奴儿干都司被废除，明廷对女真地区的统治逐渐松弛，这就为女真人的兴起提供了机会。16 世纪末，建州女真部首领努尔哈赤对邻近的女

① 《清太祖武皇帝实录》卷 1，《满洲源流》。

真各部，采取恩威并行，“顺者以德服，逆者以兵临”[①]的策略，推动和加速了女真部落的统一。1592至1598年日本侵略朝鲜的壬辰战争，又给努尔哈赤建州势力的发展，提供了难得的契机。因为明朝参与抗倭援朝战争，消耗了国力，放松了对东北地区的控制，建州女真得以乘间发展。因此可以说，努尔哈赤建州女真部的迅速崛起，正是建立在日本侵朝战争加剧了明王朝衰弱基础之上的。

前文已述，在日本对朝鲜侵略之际，力量强盛的建州女真部首领努尔哈赤曾向明朝提出赴朝抗倭的请求，不料遭到朝鲜的拒绝。彼时辽东乃是支援朝鲜前线的首要之地，明将李如松所部之辽兵，是辽东地区官军中的精锐部队。辽东将士全力抗倭，无暇顾及对东北地区女真部的控制。后来，虽然抗倭援朝斗争取得了胜利，但由于明朝在战争中蒙受了重大损失，导致国力衰弱，对女真地区的局势难以掌控，这种状况，有利于明边疆民族建州女真部乘隙崛起，为建州女真部的进一步发展，提供了难得的上升空间。彼时努尔哈赤虽然依旧充当明朝的臣子，但图谋反明，进而取而代之的“野心”逐渐膨胀。作为一个有心计、有韬略的政治家，努尔哈赤在其羽翼未丰、时机未成熟之时，一方面利用明朝万历皇帝糊涂昏庸、闭塞视听之机会，积极采取两手发展策略，表面上与明朝仍然保持臣属关系，佯顺明朝，获取明廷的信任，私下里却趁机致力于女真各部的统一，暗中发展壮大自己的力量“藉中朝名号耀东方，势愈强”[②]；另一方面，努尔哈赤为了消除对明战争的障碍，注重争取外部力量的支持，拉拢蒙古部，结好朝鲜国。

对于近邻朝鲜，努尔哈赤有其深谋远虑。朝鲜本身是弱小之国，日本对朝鲜发动侵略战争又进一步削弱了其实力，努尔哈赤试图通过援兵抗倭、进入境内采参等途径窥探朝鲜虚实，打开进入朝鲜的通路。然而，努尔哈赤的这一举动，朝鲜却大为惊惧，认为“若遂其（努尔哈赤）愿，祸在不测”[③]，担心女真人会借机侵略朝鲜。当然，若果真努尔哈赤率兵征倭成为事实，其后果亦颇难预测。在屡遭朝鲜拒绝后，努尔哈赤又以书信等方式展开斡旋，不料也遭到朝鲜的回绝。努尔哈赤尽管对朝鲜极度不满，一度欲发动对朝鲜

① 《清太祖武皇帝实录》卷1，《满洲源流》。
② 《山中闻见录》卷1，《建州》，载李澍田主编：《先清史料》，第2页。
③ 《朝鲜宣祖实录》卷30，二十五年九月甲戌。

的军事行动，但他又不得不顾忌明朝与朝鲜的军事力量，如明朝练兵游击将军余希元对努尔哈赤所说的一番话："天兵八万七千余人，驱逐倭贼之后，分屯朝鲜八道，而余兵，则扈卫王京。朝鲜控弦精勇之士，又过十五六万，弓矢、火器，山积无数。朝鲜欲以二十余万兵，进入满浦等镇，剿灭犯境㺚子。游击（明朝在朝鲜帮助朝鲜训练军队的胡大受）闻其言，谓称：'朝鲜，于天朝属国也；尔㺚子，于天朝，亦属国也。我当宣谕讲解。㺚子若不从我言，则当奏闻天朝，一面将朝鲜兵，入屯江边，一面将天兵，从抚顺所，剿灭尔㺚子无遗。'"① 这使努尔哈赤认识到彼时女真自身的力量尚不够强大，当务之急是专力对付明朝，没有足够精力来顾及朝鲜。同时，努尔哈赤考虑到，女真生活地区与朝鲜仅一江之隔，为避免使女真受到明朝和朝鲜的联合夹攻，故从战略需要出发，努尔哈赤建立后金前一直没有对朝鲜兴兵，而是将朝鲜看作是可以相处的邻邦，致力于同朝鲜发展睦邻友好的双边关系，对朝鲜表示"永结欢好，世世无替"②，对朝鲜采取团结、拉拢的政策，尽力避免军事冲突。

努尔哈赤还注重加强联络蒙古部力量，这也是清朝兴起过程中的重要举措。生活在东北地区的女真人与东蒙古部邻近，历来联系密切。建州女真部崛起后，对蒙古部落采取军事征讨与联姻会盟的两手政策，一方面，对于与海西女真叶赫部联合进攻建州女真的蒙古各部，尤其是接受明朝封赏、与建州女真作对的林丹汗部，努尔哈赤采取坚决的军事打击手段，予以武力征讨；另一方面，努尔哈赤通过实施联姻、赏赐、会盟等政策，笼络科尔沁等诸多蒙古部落，将他们争取到建州女真方面来，使其成为建州部的政治军事同盟军，从而壮大了建州女真部的势力。

总之，在建州部的强势崛起过程中，努尔哈赤通过有效地处理与明朝、朝鲜乃至蒙古部的关系，积极为建州部的发展积蓄能量，为未来与明朝争夺天下做准备。

① 《朝鲜宣祖实录》卷 70，二十八年十二月癸卯。
② 《朝鲜宣祖实录》卷 71，二十九年正月丁酉。

二、明王朝后期的尴尬政治地位

明朝前、中期，国力强盛，与朝鲜等周边国家保持着稳定的封贡关系。但到了16世纪中后期，作为中国正统皇权的明王朝，在其存在了两百多年之后，已经由强盛开始转向衰落，由此使自己作为东亚地区天朝上国的地位也产生了动摇。政治上，明朝朝政极度腐败昏庸。自世宗开始，明朝统治开始走下坡路，经穆宗朝，到神宗万历年间，皇帝不理政务，“帝既不视朝，不御讲筵，不亲郊庙，不批答章疏，中外缺官亦不补”[①]，把国家事务交与阁臣阉官处理，自己躲在后宫纵情享乐。朝廷内部，阉党乱政，党争激烈；大小官僚权贵贿赂公堂，贪污成风，整个官僚集团荒淫腐朽。经济上，国库空虚，财政困难。万历皇帝为了满足官场以及后宫的奢侈消费，以国库空虚为名，编造名目，在全国范围内大肆聚敛，“怠于临政，勇于敛财”[②]，任意征收矿税、盐税、租税、桥税、茶税等，苛捐杂税多如牛毛，人民不堪重负。同时，以皇帝、贵族、权臣为代表的统治阶级，疯狂地兼并土地，使土地高度集中于部分人手中，造成了大量农民破产，被迫到处流亡。尽管万历年间张居正改革（万历九年，1581）暂时缓和了统治危机，但随着张居正的去世，改革归于失败，明朝的社会危机进一步加深。如此一来，已到暮年的明王朝，由于统治集团内部力量的削弱，诸多社会矛盾空前激化，广大民众怨声载道，各地人民纷纷起来斗争。正如彼时刑部右侍郎吕坤所言：“今天下之势，乱象已形，而乱势未动；天下之人，乱心已萌，而乱人未倡。今日之政，皆播乱机使之动；助乱人使之倡者也。”[③] 万历时代的明王朝，已经呈现出某种灭亡的征兆，明史大家孟森先生在其著作中有一句精辟的概括：“明亡之征兆，至万历而定。”[④]

明朝面临的周边形势更加严峻。尽管明廷对边疆民族建州女真的发展有所察觉，但在努尔哈赤的“两面”政策下，明帝心存幻想，认为女真人不会与朝廷作对，于是以开市贸易、授予官职等方式，尽力安抚女真人。对于长

---

① 孟森：《明史讲义》，时代文艺出版社2009年版，第205页。
② 孟森：《明史讲义》，第194页。
③ （清）张廷玉：《明史》卷226，列传114，《吕坤传》。
④ 孟森：《明史讲义》，第194页。

期听命于自己的臣属国朝鲜，在其受到侵略时，明朝有责任予以保护，于是出兵支援朝鲜抗击日本侵略，但长期的援朝御倭战争，使明朝国力大为消耗。生活在大漠地区的蒙古势力的存在，一直是明朝的心头之痛，不仅对明朝频频骚扰，其中的一部分蒙古部落，还成为努尔哈赤的联合力量，进一步对明朝构成威胁。这一切，使原本内部矛盾不断的明王朝统治更加艰难。

具体而言，首先，明朝不得不正视“北虏”问题。所谓“北虏”，就是明廷对居住在北部边疆的蒙古贵族残余势力的称呼。早在明朝建立后，蒙古贵族即退到大漠以北，但时时派兵南下抢掠，骚扰中原政权。明廷对蒙古势力除了进行战争征讨，还注意招抚，采取两手政策，以便瓦解北元势力。如明太祖曾致信逃到漠北的元顺帝，宣称只要他们臣服明朝，“籍我之威，号令其部落，尚可为一邦之主，以奉其宗祀”①。对于来降的蒙古故将，明太祖也“令就水草便利之地居住”②。明成祖对蒙古部落采取抑强扶弱的政策，打击强盛的蒙古部族，而对力量较弱的蒙古部族则派使通好，以分封官职、允许通贡、开设马市贸易等手段予以笼络，借机加强控制。此后的历代明朝皇帝，对蒙古部落推行“以夷制夷”、“分而治之”的策略，利用蒙古各部之间的内部矛盾，使他们互相争斗，彼此削弱，处于四分五裂的局面，明廷趁此加强镇压。明朝对蒙古部落的这种打击政策，就激起除察哈尔林丹汗部以外的蒙古部的反感，当建州女真部首领努尔哈赤联合他们反明时，他们就走到明政权的对立面，与明朝为敌。

其次，明朝中后期，“东夷”问题严重。“东夷”即明廷对生活在东北边疆的女真人的蔑称。明朝对女真族的统治措施，其一，是通过设立羁縻卫所的方式，授予女真上层首领以官职，允许通贡，开设广宁、开原马市，使女真人与中原进行贸易等，对女真实施“分而弱之”、“间而治之”的措施，使其互相牵制，所谓：“朝廷非无马牛而与之为市，盖以其服用之物，皆赖中国。若绝之，彼必有怨心。皇祖许其互市，亦是怀远之仁。”③ 其二，明朝对女真族实施“以夷制夷”政策，意即制造内部矛盾，使女真部落相互猜

---

① 《明太祖实录》卷 51，洪武三年四月己巳。

② 《明太祖实录》卷 199，洪武二十三年正月甲申。

③ 《明宣宗实录》卷 84，宣德六年十一月乙亥。

疑，力量分散，从而达到有效控制他们的目的，所谓："各雄长，不使归一者，盖以犬羊异类，欲其犬牙相制也。"[①] 在身份上，明朝统治者也蔑视女真族（《明太祖实录》、《明太宗实录》中称女真人为"犬羊"、"豺狼"、"丑虏"）。尤其是16世纪50年代以来，明廷在对包括女真在内的边疆民族地区管辖的同时，实行民族分裂和民族歧视政策，所谓"夫夷狄自相攻击，见谓中国之利，可收渔人之功……使其各自雄长，不相归一者，正谓中国之于夷狄，必离其党而分之，护其群而存之"[②]，利用女真人之间的矛盾冲突，相互制衡，彼此削弱，目的是使女真人难以成为一个统一的整体，这样便于明王朝对女真人进行有效的控制。其三，明朝还曾试图利用蒙古力量来遏制女真的发展，"以北虏制东夷"，"以金元世仇，欲其蛮夷自攻也"。[③] 明朝廷不惜以增加赏赐物品数量的方式，"羁縻"拉拢察哈尔林丹汗部，借此牵制建州女真。明朝政府对建州女真实施民族歧视、民族隔离以及经济封锁的做法，激起女真民族的仇恨，加深了女真民族对明朝的怨愤，反而增强了女真民族内在的凝聚力。

应该指出的是，对于日益崛起的努尔哈赤建州势力，此时的明王朝还是具有威慑力的。如1595年，当建州女真与朝鲜因为"渭原事件"欲发生军事冲突时，明王廷派差官余希元赍圣旨宣谕努尔哈赤，要求他保持克制，取消对朝鲜兴兵报复的计划，确保边境安定。尽管出于报复朝鲜杀死女真边民的心理，努尔哈赤一度曾想对朝鲜兴兵动武，但一方面当时努尔哈赤羽翼未丰，不愿树敌过多，以免影响到其与明朝争夺统治权的大业；另一方面，此时的努尔哈赤建州部势力尚未强盛，担心一旦明朝大军压境，建州女真部难以应付，故努尔哈赤向明廷表示服从调解，声称："今有天朝宣谕之令，故姑为停止矣。"[④] 而明差官余希元也对努尔哈赤有所交代，曰："渭原之事，非国王所知，乃边民之妄作。朝鲜国王，既已治罪渭原太守矣。都督再不提举。"[⑤] 于是，在明王朝的调停下，一场即将发生的军事冲突得以避免。

---

① 《明神宗实录》卷444，万历三十六年三月丁酉。

② （清）杨道宾：《杨宗伯奏疏》，《海建夷贡补至南北部落未明谨遵例奏请乞赐诘问以折狂谋事》，《明经世文编》卷453。

③ 《明神宗实录》卷444，万历三十六年三月丁酉。

④ 《朝鲜宣祖实录》卷72，二十九年二月丙寅。

⑤ 《朝鲜宣祖实录》卷73，二十九年三月甲申。

再次，明朝对臣属国朝鲜的“抚藩字小”。作为上国的明朝，与其臣属国朝鲜关系密切，所谓“朝贡络绎，锡赉便蕃，殆不胜书”[①]，两国保持了长期的封贡关系。在万历二十年（1592）至万历二十六年的两次抗倭战争中，明朝派出援军，配合朝鲜军队作战，遏止了日本对朝鲜的侵略。明朝出兵援助朝鲜，是中国封建王朝在封贡体制内实行“抚藩字小”政策，保护属国利益的极好例证。在壬辰战争期间，明朝以朝鲜上国的身份，单独与日本谈判，并与日本签订了七项和议；议和条款中所规定的内容，也彰显出朝鲜作为明朝属国的地位。这是当时中朝政治秩序的具体体现。

在对朝鲜“抚藩字小”的同时，明朝还限制朝鲜与女真人的交往，以防止两者之间的联合。由于朝鲜与明朝边疆民族建州女真疆土毗邻，朝鲜是明朝的臣属国，建州女真则是明朝境内“桀骜不驯”的边疆民族，明朝对女真人的发展已有所警惕，明朝担心建州女真人与朝鲜联合，利用朝鲜挑起事端，会危及明朝的统治地位，因而明廷规定双方“不许私相往来交通”[②]，并且试图利用朝鲜王朝压制女真部的发展。

最后，明朝防范和打击日本。在中国东南沿海地区，明朝长期受到倭寇的骚扰。面对1592年和1597年日本对朝鲜的两次寇犯，明朝认识到日本侵略的最终企图是进犯中国，“关白之图朝鲜，实所以图中国”；于是，应臣属国朝鲜的要求，明朝出兵援助朝鲜，既“再造”了朝鲜，同时也巩固了自己的边防“我兵之救朝鲜，实所以保中国”。[③]发动侵朝战争的丰臣秀吉是一个大野心家，他曾野心勃勃地打算占领朝鲜，并想到北京取代明天子而统治中国和东亚地区。丰臣秀吉发动的侵朝战争，虽然遭到失败，但严重地破坏了彼时东亚的政治格局，不仅给朝鲜带来巨大灾难，同时也给明朝军事、财政、经济上带来了巨大损失，所谓“东征之役，苍皇七载，民力殚竭，天牖其衷”[④]。更为严重的是，通过这场战争，暴露出明朝政治上“外强中干”的真实面目，使一直作为东亚上国的明王朝，逐渐失去了驾驭

---

① （清）张廷玉：《明史》卷320，列传208，《朝鲜传》。

② 《朝鲜宣祖实录》卷74，二十九年四月丁巳。

③ （明）宋应昌：《宋经略奏议》二，“报三相公并石司马书”，《明经世文编》卷402。

④ （明）谈迁：《国榷》卷78，神宗万历二十七年二月“谈迁曰”条，中华书局1958年版，第4829页。

东亚的地位和声望。战后不到50年，明王朝就走向灭亡，这充分说明是这场持续七年的援朝战争极大地削弱了明朝的国力。对此，朝鲜后世史书中也曾有议论："皇朝之速亡，未必不由于东征。"[①]

长达七年的抗倭援朝战争，使明朝元气大伤，综合国力下降，对周边地区的控制力削弱，尤其是在东北地区的统治力量每况愈下，个中原由，固然与抗倭援朝战争有关；但笔者认为，其深层次的原因，是由明朝政治腐败造成的。在这里，暂且不提整个明朝统治集团的腐败，仅以彼时掌控东北地区的李成梁集团来说，其势力之所以由强转弱，也是其本身的腐败而造成的。作为"镇辽东二十二年，先后奏大捷者十"的辽东总兵李成梁，本来"师出必捷，威振绝域"，但是，后来李成梁却"贵极而骄，奢侈无度"，由进取而变为腐败，以致"遂以去位"。[②]万历二十九年（1601），明神宗皇帝重新起用李成梁"镇辽东"，彼时李成梁虽年已七十有六，但凭着他的英勇骁健、大将之才及丰富镇辽经验，镇辽八年，致"辽左少事"。不过，自明万历三十四年开始，李成梁在努尔哈赤的威逼下陆续将新拓宽甸等六堡放弃，徙边民六万家于内地，"居民恋家室，则以大军驱迫之，死者狼藉"，对此，"成梁等反以招复逃人功，增秩受赏"。[③]由此可见，李成梁已变得腐败无能了。有这样的将帅守边，何得不败！

明朝统治集团内部的腐败，还表现在派系互斗、党争愈加激烈方面，这种现象在万历年间抗倭援朝战争与东亚危机中，都有明显的表现。抗倭援朝出兵之前，在明廷中就有出兵与否的争论，主张出兵的大臣以兵部为主，他们提出"遣知兵文武大臣各一员，统领蓟辽南北兵马，直抵朝鲜，存属国以固门庭"[④]，主张拒敌于门庭之外。援朝战争打响之后，一些大臣不仅对前线的将士不予支持和鼓励，相反，对他们的行为百般挑剔，进行恶意中伤。例如，万历二十年（1592）三月，吏科给事杨廷兰上书给明神宗，诬陷李如松，说平壤之捷斩级千余，"半朝鲜之人，焚溺万余，尽朝鲜之民"，"碧蹄之战，士马物故过半，而报者仅什之一，皆与经略（宋应昌），互相扶

① 《朝鲜肃宗实录》卷18，十三年二月辛亥。

② （清）张廷玉：《明史》卷238，列传126，《李成梁传》。

③ （清）张廷玉：《明史》卷238，列传126，《李成梁传》。

④ 《明神宗实录》卷249，万历二十年六月乙卯。

同”。[①] 在“封贡”失败后，日军发动第二次侵朝战争，明军将领杨镐赴朝作战，在处理危机、稳定大局方面采取了一系列的措施，但在蔚山之战中，由于杨镐的指挥不当，遂转胜为败，明军损失颇重。正当此时，作为主和派代表人物的兵部主事丁应泰，不顾大局，将派系斗争带到了朝鲜前线，趁机发起“倒杨（镐）运动”，上本参劾杨镐“贪滑丧师、酿乱权奸、结党欺君”[②]，指责杨镐在朝鲜战场上肆意妄为，隐瞒军情，招致失败。在丁应泰的参劾下，明廷将杨镐免职，并另派万世德顶替杨镐。但是，对杨镐在朝鲜的表现，朝鲜君臣看得颇为清楚，评价亦颇为公允，而对丁应泰之所为，朝鲜则深恶痛绝，于是朝鲜国王向明朝廷上奏，为杨镐进行辩护，而这样一来便得罪了丁应泰之流，于是丁应泰转而参劾朝鲜，指责朝鲜国王“暴虐臣民，沉湎酒色”，勾结日本“诱倭入犯，愚弄天朝”，“复与杨镐结党，朋欺天子”，给明朝带来了祸端“移祸天朝”。[③] 面对丁应泰之流的诬陷之举，朝鲜国王曾向明廷上书辩白，明朝大多数官员对丁应泰的奏本亦持批判态度。但是，丁应泰的混淆视听，在当时造成了极坏的影响，给中朝关系的发展带来负面效应，为后来朝鲜对明的“事大以诚”蒙上了一层阴影。

三、朝鲜尊奉明朝防范建州女真部

16 世纪末期，东亚地区呈现出明朝政局混乱、建州女真崛起、日本倭寇不断骚扰的形势，具有礼治文明的朝鲜国对外方针是，继续与明朝保持已经存续了两百余年的传统封贡关系，坚持贯彻对明朝的“事大”政策，奉明朝为正统，尤其是在壬辰年遭到倭寇入侵朝鲜处于危亡关头时刻，更是首先向上国明朝求救，依赖明王朝。明朝及时出兵援助朝鲜抗击倭寇，“动天下之兵，费天下之财”[④]，使朝鲜免遭日本的涂炭，保障了朝鲜王朝政权的稳定，从而也使明朝与朝鲜的封贡关系更加密切。对于明朝的“再造东藩”之

① 《朝鲜宣祖实录》卷 36，二十六年三月辛未。

② 《明神宗实录》卷 323，万历二十六年六月丁巳。

③ 《朝鲜宣祖实录》卷 104，三十一年九月癸卯。

④ 洪大容、李德懋著，邝健行点校：《乾净衕笔谈・清脾录》，上海古籍出版社 2010 年版，第 40 页。

恩，朝鲜上下一直感念不已“方是时，虽闾巷无知，莫不感泣”[①]，当时及后世的朝鲜国王多次表达感激之情。朝鲜宣祖时，曾建武烈祠崇祀李如松，建宣武祠崇祀杨镐，以缅怀抗倭援朝的明朝将领；而到了朝鲜肃宗朝时，还筑起“大报坛”[②]拜祭明朝神宗皇帝。总之，通过明朝对朝鲜的壬辰救助战争，朝鲜“以再造之恩意识为思想基础，其外交政策由单纯的事大政策，转变为以再造之恩意识为基础的名分论的外交政策”[③]，并在以后较长时间的政治外交活动里予以推行。

在壬辰卫国战争中，朝鲜虽然借助明朝的帮助，取得了最终的胜利，但因此付出了沉重的代价，造成国力的空虚。因而，当朝鲜一向轻视的近邻努尔哈赤建州女真部崛起之时，朝鲜君臣格外惊惧，担心强大起来的女真人念起旧怨（指15世纪时期朝鲜配合明朝对建州女真人的灭门征讨），对朝鲜进行报复，朝鲜惶惶有“惊弓之鸟”之心态，高度警惕建州女真部的发展。

受儒家文化思想的影响，朝鲜长期以来自诩为“小中华”，朝鲜视新兴起的明朝边疆民族女真人为“夷狄”，蔑视女真，称他们为“胡人”、“野人”、“奴贼”、“夷虏”、“女真小丑”、“犬羊之性”，不屑于与“藩胡”（女真）打交道。在“事大”思想下，朝鲜遵循明朝制定的“人臣不可私交”边疆政策，对于东邻建州女真保持有限的接触，避免过于密切的往来。针对努尔哈赤提出的援朝御倭、越境采参、请京受职等要求，以及朝鲜使臣多次出使建州，朝鲜君臣已清醒地认识到努尔哈赤女真的真实意图，正如海平府院君尹根寿所言：“其（努尔哈赤）生心我国，固已久矣。”[④]但由于朝鲜军备长期废弛，加之壬辰卫国战争的战乱，国力虚弱，因此面对建州女真的骚扰与威压，朝鲜王廷无可奈何，只能是一方面在军事上加强戒备，采取一些有效的防范性措施，另一方面是派人到建州部通融关系，顺应女真人的要求，例

① 吴庆元：《小华外史》，《开国实档》，第1册，第15页。

② 《朝鲜肃宗实录》卷40，三十年十二月丁亥。朝鲜设立“大报坛”固然是出于提振民心和国内发展动力的政治目的，即讲求“阴雨之备”和自强之策，以此标榜朝鲜才是中华文化的正统和继承者，即所谓朝鲜中华主义（〔韩〕郑玉子：《关于大报坛创设的研究》，《边太燮博士花甲纪念史学论文集》，韩国三英社1995年版）；但朝鲜也是为了“崇祀出兵拯救朝鲜再造藩邦的明朝神宗皇帝，最直接动因是感恩思明”（孙卫国：《大明旗号与小中华意识》，商务印书馆2007年版，第116页）。

③ 刘宝全：《壬辰倭乱时期朝·明关系史研究》，民族出版社2005年版，第157页。

④ 尹根寿：《月汀先生集》卷4，《御胡方略箚》，《韩国文集丛刊》第47册，第227页。

如己酉年（1609），努尔哈赤通过明万历帝，要求朝鲜将居住在朝鲜边境的野人女真瓦尔喀流散部众遣返建州部，朝鲜光海君国王只能照办，“查出失散数代之瓦尔喀部众一千户”[①]，予以送还。

朝鲜的壬辰卫国战争，给日本入侵者以重创。在明朝与朝鲜联军的打击下，日本被迫退回日本列岛，侵略美梦被粉碎，其经略东亚地区的野心暂时收起。战争结束后，日本国内爆发了内乱，对马岛主平义智将朝鲜俘虏放归朝鲜，并遗书请和。朝鲜与对马岛一水相望，对马岛不产粮食，日常生活用粮依赖朝鲜供给。自从两国发生战争后，朝鲜就断绝了与日本的互市贸易，使对马岛失去了粮食来源，于是日本多次乞求朝鲜与之开市，有时甚至佯以军事相威胁。随着丰臣秀吉的去世以及战争的结束，明军撤归本国境内，朝鲜因畏惧倭寇的入侵，欲与倭寇重开贸易，但又担心明朝怪罪。

万历二十九年（1601）十二月，朝鲜国王李昖派人到明朝，诉说倭人欲求贸易之事，请明廷定夺。经过明朝官员的讨论，同意朝鲜与日本开展贸易。但到了第二年，朝鲜国王李昖又致书明朝，称倭人频频前去朝鲜要挟，“兵端渐露”，因而请明朝选将率兵，协同朝鲜训练修防。明神宗曰：“曾留将士教习，成法具在，无容再遣。”[②]命朝鲜使臣带明帝的敕谕激励朝鲜士兵，随时做好抗击倭寇的准备。万历三十五年（1607）四月，朝鲜国王李昖又致书明帝，称日本的执政者德川家康向朝鲜请和，明朝允许朝鲜国王自己定夺。由此，朝鲜与日本开设互市交易，两国持续了一段时间的友好往来。此后，日本政府虽采取锁国政策，但同朝鲜的经济联系还是正常进行，两国曾于万历三十七年，由朝鲜礼曹判书与日本对马岛主签订“己酉条约”[③]，“二十余年间纷纭不决之交涉，至是始恢复”[④]，日本每年有20艘商船赴朝鲜进行贸易，从朝鲜输入米、棉、人参、皮草、书籍等，向朝鲜输出矿物、染料、香木等。此后一段时间，朝鲜与日本两国保持了相对稳定的关系。当然，朝鲜对日本的侵略还是心有余悸的，对日本的政治动向时常处于一种警惕的状态。

---

① 《满文老档》太祖皇帝第1函，第1册，己酉年二月，第7页。

② （清）张廷玉：《明史》卷320，列传208，《朝鲜传》。

③ 《朝鲜光海君修正日记》卷17，元年六月丁丑。

④ 〔日〕林泰辅著，陈清泉译：《朝鲜通史》，商务印书馆1933年版，第170页。

综上所述，明朝后期，东北边疆的建州女真部迅速崛起，而明朝由于统治没落，已无力控制女真部的发展。后金政权建立前的建州女真部，已经在政治、军事等诸方面显示出较强的实力。努尔哈赤为了统一女真建立宏图大业，表面上俯首称臣于明王朝，暗中却在加紧扩张，积极备战，反叛明朝之心业已形成。同时，努尔哈赤积极联络蒙古中可利用的力量，寻求外在支持；努力与朝鲜建立友好关系，以求得有一个安定的发展空间。就朝鲜而言，它一方面仍然要依靠天朝上国明王朝的支持驱逐倭寇、弹压建州女真部；另一方面，它有限度地与建州女真部交往，密切关注建州女真部的战略动向，并积极加强自身军事防御，以备不测。如此一来，明与朝鲜长达两百余年来的传统政治秩序虽基本稳定，但实际上蕴含着危机，此后的中朝政治格局必将发生新的变化。

第二章 后金天命年间中朝政治秩序之动摇

明万历四十四年（1616），努尔哈赤建立后金天命政权，同明朝公开决裂，拉拢朝鲜、蒙古部，增强自身实力。此时的明王朝，中央王权的地位产生极大动摇，对后金政权已然难以控制，长期“事大”明朝的东邻朝鲜又与其离心离德，不予配合。处于明朝与后金之间的朝鲜，为了谋求在夹缝中生存，不得不认真重视发展与后金的关系，秉持两端外交政策，“事大”明朝的同时，“交邻”于女真人。这样一来，由于后金天命政权的出现，中朝传统政治秩序发生动摇。

第一节 后金挑战明的正统地位及对朝鲜的政策

随着建州女真势力的增强，努尔哈赤已经具备同衰败的明王朝相抗衡的条件，于是建立独立的政权，同明王廷分庭抗礼，并大举伐明，以图早日取而代之，建立统一全国的政权。鉴于朝鲜对明朝的长期依附关系，加之朝鲜所处的特殊地理位置，努尔哈赤不得不对朝鲜有所忌惮，极力拉拢朝鲜，尽量争取朝鲜中立，以便于后金政权集中全力征伐明朝。

一、努尔哈赤建立后金政权及与明朝决裂

在时机成熟的情况下，努尔哈赤建立后金政权，年号“天命”，调整对明的政策，以“告天七大恨”为名，出动军队攻伐明朝。这标志着努尔哈赤与明朝的彻底决裂，由此，后金走上公开对抗明朝的道路。

(一)努尔哈赤建立天命政权抗衡明朝

努尔哈赤率领建州部“削平诸国”，将其他女真各部逐步消灭或兼并，此时的努尔哈赤认为“由是帝业已成”[①]，于是万历四十四年(1616)，努尔哈赤在赫图阿拉(今辽宁新宾永陵镇老城村)建立大金政权，年号天命，史称后金。后金疆域东起东海，西至辽东边墙，南达鸭绿江，北接嫩江，占据了东北大部分地区。对于努尔哈赤的称汗建国，明朝政府起初尚不知情，“(万历)四十四年正月，清太祖建元天命，称建州国汗，自承为金后，亦称后金，而明廷未深知也，愦愦如故”[②]。后来通过朝鲜，明朝统治者才得知这一消息，即王在晋的《三朝辽事实录》中所谓：“朝鲜咨报，奴酋僭号后金汗，建元天命，指中国为南朝，黄衣称朕，词甚侮嫚”[③]；《明实录》中也记载：“近如朝鲜咨报所云，(努尔哈赤)辄敢建国、改元、称朕。”[④]本国境内的边疆民族建立了割据政权，而明朝廷时隔三年(万历四十七年)才知晓努尔哈赤单独立国之事，可见彼时明朝的统治阶层有多么昏庸。

努尔哈赤称汗及后金政权的建立，是建州女真与明朝关系史上的转折点，这宣布了女真部从此结束自己作为明朝地方政权的身份，中国历史也由此进入明、后金交替的历史时期。而努尔哈赤之所以能够建立起与明王朝对峙的割据政权，这是基于努尔哈赤已基本完成对女真各部的统一，政治、军事力量已然强大，具有与明廷分庭抗礼的资本；同时，也是由于努尔哈赤愈发认识到明朝政权的日渐没落，故而敢于挑战。首先，以万历皇帝为代表的明朝上层统治者政治上昏庸乱政，内部争斗剧烈。万历皇帝怠于政事，不临朝议政，而是委政于司礼太监，形成宦官干政的局面，以至于阉党与东林党互相打击，造成朝政的极大混乱，所谓“天子又置万几不理，边臣呼吁，默然不闻，致辽事大坏”[⑤]。其次，经济上，土地高度集中于大官僚、大地主手中，广大人民失去土地纷纷流亡，国家的赋税收入减少，从而直接造成明王朝经济的衰退。再次，军事上，明朝长期不修边备，军事管理弱化，辽东

① 《清太祖高皇帝实录》卷4，乙卯十一月癸酉。
② 孟森：《明史讲义》，第213页。
③ 《三朝辽事实录》卷1，明神宗万历四十七年五月条。
④ 《明神宗实录》卷583，万历四十七年六月庚午。
⑤ (清)张廷玉：《明史》卷259，列传147，《杨镐传》。

军队将贪、兵惫、饷缺、马羸，“将不习于斗而习于奢，卒不善于攻而善于掠”[①]，平日士兵缺乏训练，并无战斗力。最后，万历年间救助朝鲜的壬辰战争，大大削弱了明朝的力量，使明朝的综合国力颇为消耗，连朝鲜官员也承认，“辽左一路，困于征东之役”[②]。明朝自身没落，对努尔哈赤建州部的迅猛发展已无力加以控制。

努尔哈赤建州部地处明王朝与朝鲜王朝之间的地理环境，属于二者的中间地带；而努尔哈赤此时提出脱离明朝，也是在充分考虑了朝鲜因素的基础上慎重做出的决定。朝鲜作为明朝臣属国，长期依附于后者，但其受抗倭战争的影响，内耗非常严重，此时期根本没有精力兼顾外部事务，不可能再像15世纪时那样积极主动地去配合明朝的军事行动。[③]综上所述，努尔哈赤正是在权衡了这个利害得失后，果断向明朝发起挑战。

（二）努尔哈赤发布“七大恨”与明朝公开决裂

万历四十四年（1616）六月，由于明朝民众“越境”进入建州女真地区，采挖人参、矿产，偷伐树木等，“扰害”女真地区。于是，努尔哈赤命令属下达尔汉、侍卫扈尔汉率兵捕杀私入女真地的明朝边民，杀死50余人。当努尔哈赤派使臣纲古里、方吉纳等前去拜见明朝广宁巡抚李维翰时，李维翰以后金滥杀明朝边民为由，拘禁纲古里等11人。努尔哈赤要求明朝放人，而明朝则坚持让后金方面交出扈尔汉抵罪；作为交换，努尔哈赤将俘获的十个叶赫部俘虏交给明朝抵罪，明朝“乃归纲古里、方吉纳等”[④]。这一事件史称“伐木之争”，此事可以看作是努尔哈赤对明朝廷态度的试金石。

努尔哈赤称汗建立后金政权后，虽然明朝没有马上兴兵讨伐后金政权，但是努尔哈赤还是感觉到了来自明朝方面的威胁，因为在后金政权的附近还存在着依靠明朝与后金相抗衡的叶赫部。于是，努尔哈赤在与诸大臣商量、权衡利弊之后，决定先大举伐明，然后再图谋叶赫部，所谓：“我与明国成

---

① 《明熹宗实录》卷75，天启六年八月乙卯。

② 《朝鲜宣祖实录》卷109，三十二年二月甲戌。

③ 15世纪20、30年代，朝鲜曾先后几次派兵侵入建州女真地区，配合明军对建州部进行军事打击，最终消灭了李满住等建州女真部的著名首领。

④ 《清太祖高皇帝实录》卷5，天命元年六月庚子。

衅，有七大恨，至于小忿，不可枚举，欲往征之。”[①] 后金天命三年（1618）四月十三日，努尔哈赤兴师伐明，开启女真民族突破地域限制、谋求更大发展之路。后金大军临行前，努尔哈赤以“七大恨告天”作为反明檄文，正式向明朝宣战，明金战争随之展开。

努尔哈赤所谓的“七大恨”，具体为：

> 我父、祖未损明边一草，寸土不扰。明于边外，无故起衅，杀我父、祖，此其一也。虽杀我父、祖，我仍欲修好，曾勒碑盟约云：凡明国、诸申人等，若越边界，见者即杀其越界之人，倘见而不杀，殃及不杀之人。然明军渝盟出边驻戍，援助叶赫，此恨二也。明人于清河以南、江岸以北，每岁窃逾边境，侵扰劫掠诸申地方，我遵前盟，杀其越界之人。然明置前盟于不顾，责我擅杀，执我前往广宁叩谒之刚古里、方吉纳，并缚以铁索，挟令我献十人解至边上杀之，此恨三也。遣兵出边戍，援助叶赫，将我已聘之女，转嫁蒙古，此恨四也。不准数世驻守帝边之柴河、法纳哈、三岔三处诸申收稼耕种之粮谷，并派明兵驱逐，此恨五也。边外叶赫，受天谴责，乃从其言，遣人致书，以种种恶语辱我，其恨六也。哈达人曾助叶赫，两次来侵，我反攻之，天遂以哈达畀我。其后，明帝又助哈达，胁迫我以还其地。我遣释之哈达人，又屡遭叶赫人遣兵侵掳。遂使天下诸国人互相征伐。天非者败而亡，天是者胜而存也！岂有使死于兵者复生、所获之俘遣归之理乎？若称天授大国之帝，宜为一切国家之共主，何独为我之主？初扈伦合攻于我，天谴扈伦启衅，而以我为是。该明帝又如此上抗于天，偏助天谴之叶赫。何以倒置是非，妄为剖断？其恨七也。明欺我太甚，实不堪忍，因此七大恨之故，兴师征伐。[②]

---

① 《满文老档》太祖皇帝第 2 函，第 6 册，天命三年二月，第 53 页。

② 《满文老档》太祖皇帝第 2 函，第 6 册，天命三年四月十三日，第 55～56 页。关于“七大恨”的内容，《清太祖武皇帝实录》、《清太祖高皇帝实录》、《东华录》、《明神宗实录》、《清史纪事本末》以及《朝鲜王朝实录》等均有记载，孟森先生认为，“七大恨原文今不见，并非实录所载之文”（孟森：《清史讲义》，中华书局 2006 年版，第 118 页）。笔者比较各文献记载，尽管词语有所出入，但基本内容是一致的。

在努尔哈赤列举的“七大恨”中，首先指责的是明朝将领在作战中杀死其祖、父，属“家仇”；又指出，明朝袒护叶赫、哈达部，不公正对待建州女真部，属“族恨”。列宁对民族压迫问题曾有精辟见解：“一切民族压迫都势必引起广大人民群众的反抗，而被压迫民族的一切反抗趋势都是民族起义。”[①]由此我们认识到，彼时明朝政府对女真人实施错误的民族压迫政策，是导致努尔哈赤领导女真人起来进行反抗斗争的原因之一。

努尔哈赤起兵后，首先攻打明朝在辽东的军事重镇抚顺。四月十五日，在抚顺一战中，努尔哈赤俘获明朝游击李永芳[②]，“阵斩总兵张承荫、副将颇廷相、参将蒲世芳、游击五人及把总五十余人……获马九千匹，甲七千副，兵杖器械，不可数计，明兵逃归者十无一二”[③]。进攻抚顺是努尔哈赤同明军的第一次正面交锋，初试锋芒即取得大的胜利，这更坚定了努尔哈赤对明朝大举进攻的决心。接着，努尔哈赤又夺取东州、马根单、抚安、清河堡等周边城堡，明军“主将兵马，一时俱没”，明朝在辽东的一些城镇纷纷沦陷。消息传到京师，明朝上下大为震惊，万历皇帝感到“辽左覆军陨将，虏势益张，边事十分危急”[④]，为此忧心忡忡。

在努尔哈赤攻陷清河城前夕，明广宁巡抚李维翰曾派遣通事前去后金，要求以互换俘虏的方式体现修好之意。但努尔哈赤态度强硬，提出条件曰：“若以我为是，于所俘外，更加馈赠之礼，则和。如以我为非，则不必言和，当征伐如故耳。”[⑤]攻下清河后，努尔哈赤更是气盛，口气咄咄逼人，遗书于明朝曰：“尔若不以我之直为直，我之是为是，欲战我，则订军期，出边界，露师于外，或五日，或十有五日，挺身攻我，决一战。否则必以我为直，以我为是，输金币以息兵省事焉。”[⑥]由此看出，努尔哈赤灭亡明朝的决心已定，容不得明朝方面讨价还价。但需要指出的是，在此过程中，努尔哈赤对明朝施以缓兵之计，曾多次要求明廷遣使到后金议和谈判，以此为手段麻痹明

① 《列宁全集》卷 23，人民出版社 1963 年版，第 55 页。
② 作为明朝游击的李永芳后来投降了后金，并成为努尔哈赤的女婿，此人在帮助后金攻打明朝方面发挥了重要的作用。
③ 《清太祖高皇帝实录》卷 5，天命三年四月癸卯。
④ 《明神宗实录》卷 568，万历四十六年四月丙辰。
⑤ 《清太祖高皇帝实录》卷 5，天命三年六月己卯。
⑥ 《清太祖高皇帝实录》卷 5，天命三年九月庚戌。

廷，争取时间，调整内部，加紧备战，为其政治、军事目的服务，而这样一来，“明廷发动进攻后金的战争拖了一年多的时间”[①]。

后金天命四年（1619）三月十九日，明与后金进行了具有战略转折意义的萨尔浒[②]战役。在此战役中，后金军以少胜多，取得全面胜利，而明军损失惨重，“主客出塞官军共八万八千五百五十余员名，阵亡道、镇、副、协、参、游、都司、通判、守备、中军、千把总等官共三百一十余员名，并印信一颗，阵亡军丁共四万五千八百七十余名，阵失马、骡、驼共二万八千六百余匹、头、只，今阵回见在并召集官军共四万二千三百六十余员名”[③]。事实上，明军的损失数字远不止这些，《清实录》描述：“五日之间，（明军）悉被我军（后金军）诛灭，宿将猛士，暴骸骨于外，士卒死者不啻十余万，举国震动。”[④]《辽广实录》更是记载：“我兵（明军）之败死者、乘闲以逃冒死者相半，十二万人尽矣。”[⑤]可知明军几乎是全军覆没。

战争的结果，对明朝、后金乃至朝鲜，都产生了重大影响。此役后金军大获全胜，由守御转为进攻，由此掌握了战争的主动权，这为后金政权的进一步发展，乃至后来的以清王朝为中心的东亚政治格局的构建，奠定了坚实的基础。此役中明军一败涂地，死伤惨重，士无守志，元气大伤，遭受沉重的打击，被迫由进攻转入战略防御，彻底失去了对女真的控制权。明朝大学士方从哲曾上书万历皇帝，指出战后辽东的严峻形势，谓：“军气日益灰沮，人心日益惊惶，开原商贾士民逃窜几半，宽、叆城堡奔溃一空，辽之为辽，真岌岌乎有不可保之势矣！”[⑥]

萨尔浒战役后，为实现夺取辽、沈的战略目标，努尔哈赤决定首先攻打明朝在辽东的前沿堡垒开原。后金天命四年六月十日，努尔哈赤率军进攻开原。在事先派进城的奸细的接应下，后金军轻易地攻占了开原城。七月十五日，努尔哈赤又统兵围攻沈阳北部重镇铁岭。由于努尔哈赤事先以重金收买

① 李鸿彬：《清朝兴起与对明议和策略》，《史学集刊》1992年第2期。

② 萨尔浒即萨尔浒山。此山在今抚顺大伙房水库东南隅，浑河南岸，高约70米，地势颇为险要。

③ 《三朝辽事实录》卷1，万历四十七年三月条。

④ 《清太祖高皇帝实录》卷6，天命四年三月甲申。

⑤ （明）傅国：《辽广实录》，《清入关前史料选辑》第一辑，第140页。

⑥ 《明神宗实录》卷580，万历四十七年三月甲辰。

铁岭守将丁碧，“丁碧开门迎敌”[①]，后金军又轻松占领了铁岭。

攻取了开原和铁岭后，后金势力大增，努尔哈赤本想乘胜攻击，扩大后金政权在辽东的发展；这时，明廷派出善于用兵的熊廷弼镇守辽东，力图挽救颓败的局势。鉴于这种形势，努尔哈赤也就没有急于发动对明朝的大规模进攻，转而注重内部制度、军事力量的完善。到了天命六年（1621），努尔哈赤又发动了对明朝的新一轮战争。

努尔哈赤建立后金政权后，接连攻陷了抚顺、清河等明朝的辽东重镇，取得了开门红。在具有重要战略转折意义的萨尔浒战役中，后金军队更是取得决定性的胜利，这进一步增强了努尔哈赤对明朝作战的信心。后金军顺利占领开原和铁岭，这为努尔哈赤继续推行其战略目标扫清了障碍，接下来，后金与明朝展开了更大规模的争斗。

二、天命汗努尔哈赤对朝鲜的怀柔之策

在后金与明朝作战的过程中，后金统治集团认识到朝鲜在后金与明战争中的特殊地位和重要作用，所谓“与南朝相战，不可不与朝鲜相和”[②]，于是天命汗努尔哈赤积极开展对朝鲜的争取工作，先是要求朝鲜保持中立态度，继之通过采取优遇朝鲜降将、要求与朝鲜缔结盟约等方式，加紧对朝鲜的拉拢，以图解除后金征明的后顾之患。

（一）努尔哈赤要求朝鲜在明金战争中保持中立

努尔哈赤清醒地认识到，欲与明朝争夺天下，顺利推行后金既定的战略目标，就必须处理好与北方蒙古和东邻朝鲜的关系。彼时，后金政权与蒙古的友好关系不断加强，一些蒙古部已经成为后金政权的同盟者。但作为明朝臣属国，与后金仅一江之隔的朝鲜一向听命于明廷，对明称臣纳贡，曾给予明朝军事、经济援助，因此成为后金政权征伐明朝、统一中原的后顾之忧。努尔哈赤考虑到，后金一旦与明朝作战，就要顾虑东面的朝鲜，

① 《三朝辽事实录》卷1，万历四十七年七月条。

② 李肯翊：《燃藜室记述》卷23，《深河之役》，《清入关前史料选辑》第一辑，第426页。

因此，朝鲜一直是后金潜在的威胁力量，是后金征明的阻碍因素，必须设法解决。不过，当时的努尔哈赤政权毕竟力量有限，要同时开展对明朝与朝鲜的两面作战是很困难的，努尔哈赤为防止朝鲜参与到明金战争中来，故对朝鲜采取笼络之策。萨尔浒战役前夕，努尔哈赤派人致书朝鲜国王，阐述后金与明朝进行战争的理由，在于长期以来明王朝不公正对待女真人，后金无法容忍，于是奋而起兵反抗，努尔哈赤此举意在从道义上说明后金征明的合理性，避免朝鲜从心理上反感后金。同时，努尔哈赤对朝鲜软硬兼施，既强调双方的友好“朝鲜则与我朝，有信之国”，又军事威吓朝鲜“我将当以一枝兵马，发送攻击”，由此提出最终要求：“谨守封疆，勿使动兵。”[①]

努尔哈赤对朝鲜表达出和平共处、避免冲突的愿望，并未使朝鲜方面放松警惕，他们很早就觉察到建州部的发展对朝鲜带来的边防隐患，如备边司曾提出：“北鄙屡闻朝夕可虑，而防备荡然无一可恃，添兵之举在所汲汲。”[②]而本次努尔哈赤致朝鲜国王的书信中，由于使用“后金国汗谕朝鲜国王”这样的词语，“言辞极其悖慢”，这令朝鲜方面难以接受。为此，平安道节度使金景瑞企图利用明朝的声望来打压后金，即“天朝以二百年生聚，格汝小酋，无异泰山压卵，不必格外国而求助矣”[③]。备边司对此却有更深层的思考，认为“今来胡书，极为叵测”[④]。后金对朝鲜并无诚意，既然后金已经进犯天朝（明朝），则下一步其必然将加兵于朝鲜，故备边司对国王建议道：“在我防备，不可不急急规划。”[⑤]以免将来遭遇突袭时措手不及。

努尔哈赤要求朝鲜在明金战争中保持中立，除了政治原因，还基于经济因素的考虑，他需要跟朝鲜通好，获取物资。这是因为，明代建州诸卫女真人，早年主要以农耕、采集、狩猎为生，以部分采猎物品换取中原汉人的物资。当时，女真人是与明朝在辽东的开原、广宁、抚顺、清河、叆阳、宽

① 《朝鲜光海君修正日记》卷128，十年五月丙辰。
② 《备边司誊录》光海君十年三月十八日，韩国国史编纂委员会1952年影印本。
③ 《朝鲜光海君修正日记》卷128，十年五月丙辰。
④ 《备边司誊录》，光海君十年五月二十九日。
⑤ 《备边司誊录》，光海君十年五月二十九日。

甸等处马市贸易中，交换到自己所需的生产工具和生活资料，这对建州女真的发展起到了重要的作用。在与明朝进行边境互市的同时，努尔哈赤还因地利之便，谋求与朝鲜的边境贸易，期望贸取到朝鲜的物品。明万历三十一年（1603），在努尔哈赤的要求下，朝鲜王朝与建州女真部开设茂山互市（今朝鲜咸镜北道富宁北9公里之古茂山），“虚水罗诸部之胡，闻风辐辏，任意买卖”[①]。

不过，自从万历四十四年（1616），努尔哈赤建立后金政权后，明王朝取缔了与女真人的各项贸易形式，从经济上对女真部予以封锁。与明朝关系的恶化，迫使后金更加依赖于从朝鲜获取必要的生活、生产物资，因而努尔哈赤向朝鲜提出，在茂山互市的基础上进一步于会宁、满浦等地开设边境互市。对此，朝鲜王朝并未响应，理由是既然明朝终止了与后金的各种贸易，此时作为属国的朝鲜再与后金开通互市，必会遭到明朝的指责。朝鲜未能配合后金方面的要求，令努尔哈赤非常失望。

（二）萨尔浒战役后努尔哈赤要求与朝鲜结盟

在万历四十七年（1619）三月的萨尔浒之战中，朝鲜军队实行“不抵抗主义”，以都元帅姜弘立、副元帅金景瑞为首的朝鲜援军背叛明朝投降后金，努尔哈赤认识到，朝鲜出兵纯粹是出于与明的道义名分而非自愿。为此，努尔哈赤对投降后金的朝鲜将领姜弘立、金景瑞以礼相待，同时，将俘获的朝鲜部曲张应京、通事等人放归朝鲜，并让他们给朝鲜国王带去一封书信。在书信中，努尔哈赤指出，朝鲜出兵乃不得已之举，对朝鲜出兵助明表示理解，曰：“尔朝鲜以兵助明侵我，我知此来非朝鲜兵所愿，乃迫于明人，为报救尔倭难之德而来耳！”并且，努尔哈赤极力煽动朝鲜的反明情绪，试图拉拢朝鲜与后金结成抗明统一战线，所谓：“明帝欲遣其诸子来主朝鲜国及我国，是明帝凌辱我二国太甚矣。朝鲜王，尔意以为我二国素无怨隙，或我二国合谋，以仇明耶？”[②]

---

① 《朝鲜宣祖实录》卷163，三十六年六月己丑。

② 《满文老档》太祖皇帝第2函，第9册，天命四年三月，第87～88页。尽管后金方面表白理解朝鲜的出兵行为，表示不怪罪朝鲜，但实际上后金当时尚无兴兵朝鲜的军事实力，后金对于朝鲜的此次出兵一直耿耿于怀，后来皇太极出兵攻伐朝鲜，就以此为口实。

针对后金的来信及如何答复之事，朝鲜内部君臣之间一度意见分歧较大。那些对明朝恪守君臣义理的大臣认为，要对后金明确阐述朝鲜“至诚事大”于明朝的一贯原则，以免后金心存幻想，所谓：“今此答书，所系极重……胡书之来，既不得举义斥绝，其所答辞，不可不据理直说，使不骇于天下之耳，不激其犬羊之怒也。我国之二百年至诚事大之意，亦伊贼之所知，必无惹衅之端也。”[①] 国王光海君认识到，明朝统治已是江河日下，而新兴的后金政权发展势头正猛，不可轻易得罪，所谓：“此贼立国建元，谕帖称朕，则凶猾已极，其桀骜难当之状，亦可知也。”[②] 出于朝鲜生存利益的考虑，光海君主张认真对待后金的提议，并要求大臣朴烨马上复信后金。在书信中，朝鲜首先声明与后金的长期友好关系，“我两国接壤而居，明国为君，而我二国为臣，历二百余载，毫无怨恶”；其次，国王光海君对努尔哈赤表白，朝鲜之所以参与对金作战，是出于属国义务“明与我国，如同父子，父之言，子可违乎？事关大义，不可拒也”，希望后金方面理解朝鲜的助兵行为；最后，光海君国王希望与后金和平共处，“我两国则各守疆园，复修旧好，岂不美哉”。[③]

在接到朝鲜的答复后，努尔哈赤认识到朝鲜与明朝的关系并非牢不可破，而朝鲜也不敢轻易得罪后金，因而努尔哈赤进一步提出与朝鲜缔结盟约的要求，曰：“我两国当写盟言之书，杀白马祭天，乌牛祭地，当天歃血，焚香盟誓，方为可信耳。”[④] 朝鲜自然不敢背着明朝私下与后金结盟，于是光海君命大臣修书，说明两国交好，信义为重，“何必形诸文字，徒烦耳目乎”[⑤]，由此婉拒努尔哈赤的不当提议。

尽管努尔哈赤没能达到与朝鲜结盟的目的，但他并没有放松对朝鲜的争取，为了使朝鲜脱离明朝，加入后金一方，努尔哈赤继续开展挑拨朝鲜与明朝关系的工作，“夸张构捏，无所不至”。事实证明，后金离间朝鲜与明朝关系的工作已取得初步成效，朝鲜与后金之间书信往来的消息传到明朝廷后，明帝已经开始怀疑、责备朝鲜亲近后金的行为，所谓“天朝之诘责我国，渠

---

① 《朝鲜光海君修正日记》卷 139，十一年四月丙寅。

② 《朝鲜光海君修正日记》卷 139，十一年四月壬戌。

③ 《满文老档》太祖皇帝第 2 函，第 9 册，天命四年五月，第 89 ～ 90 页。

④ 赵庆男：《乱中杂录》五，载潘喆等编：《清入关前史料选辑》第三辑，中国人民大学出版社 1991 年版，第 272 页。

⑤ 《朝鲜光海君修正日记》卷 150，十二年三月壬午。

亦已料矣”。[①]

总之，努尔哈赤建立后金政权，就意味着一个脱离明朝的独立割据政权已经诞生；明朝无法容忍境内边疆部族建州部反叛势力的存在，于是举全国之力进行剿杀，但明朝与后金的决定性战役——萨尔浒之战反倒成全了后金，由此后金势力膨胀，锐不可当。为防止明朝与朝鲜夹击后金，努尔哈赤不惜在明金战争前对朝鲜予以拉拢与威胁，尽管未能阻止朝鲜对明朝的军事援助，但使朝鲜慑于后金兵威未敢全力参与战争；战后，努尔哈赤又“善解人意”地为朝鲜开脱，开展与朝鲜的互动，可以说，努尔哈赤达到了争取朝鲜在外交立场上发生变化的外交目的。

第二节　明朝征讨后金及对属国朝鲜的笼络

面对后金的公然挑战，明朝当然不能容忍，于是明神宗调集大军准备剿灭新生的后金政权。为了确保对后金战争的顺利进行，明朝方面要求自己的臣属国朝鲜派兵出战，以图东西夹击后金。明廷同时认识到，尽管朝鲜为明朝的臣属国，但朝鲜历史上的历代国王，在强国、大国压迫下，很善于选择灵活而现实的外交政策，谋求朝鲜的最大利益[②]；因而，为了避免朝鲜利用其特殊的政治、地理地位搞两端外交，明朝也不能对朝鲜态度过于强硬，以防止朝鲜倒向后金，于是注重对朝鲜的笼络，力图将朝鲜固定在明金战争中的明朝一方。

一、明朝对后金作战并要求朝鲜助兵

努尔哈赤发动对明战争后，战争进程非常顺利，这是明朝君臣所未曾料

---

① 《朝鲜光海君修正日记》卷150，十二年三月壬午。

② 历史上，宋辽交战时期，彼时作为宋朝附属国的高丽王朝很明智地倒向了实力较强的辽朝一边，并没有配合宋军对辽的军事行动。同时，高丽继续尊重宋王朝的大国地位，保持与宋朝的友好关系。后来，当金朝灭亡辽国、大举攻宋时，高丽王朝又及时地投向了金朝方面，不惜用“事大主义”换取和平，从而避免了国家覆亡的命运。

到的。出于及时扑灭新兴的后金割据势力、巩固明朝政权的考虑，明朝大臣建议“当殄灭此虏，用振国威……以示压卵之势，收覆巢之功”①；神宗皇帝非常重视对后金政权的军事打击，谕令兵部曰：“尔部便会推堪任总兵官一员，令刻期到任，料理军务。一应防御驱剿事宜，着督抚等官便宜调度，务期殄灭，以奠封疆。其征兵转饷等事，即遵旨会议具奏。”② 按照神宗皇帝的谕旨，兵部调集兵马，委任杨镐为辽东经略、李如柏为总兵官，前去讨伐后金政权。

为了确保对后金战争的胜利，明王朝决定动员朝鲜出兵助战。由于后金正处于明朝与朝鲜的中间地域，明朝通过动员朝鲜军事力量，正好可以对后金形成东西合围之势。明万历四十六年（1618）闰四月，明神宗授意钦差巡抚辽东地方赞理军务兼管备倭都察院右佥都御使李维翰，通告朝鲜义州府，说明明朝正与努尔哈赤后金政权作战之事，告诫朝鲜方面要加强边境地区的军事防守，同时希望朝鲜“申严提备，整练兵马，俟剿奴之日，合兵征剿”③。在明廷的这份咨文中，明朝着重强调朝鲜与后金政权疆土接壤，会随时遭受后金的军事进攻，因而朝鲜参战具有必要性。

明朝要求朝鲜出兵辽东共同抗击后金，既是出于军事上的需要，更是出于政治上的目的。就政治角度而言，朝鲜长期作为明朝的臣属国，与明朝已经保持了两百余年的封贡关系，理应秉承春秋大义，听命于明王朝；加之当年在壬辰战争时明朝对朝鲜的大力救助，“朝鲜受我卵翼，得保旧封”④，值此明朝需要之时，朝鲜应出兵还报“再造之恩”。但如前所述，历史上的朝鲜王朝很善于在大国之间周旋，如果朝鲜与后金达成合作关系，则后金可以借朝鲜的海路对明朝的中原腹地发动军事进攻，这是明朝不得不警惕的。为此，明朝强制要求朝鲜出兵，介入明朝对后金的作战中，与明军“合兵征剿”，其意在于杜绝后金与朝鲜的联合，从政治外交、军事上孤立后金，这也是明廷一贯实行的“以夷制夷”战略。

在明朝与后金作战的过程中，由于后金军队战斗力强盛，明军难以抵

---

① （明）薛三才：《薛恭敏公奏疏》，《请剿奴酋酌议兵食第一疏》，《明经世文编》卷443。
② 《明神宗实录》卷568，万历四十六年四月丙辰。
③ 《朝鲜光海君修正日记》卷127，十年闰四月辛未。
④ （明）薛三才：《薛恭敏公奏疏》，《请剿奴酋酌议兵食第一疏》，《明经世文编》卷443。

挡其进攻，因此，明朝除了动员全国的军事力量予以应对，同时加紧督促臣属国朝鲜尽早出兵。作为当年在抗倭援朝战争中有功于朝鲜，时任明朝辽东经略的杨镐，致函朝鲜国王，进行说服动员工作。在书信中，杨镐首先提及壬辰倭乱时期明朝对朝鲜的倾力援救，“贵国往罹倭奴之患，曾劳上国之援，征水陆之兵至数十万，转本圻之饷至数百万”，意在提醒朝鲜不要忘恩；接着，杨镐说明，由于朝鲜多年遭受女真人的边境骚扰，因此这次对后金的战争也是在帮助朝鲜打击女真人，“窃为剿虏非只为本朝，亦为王国也”；进而指出朝鲜助兵明朝的益处，“助顺，成掎角之势，即王封安枕之乐，而又有忠义之名”，要求朝鲜国王尽早下定决心，“须有击楫斫案之图，勿为首鼠狼跋之虑”。[①]

由于朝鲜国王对于是否出兵仍然犹疑不决，万历四十七年（1619）正月，明朝钦差援辽总统团练朝鲜兵马左都督刘铤致信朝鲜国王光海君，劝说其要识时务，尽到藩国义务，即“天朝讨叛，属国敌忾，所以恪藩职，报君父也”[②]。二月，明神宗皇帝亲自致书光海君，对其“恪守箕封，祗供藩职”的忠义之心表示赞赏，并再次强调，在明朝征召之时，朝鲜应及时派出军队，“申严纪律，经略相机调遣，刻日进征，务成犄角之形”[③]，配合明军的作战。在此情况下，光海君国王派出以姜弘立为都元帅、金景瑞为副元帅的一万三千名三营兵马，“自昌城渡江，会天将于大尾洞，即华夷界也”[④]，前去支援明朝。

二月十一日，奉明神宗皇帝之命，辽东经略杨镐、蓟辽总督汪可受、巡抚周永春、巡按陈王廷等，在辽阳誓师，以“兵二十万……告号大兵四十七万”[⑤]，兵分四路，直捣后金的都城赫图阿拉。当时的四路大军分别为：左侧中路，以山海关总兵官杜松为主将，领兵六万，顺浑河出抚顺关，

① 赵庆男：《乱中杂录》五，《清入关前史料选辑》第三辑，第261页。

② 《朝鲜光海君修正日记》卷136，十一年正月壬辰。

③ 吴庆元：《小华外史》卷五，第3册，第18页。

④ 《朝鲜光海君修正日记》卷137，十一年二月乙亥。

⑤ 《清太祖高皇帝实录》卷6，天命四年二月己巳。对于当时明朝的实际兵力，《明实录》、《清太祖武皇帝实录》、《清太祖高皇帝实录》以及《朝鲜王朝实录》都有记载，但数字各异，有的记为十四万，有的则记为二十万。在此我们所依据的是《清太祖高皇帝实录》中的数字，笔者认为，清朝的《实录》中之所以记为二十万，不免有吹捧后金的成分，即暗示尽管明朝派出了大规模的军队，最后依然以兵败告终。

从西面进攻赫图阿拉；右侧中路，以辽东总兵官李如柏为主将，领兵六万，往清河出鸦鹘关，从南面进攻赫图阿拉；左侧北路，以原任总兵官马林为主将，领兵四万，往开原合叶赫兵，从北面进攻赫图阿拉；右侧南路，以总兵官刘铤为主将，领兵四万，联合朝鲜军队，出宽甸口，从东面进攻赫图阿拉。[①] 当时朝鲜姜弘立援军是被编排在明军进攻的东路，受总兵官刘铤节制。由于明朝军队武器装备落后，士兵作战能力较差，朝鲜军队也久不习兵，而后金军队已做好充分的迎战准备，双方的实力差距显而易见，因而朝鲜国王光海君对明朝联军与后金的交战有清醒的认识，认为明朝联军不仅会溃败，而且势必会对朝鲜的利益造成极大损害，所谓："以如此弱卒，驱入于虎穴，非但败溃而已，日后我国之患，有不可言者。"[②]

坐镇指挥的明朝经略杨镐试图分进合击，一举剿灭新生的后金政权。但当时明朝盲目乐观，过分低估了后金的力量，认为短期内即可将后金彻底荡平，这在当时明朝征召朝鲜参与作战的咨文中，可以反映出明朝的轻敌情绪："皇上赫然，计必剿除。用调四方之锐，遄兴六月之师，输粮若阜，军气如雷，奴之期命，其焉至矣。"[③] 而明朝将领杜松率领的西路军为争首功，先行渡过浑河，连克三个小城，取得了一定的胜利。之后，杜松乘胜到达萨尔浒（今辽宁抚顺东南兴京城西北二十里）谷口，以三万兵屯萨尔浒山，自己率兵两万前去攻打界藩城。

面对来势汹汹的明朝大军，后金汗努尔哈赤采纳明朝降将李永芳的建议，制定出"凭尔几路来，我只一路去"[④] 的战略方针，集中优势兵力各个击破。事实证明，正确的战略方针是军队取胜的重要保证。当杜松领兵到达界藩城时，努尔哈赤事先埋伏的精锐骑兵突然出击，将杜松军拦为两段，努尔哈赤自己率六旗兵直抵萨尔浒山明军的大营。由于天空突然变暗，明军点起火炬迎战。后金军由暗处袭击明处，箭无虚发；而明军由明处攻击暗处，难以击中目标。后金军很快占领萨尔浒山，消灭了明朝三万军队。杜松急忙率师回援，后金军从山上和山下两路夹攻，杜松中流箭而死，明西路军全军

① 参见《清太祖武皇帝实录》卷 3，天命四年二月条。

② 《朝鲜光海君修正日记》卷 138，十一年三月丙戌。

③ 《朝鲜光海君修正日记》卷 127，十年闰四月乙酉。

④ 《明史纪事本末》补遗，卷 1，《辽左兵端》。

覆没。马林所在的北路军得知杜松军兵败的消息，于是在富勒哈山（今辽宁铁岭东南约50公里）结营自固，加强防守。努尔哈赤指挥八旗铁骑，击溃了马林的北路军。朝鲜援军所在的东路军，同样被后金军队打败，主将刘铤被杀。朝鲜援军却没有积极抵抗，而是按兵不动；并且，元帅姜弘立得知明军兵败的消息后，将逃奔到朝鲜军营的明朝士兵献给后金，并率领朝鲜军队投降了后金，所谓："朝鲜副元帅先诣众贝勒降。翌日，姜弘立率兵五千下山降。……上（努尔哈赤）优以宾礼数，数赐宴，厚遇之，士卒悉留豢养焉。"[①] 这样，明军与朝鲜联合征剿后金军队的行动，就以明朝的惨败宣告结束。

二、萨尔浒之役后明朝对朝鲜的态度

鉴于朝鲜已经与明朝保持了两百余年的封贡关系，加之朝鲜此次派出军队跟随明军作战造成了伤亡，因而明廷方面并未因朝鲜将领投降后金而指责朝鲜政府。更主要的是，如今的明朝受到后金割据政权的公然挑衅，由于自身难以应付，它需要外部力量的支持；而临近后金疆界的朝鲜战略地位重要，其可以与明朝形成钳制之势来制约后金，即"牵制敌国者，朝鲜也"[②]；反之，如果朝鲜投靠到了后金一边，则明朝就失去了防御后金的屏障，所谓："万一朝鲜转入于建酋，则登、莱失一面之藩篱，而江、淮、浙、直添三面之敌国，此其所关中国之安危者甚巨。"[③] 正是基于此种考虑，明朝廷并没有怪罪朝鲜军队的作战不力，而是对朝鲜将领的临阵投降表示理解，以期朝鲜能够继续派出军队参与明对后金的战争。

首先，明朝经略杨镐在致朝鲜光海君的书信中，称赞作为属国的朝鲜出兵相助上国明朝的义举"忠节昭然，可扬日月"，杨镐指出战争失利的原因在于自己"节制无方，经略无术"，并安慰朝鲜胜负乃兵家常事，希望朝鲜加强边疆警戒"无忽防御之策"。[④] 其次，明神宗皇帝专门致书朝鲜国王，

① 《清太祖高皇帝实录》卷6，天命四年三月甲申。

② （清）张廷玉：《明史》卷320，列传208，《朝鲜传》。

③ 《三朝辽事实录》卷2，万历四十七年十一月条。

④ 赵庆男：《乱中杂录》五，《清入关前史料选辑》第三辑，第264～265页。

对朝鲜响应明廷的出兵号召行为予以表彰，“整搠兵马，裹粮相从，戮力齐心，誓清大憝，勤王之义，朕甚嘉焉”，并派差官袁见龙前去朝鲜表示慰问，“量行褒赏，吊问死伤。慰忠义之魂，抚创痍之众”；当然，明神宗还不忘对朝鲜提出要求，希望朝鲜挑选精锐部队，继续参与明朝对后金的征讨战争，以图彻底荡灭后金，即“俾狡夷不得肆吞啮之谋，庶辽左亦终藉应援之助。勉图后效，毋弃前功，雪耻除凶，期务殄灭”。[①]

朝鲜君臣却极力逃避明与后金的争斗，以本国边境力量薄弱“多抄则力所难办，小发则无益于实事”为由，拒绝再次出兵；但碍于明朝为上国，朝鲜表示，出动部分边境军队配合明军的作战，即“悉发余丁，分守沿江（地方），以为声援辽阳之计”。[②]

明朝对朝鲜在派兵问题上的敷衍态度颇为不满，于是派官员袁见龙对朝鲜施加压力。袁见龙到达朝鲜后，对光海君国王表达看法，劝说朝鲜消除顾虑，出兵助明作战。其一，指出朝鲜的国力远超后金，即“夫奴酋弹丸之地，不当贵国一道。所谓（后金）稍强，以（朝鲜）四道处之，绰有余力”，因此朝鲜不要有过多的担心；其二，对朝鲜灌输努尔哈赤后金政权“奴运渐衰、奴气渐顿，不久当授首就戮”的道理，以此解除朝鲜畏惧后金的心理；其三，陈述明朝辽东得失与朝鲜利益攸关的利害关系，说明明朝与朝鲜属于相互依赖的关系，暗示朝鲜出兵实际上是救助自己“辽之于贵国，则贵国之舟也。欲渡江，必假舟楫，欲合天朝，必假辽东。无辽左，则贵国与天朝，间而不能合矣”[③]。

光海君国王并不为明朝差官的游说所动，仍坚持认为努尔哈赤势力强盛，如果朝鲜继续与后金为敌，则必将招致后金的军事打击，危及朝鲜的国土安全“日后之忧，有不可言”[④]，因此朝鲜拒绝接受再次出兵的要求，而是转而加强本国的军事防御建设。这说明，作为朝鲜上国的明王朝，对其属国朝鲜的控制力已大为减弱。

认识到朝鲜已经有脱明倾向，明朝大臣纷纷上书，表示忧虑。明朝左春

---

① 吴庆元：《小华外史》卷三，第2册，第24页。
② 《朝鲜光海君修正日记》卷143，十一年八月乙卯。
③ 《朝鲜光海君修正日记》卷143，十一年八月己未。
④ 《朝鲜光海君修正日记》卷143，十一年八月甲子。

坊左赞善兼翰林院检讨徐光启指出："今结好朝鲜，既是奴之狡谋，则聊属朝鲜，即为我之胜算……今者不赖其用，而弃以资敌，失策之甚者也。"[①] 徐光启认为，如果明朝不能争取朝鲜坚定地站在自己一方，等于将朝鲜让给了后金"弃以资敌"，而一旦朝鲜投靠后金，则形势发展将会很不利于明朝。为了控制朝鲜，避免朝鲜脱离明朝，徐光启上《亟遣使臣监护朝鲜》奏书，自荐担任明廷宣谕使前去监护朝鲜的内政与外交，"察彼心神无二，就与商略戎机，令其渐强，可战可守。若被诱胁，情形变动，便当责以大义，一面密切奏闻，以便措置防范"[②]。徐光启要求监护朝鲜的言论，表明明朝政权对朝鲜的高度戒备，担心后金会拉拢朝鲜共同对抗明朝。

由上述内容可以看出，朝鲜原本为明朝的臣属国，应该无条件地听令于明王朝；但时过境迁，衰败的明朝已经难以对朝鲜形成威慑力，朝鲜国又很善于在"夹缝"中生存，对明朝及后金采取两不得罪的外交政策，既"亲明"又"向金"。这样一来，作为上国的明朝也不得不放下姿态，采取针对性的措施来争取朝鲜，这反映出彼时传统的东亚政治局势已然发生新的变化。

二、明朝与后金继续作战以图自救

萨尔浒一战，明朝军队溃败，神宗皇帝将杨镐治罪，改由明兵部右侍郎兼右佥都御史熊廷弼担任辽东经略。熊廷弼文武兼备，善于用兵，熟谙辽东边事，他上任后，清醒地指出："辽左为京师肩背，欲保京师，则辽镇不可弃……不守辽、沈，必不能保辽镇，不复开原，必不能保辽、沈。"[③] 向明神宗阐明收复明辽东重镇开原的重要性。为此，熊廷弼制定恢复辽东的方针，曰："速遣将士，备刍粮，修器械，毋窘臣用，毋缓臣期，毋中格以沮臣气，毋旁挠以撤臣肘，毋独遗臣以艰危，以致误臣、误辽、兼误国也。"[④] 同时，熊廷弼又提出联合朝鲜的建议，所谓"三方建制，须联络朝鲜。请亟发敕使

① （明）徐光启：《徐文定公集》一，《辽左阽危已甚疏》，《明经世文编》卷 488。
② （明）徐光启：《徐文定公集》一，《辽左阽危已甚疏》，《明经世文编》卷 488。
③ 《明史纪事本末》补遗，卷 2，《熊王功罪》。
④ （清）张廷玉：《明史》卷 259，列传 147，《熊廷弼传》。

往劳彼国君臣，俾尽发八道之师，连营江上，助我声势”①，即利用朝鲜与后金地理位置邻近的优势，“合兵而捣之”②，以期对后金军队形成夹击之势。

神宗皇帝对熊廷弼甚为器重，赐给他尚方宝剑，委以自主之权。熊廷弼来到辽阳后，调集18万大军，分布在各要塞地方，加强军事防务建设。熊廷弼采取的一系列整顿措施，取得了明显的成效，使辽东局势逐渐趋于稳定，“在辽数年，杜馈遗，核军实，按劾将吏，不事姑息，风纪大振”③。这期间，努尔哈赤曾几次派后金军与明军作战，但都未能取得胜利。

万历四十八年（1620）七月，明神宗死去，其长子朱常洛即位为光宗泰昌帝，但即位一月即暴死。九月，朱常洛长子朱由校继承皇位，成为熹宗天启皇帝。天启皇帝的即位，更加速了明朝衰亡的进程。政治上，天启皇帝上台后不理朝政，终日躲在后宫嬉戏，属于“至愚至昧之童蒙，固不足预是非恩怨之理解者”④，他宠信奶妈客氏，把政权交予客氏的同党宦官魏忠贤，从而形成阉党专政局面。魏忠贤依仗皇帝的宠信，独揽朝政，总督东厂等特务机构，结党营私，大肆迫害东林党人，对百姓实行恐怖统治，人人自危。经济上，统治阶级以各种名目摊派赋税，拼命搜刮人民，加之大范围的自然灾害，致使明朝经济呈现出一派凋敝局面，国库空虚，财政危机，“民穷已极，嗷嗷思乱”，“府州县库藏空竭”。⑤由于难以维持生计，广大百姓生活艰难，被迫到处流亡。社会关系方面，阶级斗争、民族矛盾空前尖锐，民间骚乱、小规模农民起义不断，因此天启年间，庞大的明帝国已难以掩饰其腐败、灭亡的局面，明王朝的统治摇摇欲坠，已濒临崩溃，正如孟森先生所言：“国势之危至此……此即天亡之兆矣。”⑥

天启朝统治集团内部党争尤其激烈。天启皇帝是在东林党人杨涟、左光斗等人的拥立下即位的，当时担任内阁首辅的也是支持东林党人的韩爌、叶向高等人，因此天启朝初年，东林党得势。但是，后来以魏忠贤为首的宦官集团，勾结天启帝的乳母客氏，形成阉党，专门对抗东林党。由于担任兵部

① 吴庆元：《小华外史》卷五，第3册，第32页。
② 《明史纪事本末》补遗，卷2，《熊王功罪》。
③ （清）张廷玉：《明史》卷259，列传147，《熊廷弼传》。
④ 孟森：《明史讲义》，第229页。
⑤ 《明熹宗实录》卷22，天启二年五月庚申。
⑥ 孟森：《明史讲义》，第229页。

右侍郎的熊廷弼不善于逢迎，得罪了阉党，因而遭到阉党的弹劾“回乡听勘”，成为党争中的牺牲品。

熊廷弼被排挤下台后，由袁应泰接任辽东经略。袁应泰上任后，正值蒙古各部遭受灾荒，蒙古人纷纷入塞乞食，袁应泰奏请明廷，收复、招降了一万余人，分别安置于辽阳、沈阳两城，试图依靠他们与后金作战。不料这些投降过来的人，后来竟被努尔哈赤所招降，成了努尔哈赤安插在明营之中的耳目。由于袁应泰“用兵非所长”[①]，不懂军事，在实际工作中有很多方面违背熊廷弼任经略时的初衷，使辽东局势重又陷于混乱之中。努尔哈赤此前由于对“熊蛮子”熊廷弼的布防有所忌惮，不敢大举进攻，而今得知明辽东局势不稳，于是又发动新的攻势。

后金天命六年（1621）春，努尔哈赤发动辽沈之战。沈阳是明朝在辽东的重镇，具有重要的战略地位。三月十日，努尔哈赤亲率八旗大军，大举围攻沈阳。十二日，后金军队兵临沈阳城下。尽管明军严防死守，但在后金兵的强大攻势下，加之城内的内应配合，沈阳城很快失陷，大将贺世贤、尤世功皆奋战而死。[②]攻下沈阳后，三月十八日，努尔哈赤乘势长驱，率军攻打明朝辽东首府辽阳城。辽阳是彼时明朝在东北地区的政治、经济、军事和文化中心，明辽东经略的驻地即在此城。时任辽东经略的袁应泰得知后金军队前来进攻的消息，急忙调集军队，固守城池。二十日，后金兵冒死登城，进入辽阳城中，明军大乱，双方短兵相接，战况十分惨烈。二十一日，辽阳城被后金军攻下，经略袁应泰拔刀自裁。辽阳一战中，当年袁应泰招降的蒙古兵，起到了助兵后金的内应作用，“辽以角楼火起破，的系辽人为内应……相与约期举事”[③]。努尔哈赤连克沈阳、辽阳二城后，“辽东之三河……河东大小七十余城、官民俱薙发降”[④]；攻下辽阳后，努尔哈赤认为辽阳具有重要战略地位乃“明及朝鲜、蒙古接壤要害之区”[⑤]，为了便于对明作战，遂将都城由兴京移至辽阳，但由于“辽阳城大，年久倾圮，东南有朝鲜，北有蒙

---

① （清）张廷玉：《明史》卷259，列传147，《袁应泰传》。

② 参见《明史纪事本末》补遗，卷2，《熊王功罪》。也有一种说法，贺世贤并未战死，而是投降了后金。

③ 《明熹宗实录》卷9，天启元年四月壬午。

④ 《清太祖高皇帝实录》卷7，天命六年三月壬戌。

⑤ 《清太祖高皇帝实录》卷7，天命六年三月癸亥。

古，二国俱未弭帖”[1]；出于对蒙古及朝鲜作战的需要，天命十年三月，努尔哈赤又将都城由辽阳迁至新筑的盛京城（今沈阳市），所谓“沈阳形胜之地……北征蒙古，二三日可至。南征朝鲜，可由清河路以进”[2]。

沈阳、辽阳相继被攻陷，明朝大为震惊。明天启皇帝认识到：“熊廷弼守辽一载，未有大失，袁应泰一战而败。”[3]于是重新起用熊廷弼为兵部尚书经略辽东。同时，明朝廷任命王化贞为广宁巡抚，受熊廷弼节制。熊廷弼认识到，辽沈的失陷，直接影响到京师的安危，因而提出力保辽东的主张，即“重兵屯山海关，待各镇兵马大集，登、莱策应齐备，然后三方大举齐进”；但是，熊廷弼的这一战略战术，遭到巡抚王化贞的反对，“化贞则专意河西，用西虏进取，谓登、津为缓图”。[4]王化贞“为人骄而愎，素不习兵，轻视大敌，好谩语”[5]，他不谙军事，主张盲目出击，甚至狂言：“愿以六万进战，一举荡平（后金）。”[6]经抚意见不统一，则很难形成一致的作战方略，也就难以保证战事的顺利。

早在天命七年（1622）正月，利用明朝将领“经抚不和，战守无策”[7]之良机，努尔哈赤率八旗军渡过辽河，攻打广宁（今辽宁省北宁市）。广宁巡抚王化贞仓皇逃奔，手下将领投降努尔哈赤，后金军顺利占领广宁城。接下来，锦州、松山、杏山、大凌河，“凡四十余城守御官，各率其所属百姓来降”[8]。明军由于失陷广宁，整个辽河流域全部丧失，被迫退守山海关。广宁失陷的严重后果，正如明朝官员王在晋所言：“东事离披，一坏于清抚，再坏于开铁，三坏于辽沈，四坏于广宁。初坏为危局，再坏为败局，三坏为残局，至于四坏捐弃全辽，则无局之可布矣。”[9]彼时，明军退守山海关后，关外“满目兵燹，河西七百里边城，俱为煨烬，关以外几成异域矣”[10]。

---

① 《清太祖高皇帝实录》卷 8，天命七年三月己亥。
② 《清太祖高皇帝实录》卷 9，天命十年三月己酉。
③ 《明史纪事本末》补遗，卷 2，《熊王功罪》。
④ 《明史纪事本末》补遗，卷 2，《熊王功罪》。
⑤ （清）张廷玉：《明史》卷 259，列传 147，《王化贞传》。
⑥ 《明熹宗实录》卷 18，天启二年正月戊申。
⑦ 《明熹宗实录》卷 18，天启二年正月乙丑。
⑧ 《清太祖高皇帝实录》卷 8，天命七年正月己未。
⑨ 《三朝辽事实录》卷 8，天启二年三月条。
⑩ 《明熹宗实录》卷 38，天启三年九月丁未。

广宁兵败后，辽东经略熊廷弼因“失陷封疆”[①]罪，不久被处斩，并且传首九边，明朝任命兵部尚书王在晋代替熊廷弼经略辽东。王在晋由于害怕与后金作战，于是夸大辽东作战的困难，制定了放弃关外、保住关内的消极防御方略，即“重关守险，卫山海以卫京师”[②]；而其属下的宁前兵备佥事袁崇焕则主张积极防御，并提出了可行的防御方案，但王在晋并不接受。天命七年（明天启二年，1622）八月，明廷将王在晋调离辽东防务，改由兵部尚书兼东阁大学士孙承宗担任辽东经略，赋予其“一意担承，紧要事宜，应会各部，或本部径行，不必复奏”[③]之权。担当重任的孙承宗认识到，要想改变辽东地区的败局，选拔一名得力的将领是当务之急，于是他调任宁前兵备佥事袁崇焕整饬边防。袁崇焕“为人慷慨负胆略，好谈兵，遇老校退卒，辄与论塞上事，晓其厄塞情形，以边才自许”[④]，他向孙承宗提出了戍守宁远的建议，“守为正着，战为奇着，款为旁着，以实不以虚，以渐不以骤”[⑤]，被孙承宗所接纳。于是，从天命八年秋开始，袁崇焕亲自督筑宁远城（今辽宁省兴城市），以此作为抵御后金的军事重镇。并且，孙承宗与袁崇焕还加强锦州、松山、杏山以及大、小凌河的防务，从而使辽东形势发生很大的变化，“前后修复大城九、堡四十五，练兵十一万，立车营十二、水营五、火营二、前锋后劲营八，造甲胄、器械、弓矢、炮石、渠答、卤楯之具合数百万，拓地四百里，开屯五千顷，岁入十五万”[⑥]。

但是好景不长，由于明朝统治集团内部的党派斗争加剧，以魏忠贤为首的阉党加紧对东林党的打击迫害，以致支持孙承宗的东林党首辅叶向高等被罢官，魏忠贤一派掌握朝廷内外大权。魏忠贤想拉拢功高权重的孙承宗，但孙承宗刚直不阿，坚决不肯与阉党同流合污，并且赞赏弹劾魏忠贤的东林党人杨涟，由此就得罪了魏忠贤等人，“（孙承宗）功既高，内为魏忠贤党所忌，日夜相排挤”[⑦]。于是，在阉党顾秉谦、魏广微的诬陷下，明天启五年

---

① （清）张廷玉：《明史》卷259，列传147，《熊廷弼传》。
② （清）张廷玉：《明史》卷250，列传138，《孙承宗传》。
③ （明）鹿善继等：《督师纪略》卷2，载潘喆等编：《清入关前史料选辑》第三辑，第170页。
④ （清）张廷玉：《明史》卷259，列传147，《袁崇焕传》。
⑤ 《明熹宗实录》卷84，天启七年五月庚辰。
⑥ （清）张廷玉：《明史》卷250，列传138，《孙承宗传》。
⑦ 转引自萧一山：《清代通史》卷上，中华书局1985年版，第99页。

（1625）十月，踌躇满志的孙承宗愤而提出辞职，“得允，即归田”[①]，朝廷改由阉党分子高第任兵部尚书并经略辽东。

明朝新任兵部尚书高第不懂军事，只因阉党抬举而得以担任督师蓟、辽的重任，他到任后，采取与前兵部尚书王在晋一样的消极防御策略，“尽撤锦（州）、右（屯）诸城守具，移其将士于关内”[②]，即要求放弃锦州、大凌河等处的防务，将军兵撤退至山海关以内。而作为宁前兵备佥事的袁崇焕据理力争，坚决不肯撤兵进关，决心扼守孤城宁远，“我宁前道也，官此当死此，我必不去”[③]，誓与此城共存亡。得知明经略易人而时任经略高第昏庸懦弱，天命十一年（1626）正月十四日，后金汗努尔哈赤率20万大军，首先攻打明朝关外的重镇宁远城，《清太祖实录》有记载：“（后金军）前后相继，络绎不绝，莫测首尾，旌旗剑戟如林。”[④]此时宁远城只有一万名官兵，敌众我寡；但宁远道袁崇焕、总兵满桂、参将祖大寿固守宁远城，以新式的西洋红夷大炮击退了强大的努尔哈赤后金军。后金军连续攻了两天，没有攻下，反倒死伤官兵数千人。史书记载：“城中用红夷大炮及一应火器诸物，奋勇焚击，前后伤虏数千。”[⑤]袁崇焕领导明朝军队取得宁远阻击战的胜利，天启皇帝朱由校非常兴奋，曰：“此七八年来所绝无，深足为封疆吐气。”[⑥]宁远大捷，是明朝很长时间以来所未能取得的胜利，它大大提升了明朝军民与后金继续对抗的士气。

后金方面，努尔哈赤久攻宁远不下，心情异常郁闷，“帝自二十五岁征伐以来，战无不胜，攻无不克，惟宁远一城不下，遂大怀忿恨而回”[⑦]。正如史书所载，自从努尔哈赤起兵反明后，在对明作战中可以说是攻无不克，战无不胜，已经基本控制辽东大部，几乎要拥兵入关，成就一统天下之帝业。但是在明朝与后金关系史上著名的宁远一役中，后金却遭受重创，努尔哈赤遭到用兵40余年来最严重的惨败，当年（1626）八月十一日，努尔哈赤在

---

① 《督师纪略》卷2，转引自潘喆等编：《清入关前史料选辑》第三辑，第251页。
② （清）张廷玉：《明史》卷259《袁崇焕传》。
③ （清）张廷玉：《明史》卷259《袁崇焕传》。
④ 《清太祖高皇帝实录》卷10，十一年正月戊午。
⑤ 《明熹宗实录》卷68，天启六年二月甲戌。
⑥ 《明熹宗实录》卷68，天启六年二月丙子。
⑦ 《清太祖武皇帝实录》卷4，天命十一年二月初九日。

叆鸡堡（今辽宁省沈阳市城南大叆金村）愤而死去。[①]这样一来，在辽西明军精锐犹存，加之有袁崇焕等名将镇守宁远、锦州城的情况下，后金西进征明的计划遭遇挫折，一时无机可乘。

总之，努尔哈赤建立后金政权后，明王朝意欲清除这一割据势力，于是双方爆发了具有战略转折意义的萨尔浒之战，为确保战事胜利，明王朝把朝鲜拉进明金战争中，但朝鲜并未倾力相助，这也间接导致了明朝方面的失利。为了争取朝鲜继续与自己站在一条战线上，明朝在战后只能对朝鲜予以安抚，进行笼络。为扭转不利局面，明朝调兵遣将，同后金军队展开持久战，但由于明朝内部的党派斗争，削弱了明朝自身的实力，好在袁崇焕的出现，为明朝赢得了一线生机，尤其是袁崇焕指挥的宁远之战粉碎了后金军队的进攻，致使百战百胜的努尔哈赤郁闷而亡，这一辉煌的胜利暂时扭转了明军自与后金作战以来屡战屡败的局面，提升了明军上下战胜后金的信心，由此明朝开始重新集结力量，对抗后金军队。

第三节 朝鲜对待明、后金的“两面外交”政策

后金与明朝爆发战争后，作为明朝臣属国的朝鲜本应恪守与明的封贡关系，尽到属国义务，响应上国明朝的号召出兵作战。但是，此时以光海君为首的朝鲜政权，对明朝与后金战争的形势有非常清醒的认识，因此朝鲜方面并没有盲目附从于明朝一边，而是采取对明和后金两不得罪的“两面政策”，最大限度地为朝鲜王朝争取实际利益。

一、明金战争中朝鲜消极援助明朝

明朝要求朝鲜出兵助剿后金的咨文，在朝鲜王廷内部引起很大的争议。

① 关于努尔哈赤去世的原因，有多种说法，一说为努尔哈赤受明军的炮击而死；一说努尔哈赤死于自己后背的痈疽；还有一说认为努尔哈赤是气大伤身，愤而死去。笔者认为，导致努尔哈赤此时去世的原因，《明熹宗实录》的记载比较可信：“奴酋（努尔哈赤）耻宁远之败，遂蓄愠患疽死。”（天启六年九月戊戌条），由于努尔哈赤从未打过败仗，此次遭到挫折，心中焦虑，导致病情（痈疽）发作，两者作用，抑郁而逝。此时，努尔哈赤已68岁，年岁已大，故未能挺过此关。

以备边司等大北派[1]为首的亲明官员，主张接受明朝的出兵要求，派出军队参与明军对后金的战争。其理由为：其一，朝鲜王朝自太祖李成桂开始，一直奉明朝为上国，双方已保持了两百余年的封贡关系，所谓“我国以礼仪之邦，至诚事大，世笃忠贞，钦戴中朝，有如父母”[2]，在上国征召的情况下，作为长期受到荫蔽的臣属国朝鲜应该听从号令出兵相助。其二，在朝鲜遭受倭寇入侵的壬辰卫国战争中，上国明朝倾力相助，对朝鲜有“再造藩邦之恩”，如今明朝与后金作战，“我国以天朝藩邦，当固守藩篱，非但自守之计也，情理亦如此矣”[3]，就道义而言，朝鲜当倾国家之力予以援助。其三，从现实情况来看，后金既然敢于对明朝作战，自然不会把朝鲜放在眼里，朝鲜必然也会遭受到后金的军事威胁，即“移兵先击（朝鲜）之祸，不可谓之必无”[4]。出于朝鲜安全利益的考虑，备边司等主张马上派兵帮助明朝阻击后金“一路摆拨遣宣传官摘奸检饬，而缓慢守令边将各别重治”。为做好战争准备，备边司积极筹办出兵粮饷，即“兴师动众，粮食在先，兵家之事也，粮饷一事，不可不预为措置”；同时，备边司提出御敌之策，建议多备鸟铳、火药、长枪、环刀，主张以己之长克敌之短，所谓“此贼长于野战，盖有坚甲快马也，至于丘陵险阻之地，马不得驰骤，则我国之铳箭弓矢足以制之”。[5]

此时的朝鲜国王光海君李珲，对于明朝征召朝鲜军队联合征伐后金一事，表现得极为冷漠，反对派兵参战。光海君认为，当今之计，是首先保证朝鲜的安全。

光海君之所以拒绝与明朝合兵征剿女真，是基于以下几点考虑。其一，明朝的政权衰落动摇了光海君的信心。明朝后期，封建王朝统治日渐没落，皇帝昏庸，阉党专政，统治阶级内部争权夺利的斗争日益尖锐；广大劳动人

① 大北派是当时朝鲜政权中的一个颇有影响力的政治派别。初期大北派、西人派、南人派成立联合政权，后来大北派成立了专政政权，再后来西人派成为左右政局的重要力量，后来正是西人势力以光海君采取两面政策为口实，攻击光海君，并最终导致了光海君被赶下台。

② 《备边司誊录》，光海君十年三月八日。

③ 《朝鲜光海君修正日记》卷127，十年闰四月戊寅。

④ 《朝鲜光海君修正日记》卷127，十年闰四月丁丑。

⑤ 《备边司誊录》，光海君十年闰四月十二日、十三日、十九日。

民遭受沉重的压迫，阶级矛盾激化；军备废弛，军队战斗力下降，在与后金的战争中连连失利，根本无法有效抵御正处上升势头的后金军队，光海君国王认识到，“虽以中朝兵力未能必其一举剿灭（后金）”[①]。朝鲜国王对明朝的实力已然产生怀疑，自然无法像以前那样对明朝产生向心力。

其二，光海君忌惮于后金的军事威压。后金强势崛起后，不时向朝鲜炫耀兵力，由此朝鲜方面感到了巨大的潜在威胁，尤其是朝鲜了解到后金骑兵作战勇猛，战力非常强盛，这更令朝鲜方面畏惧。明朝与后金萨尔浒之战前夕，光海君国王担心一旦派兵援明，会招致后金攻打朝鲜，即：“若使伊贼不得志于上国，而怨我国应援天兵，移兵于我，则将何兵力可以抵挡？”[②]忌惮于后金的军事报复，朝鲜也不敢过分亲近明朝，因而对于明朝的助兵要求表示回绝。

其三，光海君认清本国的衰败形势做出明智选择。1592年至1598年壬辰卫国战争的发生，给朝鲜带来深重的灾难，经济遭受重创，社会政局不稳，所谓“经乱之后，八道物力，一样残破，而畿甸尤甚”[③]，国力亟待回复；加之军事武器装备落后，缺乏正规训练，如果听从明朝召唤贸然跟随明军作战，不但对明朝起不到帮助作用，并且一旦失利势必加深朝鲜的危机，所谓“以不教弱卒，驱入贼窟，比如群羊攻虎，无益于征剿，其在我国，反有不守之忧矣”[④]。因此，光海君在充分衡量了本国实力的基础上，有意疏远明朝，以间接向后金示好。

其四，光海君与明朝关系的冷淡，还在于他在继位问题上与明朝的矛盾纠结。光海君李珲作为前任朝鲜宣祖王的次子，明朝廷对其世子地位一事多次刁难，坚持“立国以长，万古纲常”[⑤]的原则，尽管朝鲜方面多次上表奏请，说明光海君深得人心，“光海之权立，始因国人推戴……夫举国之群情耳”，“光海君之贤且有功”，[⑥]但明廷仍然以宣祖长子临海君在世不可废长立

---

① 《备边司誊录》，光海君十年闰四月十三日。

② 《朝鲜光海君修正日记》卷127，十年闰四月乙亥。

③ 《朝鲜宣祖实录》卷159，三十六年二月己丑。

④ 《朝鲜光海君修正日记》卷127，十年闰四月戊寅。

⑤ 《明神宗实录》卷445，万历三十六年四月庚辰。

⑥ 李廷龟：《月沙先生集》卷59，《呈阁老礼部科官文》与《呈抚院文》，《韩国文集丛刊》第70册，第378、379页。

幼为理由，迟迟不确认光海君的世子地位；即使在宣祖去世后，明神宗仍然长时期内不册封他为新的国王。正是有此继位问题的曲折，光海君对明朝廷心怀不满存有隔阂，成为朝鲜国王后，难以“诚心事明”，因而表现出对明的若即若离。

其五，光海君之所以欲与明朝、后金保持平等交往的均势，不想轻易出兵参与中国大陆的战争，是因为朝鲜还要顾忌日本因素。朝鲜与日本之间的壬辰战争结束不久，尽管执政的德川政府多次对朝鲜表示友好，但朝鲜方面始终心存戒备，认为日本政府“外托称和，内怀凶计”[①]，唯恐日本会趁朝鲜出兵海外国内空虚之际再次侵入朝鲜，因此光海君主政下的朝鲜王廷迟迟不响应明朝的号召。

出于各种因素的综合考量，在“实利外交”思想的驱使下，光海君国王认为朝鲜还是应“明哲保身”，首先确保朝鲜的自身安全，因而光海君采取对明朝设法敷衍搪塞，对后金并不强硬回绝的做法。

随着明朝对朝鲜出兵的不断催促，加上朝内大臣们的极力主张，再者光海君考虑到，如果朝鲜不出兵支援，会使努尔哈赤认为朝鲜与明廷关系不牢固，这样后金方面也有可能派兵侵略朝鲜，于是光海君决定派出军队参与到明朝对后金的战争。不过，光海君强调朝鲜方面的困难，“军兵素不分兵农，其势不得朝令而夕发”，声称朝鲜军队很难独当一面，只是希望与明军互相依赖，作为辅助力量配合明军的攻势，所谓：“残弊疲弱，必不能助张王师之威。小邦三边防守，尚不得自给，更将合力，赴援于天兵之后乎？此则东征诸大人所详知之实状也。”[②]

对于光海君做出此“助剿”之决定，朝鲜廷臣既有支持的，也有反对的，还有折中的意见。首先是以承文院官员大提举李尔瞻为代表，他们念念不忘壬辰年明朝救助朝鲜之恩，认为此时正是对上国明朝尽忠的极好机会；加之从中朝君臣名分上而言，理应全力以赴派兵援助明朝，即“天朝，是我父母之国，而有再造之恩，今有外侮，征兵于我，则在我之道，安可不为之驰援乎”[③]。其次，大臣任衮、尹晖基于本国安全利益考量，坚决反对出兵，

① 《事大文轨》卷35，万历二十八年四月十七日，《朝鲜史料丛刊》，韩国国会图书馆藏本。
② 《备边司誊录》，光海君十年闰四月二十四日。
③ 《备边司誊录》，光海君十年闰四月二十四日。

理由是朝鲜本身军事设施落后，经济基础薄弱，无法筹措作战所需的军马等物资；而长途跋涉前去明朝对后金作战，难以有胜算，光海君国王倾向于任衮的看法，谓："任衮之意，实出于忧国之诚。"[①] 最后，大臣朴自兴等考虑到朝鲜西北边境与后金地壤相接的实情，支持光海君派朝鲜军队屯兵边境作为声援力量的做法，主张有限度地出兵，即"善为措辞，以陈兵江上，为犄角声援"[②]。

在经过一番考虑及听取众大臣意见的基础上，于是光海君十年（明万历四十六年，1618）五月，光海君正式宣布讨伐后金，表示报效明朝的恩情，所谓"今值王师有征，大介是用，执殳前驱，不命犹承，投袂赴难，有召敢违？图报万一，正在今日"[③]。但是，光海君仍以朝鲜方面"疲兵，入讨虎穴，不教之民，必先溃裂"为理由，声称难当重任，"到此尤得罪天朝，将何兵而可御长驱之铁骑乎"，因而希望朝鲜军队只是作为声援力量配合明军作战，"唯愿整兵，留此境上，相机进退，足成犄角"。[④]

当年六月，明辽东巡抚李维翰移咨朝鲜义州府，请求朝鲜方面加紧派兵。明朝辽东经略杨镐要求朝鲜国王"预选一万精兵，兼备旬日粮糗，出境以候进兵"[⑤]。尽管明朝官员极力动员朝鲜出兵，但光海君国王以军兵缺乏系统的军事训练和必要的武器装备为借口，拖延出兵进程，即"我国兵力单弱，临阵先动，恐损天威，非徒我国之不幸，必致天兵之挫气"；并且以壬辰战争后朝鲜经济衰退以及出于防范倭寇和女真人为理由，仍然坚持减少派兵数量，"数万军兵，决难调发"。[⑥]

针对光海君国王犹豫不决的态度，朝鲜大臣们进行说服工作，极力动员光海君国王及时派兵。他们认为，朝鲜与明朝利益相关，明军对后金的征伐，实际上也是为了保护朝鲜的利益不受侵害，如果明军不能取得对后金作战的胜利，则朝鲜必会遭到后金的连带侵犯，因此朝鲜尽管兵力孤弱，但也应竭尽全力支持明朝。正当朝鲜君臣为出兵一事争执之时，此时后金方面给

---

① 《备边司誊录》，光海君十年五月一日。
② 《备边司誊录》，光海君十年五月二日。
③ 《朝鲜光海君修正日记》卷 128，十年五月己酉。
④ 《备边司誊录》，光海君十年五月五日。
⑤ 李肯翊：《燃藜室记述》卷 23，《深河之役》，《清入关前史料选辑》第一辑，第 416 页。
⑥ 《朝鲜光海君修正日记》卷 129，十年六月甲子、丙子。

朝鲜送书，“胡书，语极凶悖，各胡传说，亦涉恐吓”，国王光海君感觉到了威胁，“小邦边患，实属危逼”，[①]因而其拒绝出兵的决心开始动摇起来。并且，光海君也认识到，本国边境地区与后金比邻而居，极易受到后金的进犯，不如趁此机会联合明军打击后金，消除边境遗患，于是光海君决定派出一万人的援军，跟随明军作战。此次带队的军官为都元帅议政府左参赞姜弘立（文职）、总领大将副元帅平安道节度使金景瑞（武职）、左助防将金应河（武职），以及多名中军官、助防将。兵丁包括，炮手三千五百名，射手三千五百名，杀手三千名，“已上通共一万名”[②]。

此处我们注意到，朝鲜方面派出的带队将领姜弘立为时任议政府左参赞的文职官员，在此我们需要弄清楚以下两个问题。第一，朝鲜王廷为什么要派出文职官员担任都元帅？个中原因，在于朝鲜备边司的极力主张。备边司认为，战争中主要是由副元帅领兵在战场上作战，而都元帅只是在后边起节制声援作用，因而副元帅一定要求是武将，而都元帅可由文臣担任。光海君国王听信了备边司的建议。作为文职官员的姜弘立，他起初并不想统兵作战，因而曾向光海君国王提出辞呈，但光海君并未答应，而是敕谕姜弘立：“国事危急，勿辞调理，速为下往，统帅三军，克壮其猷，以舒予忧。”[③]要求姜弘立速率军队前去作战。

第二，为什么会选中姜弘立出任都元帅？这是备边司出于期待姜弘立能在协调朝鲜与明朝关系方面发挥作用的考虑。因为姜弘立在朝鲜明宗年间曾担任通训大夫行成均馆司艺知制教及春秋馆编修官、汉学教授，在宣祖朝曾担任侍讲院说书及礼曹佐郎职务，谙熟外交文书和一些管理法。光海君朝前期，姜弘立作为御前通事，在与明的外交活动中较为活跃。另外，姜弘立在宣祖朝和光海君朝有先后两次担任咸镜道兵马节度使的经历。[④]还有一点，在政治观点上，姜弘立与力主派兵到明朝的大北派保持一致。鉴于上述考虑，姜弘立被任命为都元帅派往辽东，这反映出了备边司的外交、军事路线。当然，备边司并不知晓姜弘立在出征前同时也接受了国王光海君的“不

① 《朝鲜光海君修正日记》卷 130，十年七月庚寅。

② 《朝鲜光海君修正日记》卷 130，十年七月庚寅。

③ 《朝鲜光海君修正日记》卷 131，十年八月壬戌。

④ 参阅《朝鲜王朝实录》明宗、宣祖、光海君朝的相关内容。

抵抗”密旨。

明朝对朝鲜先期派出一万军队参战非常不满，钦差征虏将军李维翰要求朝方应征选精兵三四万，名将十数员，驻兵把守鸭绿江口，“约会同进，剿此大憝（努尔哈赤）”①。经略杨镐也要求除了这一万兵马外，需再选精兵五六千或三四千，“渡江设伏，相机邀击”②。对此要求，光海君予以拒绝，“以我国疲弱溃散军兵，决不可依经略所言，加调五六千，入送于胡地，以为埋伏之计也”③。光海君之所以不想派出更多的军队，是担心一旦军队都调发去支援明朝，而如果日本趁机入侵，则朝鲜国土将无法自保，“近来倭情叵测，极为可虑，抄出一万五六千名，则虽无奴酋侵犯之患，其能自守乎……系国家存亡成败，十分详议定夺”④。

后来，在明朝的一再催促下，光海君只好增加派兵数量，派都元帅姜弘立领兵参与明军的对金战争。朝鲜援军跟随明朝主将刘铤率领的东路军作战，明经略杨镐派游击将军乔一琦到朝鲜军中，“督我国（朝鲜）之众万余兵，率都元帅姜弘立，副元帅金景瑞，从事官李民寏，武将文希圣、李一元、金应河等，攻其东”⑤。

萨尔浒一战中，由于后金军队精心布局，早早设下埋伏，致使明军很快溃败；朝鲜援军，只有左营将金应河“奋勇对贼”⑥。至于主帅姜弘立，本身并不情愿领兵出战，“弘立再辞元帅之命，不允，催促发行”⑦，加之出征前得到了光海君的不抵抗命令，所谓“毋徒一从天将之言，而唯以自立于不败之地为务”⑧；故姜弘立与副帅金景瑞未做积极抵抗，交出阵营中的汉兵，放下武器，率五千军队投降了后金，即“弘立知明兵败，按兵掩旗帜……尽执明兵，掷于山下……姜弘立率兵五千下山降”⑨。

---

① 《朝鲜光海君修正日记》卷130，十年七月庚子。

② 《朝鲜光海君修正日记》卷130，十年七月壬寅。

③ 《朝鲜光海君修正日记》卷130，十年七月乙巳。

④ 《朝鲜光海君修正日记》卷130，十年七月乙巳。

⑤ 李肯翊：《燃藜室记述》卷23，《深河之役》，《清入关前史料选辑》第一辑，第418页。

⑥ 《三朝辽事实录》卷1，万历四十七年正月条。

⑦ 李肯翊：《燃藜室记述》卷23，《深河之役》，《清入关前史料选辑》第一辑，第417页。

⑧ 《朝鲜光海君修正日记》卷137，十一年二月丁巳。

⑨ （清）王先谦：《东华录》，天命四年三月甲申。对于朝鲜将领是否按其国王旨意投降后金一事，笔者曾专门做过辨析，认为姜弘立等确属主动投降后金（见王臻：《朝鲜前期与明

关于萨尔浒战役中明军败北的原因，曾有不少学者进行过专门的探讨，如李鸿彬归纳为三点："一为不得人心，兵民厌战；二为主帅无能，指挥错误；三是将领不合，互不声援。"[①] 阎崇年认为："由于政治腐败、军事废弛、帅将不合、指挥失算。"[②] 对于各位学者从明朝本身的弊端方面寻找败因，笔者表示赞同，认为确实是由于明朝自身各种矛盾的集聚爆发，促成明军的溃败。但如果从客观背景上寻找原因，笔者认为朝鲜军队及早投降，没有给明军以有力的援助，以至于明和朝鲜军联合作战的计划没有得以有效贯彻，此亦为明军战败的重要因素。试想当年，15 世纪时期，李满住、董山建州部势力也足够强大，当明朝征剿建州部要求朝鲜助兵时，正是朝鲜给予明军以强有力的支援，因而在明成化三年（1467）的"丁亥之役"中，建州女真"巢穴蓄积荡然一空，收其被掳者，归厥家，间有遗寇奔遁深山以保残喘，一月之内虏境萧然"[③]。笔者认为，此时的后金正处于明朝与朝鲜的联合夹击之中，明朝的 47 万军队虽然有一定的"水分"，但毕竟要远远多于后金军队的数量，再加上朝鲜派出军队，足以将后金合而围之、聚而歼之后金。只不过这时的朝鲜已经不完全听命于明朝，而是寻找借口百般推诿，阳奉阴违，并不配合明军的作战[④]，如此一来，明朝兵败在所难免。

朝鲜援军的消极表现，可以从以下几点反映出来：其一，领兵统帅姜弘立作为文职官员，本身有厌战情绪，他曾以其母有病为由请辞统帅一职，但并未得到批准；另外光海君国王授意其根据形势变化调整作战方针，"朝鲜军队要保存实力，相机而动，朝鲜军队同后金交战的结局可想而知"[⑤]。

（接上页）建州女真关系研究》，中国文史出版社 2005 年版，第 173 ～ 174 页）；今再引一则最近所看到的材料，以彼时当事人的亲历自述加以佐证朝鲜将领投降之事：当时，刘铤帐下有一将领康国泰，其子康世爵随父在军中。康世爵如此描述朝鲜将领的投降过程："一将（指朝鲜将领）特遣使于贼所（指后金军营），须臾而还报，则即令军中尽弃兵器，后率军下山聚立于左营军败战之处，与贼相和"（康世爵：《楚冠堂公自述》，见《朝鲜族〈通州康氏世谱〉中的明满关系史料》，源于《清史资料》第一辑，中华书局 1980 年版，第 182 页）。

① 李鸿彬：《满族崛起与清帝国建立》，天津古籍出版社 2003 年版，第 97 页。

② 阎崇年：《努尔哈赤传》，北京出版社 2006 年版，第 201 页。

③ （明）李辅：《全辽志》卷 6，艺文下，《辽海丛书》，辽沈书社 1985 年版。

④ 对于朝鲜国王光海君的"不抵抗政策"，其妃子柳氏曾上书指出，"倘君臣上下期以一死，与天兵合力战守，纵不能荡灭奴贼，亦不失天下大义"（〔韩〕吴庆元：《小华外史》，卷五，第 3 册，第 33 页）。看来，光海君的对明政策属于"短视"，还不如妇人之见。

⑤ 高志超：《试论萨尔浒战后朝鲜与后金的关系——以姜弘立为中心》，《东北史地》2009 年第 2 期。

其二，朝鲜军队并未认真做长期战争的准备，连作战时需要穿着的基本服装都没有准备好，即“两西之军，衣裳单薄，南方之卒，不耐寒苦。即今初冬，已有冻皴之患云”①。战斗尚未开始，即有无谓的战斗减员，如此一来，则如何保障战斗力？

其三，在战争过程中，姜弘立所率领的朝鲜军队设法拖延出兵的进程，（1619 年）二月二十四日，姜弘立率军屯兵亮马佃；二十五日，“元帅兵仍屯亮马佃”；二十六日，朝鲜军队仅从亮马佃行军 15 里，到转头山即“止宿驻兵”；二十七日，姜弘立率军自转头山渡过鸭儿河，越过拜东葛岭，向牛毛岭进发，留宿牛毛寨，但也仅仅是行军 40 里；二十九日，姜弘立更是以“粮运不到”为借口，“留牛毛寨”。②正是由于姜弘立率军队缓慢前行，由此遭到了明朝监军乔一琦的严厉责备，曰：“朝鲜军非无粮也，逗留观望，畏缩太甚矣。”③主观上的消极拖延，则何谈战争取胜？

其四，更为严重的是，朝鲜将领姜弘立背着明朝，私下与后金进行秘密接触，“臣至背东关岭，先遣胡译河瑞国，密通于虏云：‘虽往被上国催驱至此，常在阵后，不为接战计。’故战败之后，得以款好。若速成和议，则臣等可以出归”④。在后金进攻面前，自知难挽败局，为了求得后金的谅解，保存朝鲜军队，姜弘立首先派通事黄连海对后金答称：“我国与尔本无仇怨，何必相战乎，今此入来，迫不得已，汝国（后金）岂不知乎？”⑤接着，姜弘立派中军官朴从命与后金议和，又派副帅金景瑞与后金代善（努尔哈赤之子）谈判，说明朝鲜出兵属“迫不得已”之举，要求后金“解兵而退，则两国无穷之利也”。⑥之后，姜弘立亲自率领两名军官与代善、努尔哈赤会面。姜弘立投降后，后金将领达海曾询问姜弘立，是否愿意继续支持明朝时，姜弘立明确回答：“今者出兵，亦不得已，岂有复助之理。”⑦可以看出，姜弘立依然强调朝鲜出兵属无奈之举，表示不会再援助明朝。

---

① 《朝鲜光海君修正日记》卷 133，十年十月丁丑。
② 《朝鲜光海君修正日记》卷 137，十一年二月癸未。
③ 李民寏：《紫岩集》卷 5，《栅中日录》，《韩国文集丛刊》第 82 册，第 117 页。
④ 《朝鲜光海君修正日记》卷 139，十一年四月乙卯。
⑤ 李民寏：《紫岩集》卷 5，《栅中日录》，《韩国文集丛刊》第 82 册，第 120 页。
⑥ 李民寏：《紫岩集》卷 5，《栅中日录》，《韩国文集丛刊》第 82 册，第 120 页。
⑦ 李民寏：《紫岩集》卷 5，《栅中日录》，《韩国文集丛刊》第 82 册，第 122 页。

笔者认为，在这场朝鲜军队参与的明金战争中，朝鲜主帅姜弘立与副帅金景瑞按照光海君国王的旨意，注重与后金通好，主动与后金取得联系，“先送通事传报，又使会宁府使传言”[①]，考虑自己的退路，这动摇了朝鲜军队的军心，对援助明朝的力量起到间接的破坏作用。由此，在明与后金的作战中，缺少朝鲜的强力支援，战斗力并不强大的明军要想取得胜利，自然是非常困难的。

萨尔浒战役中，以姜弘立为首的朝鲜军队投降后金；战后，姜弘立等朝鲜将领又留驻后金，此事件在朝鲜君臣中引起了轩然大波，影响到了明朝与朝鲜的关系。由于朝鲜群臣并不知晓光海君国王对姜弘立“阴观成败”[②]，保存朝鲜军队实力的授意，因而以备边司为首的官员对姜弘立等的临阵变节行为十分气愤，为此，他们要求国王采取相应措施，取消姜弘立、金景瑞的职务名称，并对他们的家属予以惩治，即“削职名，囚其家属，以示按法之意，以解华人之疑”[③]。国王光海君却对此未置可否。个中原因在于，姜弘立等的消极抵抗、投降后金，与光海君的授意有很大的关系。在姜弘立出兵前，光海君即通过朝鲜会宁商人与后金沟通投降事宜，所谓“弘立之降，盖其（光海君）素定之计也”[④]。

明朝认清朝鲜对后金推行不抵抗政策，认识到明朝对朝鲜的控制力不足，因而大臣徐光启主动要求前去“监护朝鲜”。该消息由出使明朝的朝鲜千秋使李弘冑转告朝鲜王廷，这引发朝鲜君臣的极度心理恐慌。国王光海君急忙给明朝上书，表明朝鲜一贯的忠诚之心，“小邦二百年来，奖饬名节，一朝污蔑，殆无伦理”[⑤]。朝鲜备边司认为徐光启的提议是对朝鲜极大的侮辱，“满纸张皇……许多辞说，极其阴惨，无形之言、罔测之计，形诸文字，略无顾忌，其心已无我朝鲜矣”，因而“极切痛惋之至”。[⑥]其他诸大臣也是“毛发尽竖，心骨沸惊，直欲与光启沥血争辩于天日之下而不得

① 赵庆男：《乱中杂录》五，转引自《清入关前史料选辑》第三辑，第 264 页。
② 《朝鲜光海君修正日记》卷 138，十一年三月丙申。
③ 《朝鲜光海君修正日记》卷 139，十一年四月乙卯。
④ 《朝鲜光海君修正日记》卷 139，十一年四月乙卯。
⑤ 《三朝辽事实录》卷 1，万历四十七年正月条。
⑥ 李廷龟：《庚申燕行录》，《燕行录全集》卷 11，第 17 页。

也”[①]，表达愤怒与冤屈之情。

尽管朝鲜对明朝徐光启等的言行非常不满，但他们也清楚，正是由于朝鲜将领的投降后金，才招致如此局面；为了取信于明朝，朝鲜大臣向国王建议，依法处理投降将领姜弘立、金景瑞、李民寏等人的家属，以此表明朝鲜一贯的忠诚之心，杜绝明朝大臣的猜疑之情。光海君国王则决定派出“善为辩诬”的李廷龟作为陈奏使，前去明朝进行辩解。李廷龟出使明朝前，分析了后金与朝鲜之间的关系，认为后金“求和”于朝鲜的意图，既是“缓（朝鲜）助兵之计”又是“离间（朝鲜与明朝）之计”，因而他建议朝鲜一方面将计就计，另一方面加强朝鲜的边境地区防御建设“以图自强防守”，这等于间接支持了明朝，如此才能真正消除来自明朝的顾虑。[②]光海君国王综合考虑了大臣们的意见，决定上书明朝皇帝，表明朝鲜与后金势不两立的态度，“此贼（努尔哈赤）既求和与小邦，小邦义不与此贼共戴一天，则与贼通和，固无此理”[③]。

可以看出，在朝鲜援助明朝对后金作战的过程中，以国王光海君为首的朝鲜王廷在与明朝的周旋时可谓煞费苦心。一方面，朝鲜要在形式上听从上国明朝的号令，派军队参与战争；另一方面，朝鲜还要考虑本国的实际利益，保留实力，于是就出现了“出工不出力”的情况。面对明朝的诘责，光海君国王又赶紧弥缝，做出场面上的表态，以求得上国的原谅，反映出朝鲜王廷的尴尬处境。

二、朝鲜“事大交邻”外交政策的调适

面对后金政权日益扩张的形势，加之后金汗努尔哈赤多次威胁与利诱，朝鲜光海君国王只好顺势调整对后金的政策，注重加强与后金改善关系，缓和两国的紧张局势，力图避免遭到后金的攻伐。对于明朝在朝鲜的毛文龙驻军，尽管光海君国王也供应其粮食、武器，但同时又向后金通报明朝驻军的

---

① 《朝鲜光海君修正日记》卷145，十一年十月壬子。

② 李廷龟：《庚申燕行录》，《燕行录全集》卷11，第18页。

③ 《朝鲜光海君修正日记》卷147，十一年十二月庚午。

情况，求得后金方面的谅解，因而光海君在位期间，后金未征伐朝鲜。[①]继承光海君的仁祖国王对后金采取强硬态度，盲目地排斥后金，尤其是大力声援明朝在朝鲜的毛文龙驻军，由此触动后金的敏感神经，这为后来的后金入侵朝鲜埋下了伏笔。

（一）光海君对后金的“交邻”外交

17世纪初，明朝国力衰退以及后金势力强盛这种力量的变化，势必影响到朝鲜的外交政策。随着明金战争的展开，处在“夹缝”中的朝鲜国王光海君，正确地分析明衰金兴的形势，在明和后金间审慎地采取了两面都不得罪的实利外交政策。

对于正在日益强盛的后金政权，朝鲜方面只有尽力避免与后金的冲突。如后金天命二年（1617）正月，朝鲜边将曾越过边境，进入后金境内畋猎，光海君担心女真“奴酋执言生衅”，令满浦边将向后金解释说：“边官喜猎，偶然逐兽，暂入仙境耳”[②]，并无别的企图。努尔哈赤公开与明对抗，朝鲜越来越感受到来自后金的威胁，平安兵使李时就曾进言：“虏情近益叵测，边事日渐可虞。”[③]为了侦察后金政权的情况，光海君曾打算选择“伶俐解事武臣如申忠一者，入送详探虏情”[④]，但是由于外界已传出明朝将与朝鲜合力攻击后金之事，光海君担心此时派遣人去后金会有危险，因此只好作罢。面对努尔哈赤对明步步紧逼，进犯明朝清河等地的严峻形势，朝鲜担心难以应对努尔哈赤的进犯，“奴贼势甚猖獗，而我国兵力单弱，以此为忧虞耳”[⑤]；为避免朝鲜受到后金的先发打击，光海君派遣官员前往义州，密切关注努尔哈赤后金与明朝战局的变化，“在我提备，万分紧急”[⑥]。

明万历四十七年（1619），明军对后金展开大规模的战略围剿行动。在

---

① 对于光海君这一时期的外交政策，韩国学者韩明基给予极高的评价。（韩明基：《光海君时代的对中国关系——以围绕后金问题的对明关系为中心》，《震檀学报》第95辑，1995年）

② 《备边司誊录》，光海君九年正月初二日。

③ 《备边司誊录》，光海君九年二月十三日。

④ 《备边司誊录》，光海君九年四月十七日。

⑤ 《备边司誊录》，光海君十年二月二十日。

⑥ 《备边司誊录》，光海君十年闰四月十九日。

萨尔浒一战前夕，明政府要求臣属国朝鲜随军作战。光海君不敢拒绝上国明朝的出兵要求，但又慑于后金的军事威压，所谓“伊贼必知我军已入其境，此后羁縻之路永绝，而挑怨之祸必深矣”[①]，于是光海君对明朝采取敷衍、拖延之策，极不情愿地派出一部分军队前往明朝助战。萨尔浒战役中，以姜弘立为首的朝鲜援军投降了后金，战后努尔哈赤善待朝鲜将领，并派人致书国王光海君表达友好之意。

对于努尔哈赤的这一举动，朝鲜君臣展开激烈的争论。光海君尽管对后金心存芥蒂，但他并不想恶化与后金的关系，因为光海君早就清醒地认识到，“此贼（努尔哈赤）非如建州卫李满住等胡种”，“中朝若大举深入，追逐虏穴，则恐非胜算也”，[②] 认为明廷很难制服努尔哈赤。基于对明朝及后金政权双方实力的了解，光海君决定采取“不拂天朝，又不挑虏怒”的对策，重视努尔哈赤的来信，打算马上回信“善措以答”，并热情款待来到朝鲜的后金使者，所谓“握手开怀，酌酒赠物，期得其欢心”[③]。但是大臣们却持反对意见。大提学兼礼曹判书李尔瞻认为，朝鲜如果与后金议和，则必将给朝鲜带来灭顶之灾，所谓“三韩文物，至此左衽，列圣基业，至此将绝，生民伦纪，至此将灭”[④]。兵曹判书柳希奋则指出，如果后金欲与朝鲜友好，则后金应当对明表示深深的谢罪并归顺明朝，如此一来朝鲜才能与后金友好。备边司等官员更是主张坚决拒绝与后金的来往，并削夺姜弘立、金景瑞等职位，囚禁他们的家属，所谓“请姜弘立、金景瑞家属及郑应井等，并命拿囚，明示不易之定律”[⑤]。光海君却极力为姜弘立等开脱，认为他们虽然投降后金，但不必急于追究责任，当今之急务，是如何与后金周旋，即“羁縻方张之贼，善为弥缝，乃今日保国之长策”[⑥]。

在经过一段时间的争论后，国王光海君吩咐平安监司朴烨回书答复。在书信中，光海君国王首先声明“吾二国接壤而居、明与我二国、历二百余载，毫无怨恶”；至于朝鲜参与到对金作战中，是出于“明与我国，犹如父

---

① 《朝鲜光海君修正日记》卷 137，十一年二月丙辰。
② 《朝鲜光海君修正日记》卷 127，十年闰四月乙酉。
③ 《朝鲜光海君修正日记》卷 139，十一年四月丙寅、壬戌。
④ 李肯翊：《燃藜室记述》卷 23，《深河之役》，《清入关前史料选辑》第一辑，第 426 页。
⑤ 《朝鲜光海君修正日记》卷 139，十一年四月辛酉。
⑥ 《朝鲜光海君修正日记》卷 139，十一年四月辛酉。

子，父之言，子敢拒违乎。盖大义所在，不可拒也”，最后提出建议“吾二国各守疆圉，复修前好，岂不美哉”。[①]可见，为了朝鲜江山社稷的安危，在处理明和后金的关系上，光海君是在对明继续“事大”的原则下，试图突破奉行了多年的封贡体制，发展与后金的交邻关系。[②]

接到朝鲜的回书，努尔哈赤马上修书一封，要求与朝鲜以国书的形式缔结盟约；对此要求，朝鲜方面感觉难以接受，于是以“我国与南倭，亦不以国书答通，只令釜山佥使为答”为借口，拒绝了后金，所谓“所重者和好，何用强求国书”；并且，朝鲜要求后金刷还被掳的人口，以此试探后金的“和好”态度，即“贵国欲和，则当即送掳去人物，以示和好之实；乃敢先戮数百壮士，外示欲和之意？今若尽送被掳人，一如倭奴所为，而听从我国之言，则岂无邻好之意乎”[③]。国王光海君认为，努尔哈赤并非诚心与朝鲜友好，而是另有企图；但鉴于朝鲜孱弱的国力，光海君“故不得已姑为羁縻缓祸之计耳”[④]，采取敷衍对策。

努尔哈赤又提出两国差官相互走动，朝鲜君臣不敢答应，因为他们担心一旦明朝廷知道后必会责怪，故对后金回复道：“差人入送，而（明朝）经略得闻逃胡进告，以为‘我国与尔相通，赂遗物货，水路并输’，执此疑之，诚可畏也”[⑤]，拒绝了努尔哈赤的入送差官要求。对于后金提出的以礼相待邻国之事，朝鲜光海君国王指出，“交邻之道，信义为重，修好之诚，实在通译”；朝鲜与后金两国，本无仇怨，而后金边将擅自杀死了朝鲜的通译河瑞国，又扣留了朴奎英、黄连海等人，后金这样无故挑起衅端“曲直所在，谁任其咎”。[⑥]光海君要求后金方面好好思量。

总之，面对努尔哈赤对朝鲜的主动修好，朝鲜国王光海君为了保全国家，避免受到后金的侵犯，于是采取“交邻”后金之策，对努尔哈赤极尽迎合之意，意在对其实施羁縻，这是光海君很早就制定的对策，所谓“此羁縻之事，实帝王待夷之道也。只答其书，有何伤于大义乎……予意，事大

---

① 《清太祖高皇帝实录》卷6，天命四年五月庚戌。
② 魏志江：《中韩关系史研究》，中山大学出版社2006年版，第153页。
③ 《朝鲜光海君修正日记》卷142，十一年七月己亥。
④ 《朝鲜光海君修正日记》卷147，十一年十二月辛未。
⑤ 《朝鲜光海君修正日记》卷150，十二年三月壬午。
⑥ 《朝鲜光海君修正日记》卷181，十四年九月甲午。

则日新恪谨，待夷则务尽其权，可以保安社稷”[①]。可以看出，自喻为“小中华”的朝鲜，一直视女真人为“夷”，与后金政权的交往，只是出于朝鲜国家利益的考虑。

（二）围绕明朝毛文龙驻军朝鲜立场的变化

1. 光海君国王在毛文龙驻军问题上左右为难

毛文龙原是明朝辽东总兵李成梁的部下，后投奔辽东巡抚王化贞，先后被授予都司、总兵、左都督、平辽将军等职位。明天启元年（1621），在王化贞的授意下，毛文龙率领一支军队来到朝鲜弥串堡地方，意在联合朝鲜力量夹击后金。当年七月二十日，毛文龙带领三千人马，渡过鸭绿江，偷袭后金的军事重镇镇江城（今辽宁省丹东市），“掳镇江城主佟游击及汤站堡守堡而去”[②]，明军大获全胜，此即有名的镇江大捷。

此战发生后，朝鲜国王光海君意识到，毛文龙驻军朝鲜，势必激化朝鲜与后金的紧张关系，招致努尔哈赤派后金军队前来朝鲜报复毛文龙，从而给朝鲜带来战争灾难，为此光海君忧心忡忡。但考虑到毛文龙是上国明朝的将领，在一定程度上代表着明朝，作为明朝属国的朝鲜自然应当尊重毛文龙，给予支持。因此，当努尔哈赤致书朝鲜国王光海君，要求朝鲜“执毛文龙、陈良策归还”，并将其解往后金时，朝鲜方面并未响应；但这样一来，就引起后金对朝鲜的仇视，后金对朝鲜表现出愤怒之情：“尔（朝鲜）亦必遭天之谴也！”[③]

当年十二月十五日，努尔哈赤命二贝勒阿敏、四贝勒皇太极等率精锐部队，前去攻打毛文龙的驻军，结果重创毛文龙的军队，即“毛文龙只身仅率数人遁去……共斩男丁一千五百人，其渡江之人，尽获之”[④]。为保存力量，避免全军覆没，朝鲜君臣对毛文龙陈述利害关系，规劝毛文龙避居朝鲜海岛，并且朝鲜告诫其“姑勿轻举”，不要再有新的军事行动，以免自取其祸，

---

① 《朝鲜光海君修正日记》卷 143，十一年八月壬戌。
② 《满文老档》太祖皇帝第 4 函，第 24 册，天命六年七月二十四日，第 222 页。
③ 《满文老档》太祖皇帝第 4 函，第 28 册，天命六年十一月十三日，第 252 页。
④ 《满文老档》太祖皇帝第 4 函，第 31 册，天命六年十二月十五日，第 277 页。

即“事贵神密，愿（毛文龙）移入海岛，姑勿轻举，是乃万全之计”[①]。于是，毛文龙率领残余军队逃入朝鲜皮岛（今朝鲜湾之椵岛）。

皮岛战略位置重要，所谓“南可以屏蔽登、莱，东可以联络朝鲜，北可以攻冲辽、沈，乃平辽阨要区也”[②]，毛文龙以此为据点，继续出兵骚扰后金，为牵制后金攻打明朝起到了很大的作用，时有明朝大臣评论说，“东方自逆奴狂逞以来，唯一毛文龙孤撑海上，日从奴酋肘腋间，擦动而牵制之”；明天启皇帝也称赞毛文龙“多方牵制，使奴狼狈而不敢西向，惟尔是赖”。[③]毛文龙在朝鲜的驻军，成为后金的极大隐患，正如后金大臣所谓：“毛文龙之患，当速灭耳！文龙一日不灭，则奸叛一日不息，良民一日不宁。”[④]因而努尔哈赤试图消灭毛文龙。

如此一来，由于毛文龙驻军朝鲜，使朝鲜、明朝以及后金之间的关系变得复杂起来，所谓“中朝是之，岛事由此起”[⑤]。以备边司为代表的朝鲜官员认为，努尔哈赤后金政权并没有因毛文龙问题而征伐朝鲜，只是由于忙于对明朝的战争，无暇顾及朝鲜，并非真心与朝鲜友好；朝鲜平安监司朴烨也已经清楚地认识到后金与朝鲜关系恶化有可能导致的后果，他指出，由于朝鲜支持毛文龙驻军，后金已经将朝鲜列为仇敌，将来免不了要发生战争。为了解决围绕毛文龙驻军而可能带来的与后金的军事冲突，国王光海君在给予毛文龙部粮食、武器等方面援助的同时，派遣使臣致书后金，强调朝鲜之所以允许明朝在朝鲜驻军，实是不得已之举，希望后金方面能够理解，不要由此伤了双方的和气，从中体现出朝鲜方面的无奈之情。

2. 仁祖国王积极支持毛文龙驻军朝鲜

尽管光海君在明朝与后金之间推行两端外交，积极地为朝鲜谋取现实利益，但朝鲜国内亲明势力并不满足于光海君的犹豫做法，以备边司官员为首的大臣积极主张“亲明反虏”政策，他们于明天启三年（1623）正月，联

① 《朝鲜光海君日记》卷177，十四年五月丁未。

② （清）毛承斗辑：《东江疏揭塘报节抄》卷1，天启元、二两年塘报，《原眉批》，《明末清初史料选刊》，浙江古籍出版社1986年版，第7页。

③ 《明熹宗实录》卷40，天启三年闰十月甲辰；卷55，天启五年正月丁丑。

④ （清）毛承斗辑：《东江疏揭塘报节抄》卷4，天启五年六月二十六具揭，《明末清初史料选刊》，第53页。

⑤ （清）张廷玉：《明史》卷259，列传147，《毛文龙传》。

合上书宣称："至治馨香，守在四邻；奴虏虽强，岂至于千里畏人哉！"[①]要求光海君采取明确的抗金措施。当年三月十二日，朝鲜发生宫廷政变，在仁穆大妃的支持下，废黜国王光海君，将其流配到江华岛，重新拥立宣祖之孙、临海君之子绫阳君李倧继位，成为仁祖，史称仁祖"反正"。随着光海君的被废，执政党大北派没落，发动政变的主体西人派掌权。以光海君为代表的大北派执政15年间，弊政较多，没有什么革新措施，于是新生派势力西人党对大北派进行攻击。加之，明朝对光海君的即位一直有看法，对光海君的两端外交政策更是不满，因而西人派为了取得废掉光海君的合法依据，夸大光海君的罪过，同时西人派极力对明朝表达忠诚之意，指责光海君背明亲金，所谓"光海，忘恩负德（于明朝），罔畏天命，阴怀二心，输款奴夷（努尔哈赤），己未征虏之役（即指萨尔浒之战），密教帅臣，观变向背，卒致全师投虏，流丑四海"[②]，处死背明亲金的代表人物平安道兵使朴烨和义州府尹尹尊等。

继光海君执政的仁祖王李倧，谴责光海君指使将领投降后金的行为，废止光海君时期的外交方针，极力推行"亲明外交"，重申对明朝的"以小事大"外交原则，主张联明反金。他一方面部署军事防御，对平安府使等边境地区官员下令，"贼若来抢，则当以干戈从事，修筑城池，以为死守之计"；另一方面，仁祖国王表达出与驻军朝鲜的毛文龙联合消灭后金的决心，对毛文龙的差官守备应时泰表白曰："我东方二百年，至诚事大，少无欠缺。至于昭敬王（宣祖王）四十年，恪谨侯度，未尝少弛。旧主（光海君）忘祖宗事大之诚，负天朝再造之恩……戊午征虏之役，阴教帅臣，使之观望，以致士无战心，终致双轮不返，使我国二百年事大之诚，归于虚地，可胜痛哉！不谷当与督府，同心协力，期剿此虏。"[③]痛斥前任光海君国王在"事大"明朝问题上的不忠诚态度。

明朝应守备对朝鲜仁祖王"亲明"的积极态度非常欣赏，曰："前王许多罪过，岂可尽陈于话端"；并向仁祖王表示，"贤王英明，及贵国事情，

---

① 《朝鲜光海君修正日记》卷185，十五年正月癸巳。

② 《承政院日记》，朝鲜仁祖元年三月十四日，韩国国史编纂委员会1961年影印本。

③ 《朝鲜仁祖实录》卷1，元年三月庚戌、壬子。

俺当与毛督府、孟大人相议，从实奏闻于天朝，使天下之人皆知之也”。[①]不久，明天启帝宣旨曰：“朝鲜国王诏册、冕服，着照例颁赐，差遣官员议妥具奏。”[②]对李倧即位表示认可。对比当年，光海君李晖由于自己不是长子，在继位问题上多次受到明朝的阻挠，心怀对明廷的不满，因而他执政期间对明朝采取若即若离的政策，并不亲近明朝，而是游离于明朝与后金之间，实施双边外交，这也成为光海君被推翻的重要原因。继位的仁祖国王，由于旗帜鲜明地表示“亲明”，因而很快地获得了明朝的允准。

得到明廷认可的朝鲜仁祖国王李倧，更加坚定地维护与明朝的封贡关系，尤其是对明朝驻军将领毛文龙，更是颇为倚重，宣称：“当今事势，当与毛将合势，收拾人心。”[③]毛文龙出于自身在朝鲜发展的考虑，也愿意与新上台的李倧国王联合，于是他上书明天启皇帝，在谴责朝鲜光海君国王两面派做法“君臣之义灭矣”的同时，对仁祖国王的上台表示支持，指出其“以嫡孙承袭祖统，名正言顺，固非旁支僭窃”[④]，这令仁祖国王非常感动。实际上，在明廷承认李倧合法地位问题上，毛文龙是起了关键作用的，因为毛文龙作为派驻朝鲜的抗金将领，明廷自然是要听信于毛文龙对朝鲜时局的判断，“其私心之向背，言论之臧否，态度之好恶，左袒右袒之分量，对明廷影响甚大”[⑤]。朝鲜仁祖王认识到毛文龙对于朝鲜的重要性，即“盖毛将方见重于中原，而方居我境，其所言极关重，而天朝亦必致信矣”[⑥]，为讨好毛文龙，仁祖王“立碑于安州，颂毛文龙之德”[⑦]，并给予毛文龙驻军以各种支持，如划给毛文龙一定数量的土地，允许毛文龙“遣其军民耕于（朝鲜）宣川、定州、龙川、铁山等地”[⑧]；给予毛文龙驻军马匹军饷给养和接济粮草，补充军事武器，又“差陪臣张晚为元帅驻扎平壤，又以武将李适为之副，悉

① 《朝鲜仁祖实录》卷 1，元年三月壬子。
② 洪翼汉：《花浦先生朝天航海录》卷 1，《燕行录全集》卷 17，第 229 页。
③ 《朝鲜仁祖实录》卷 1，元年三月乙卯。
④ （清）毛承斗辑：《东江疏揭塘报节抄》卷 3，天启四年二月十五日具奏，《明末清初史料选刊》，第 33 页。
⑤ 陈涵涛：《东江事略 —— 毛文龙生平事迹研究》，江苏人民出版社 1996 年版，第 94 页。
⑥ 《承政院日记》，朝鲜仁祖元年四月十三日。
⑦ 《朝鲜仁祖实录》卷 5，二年四月戊申。
⑧ 《尊周汇编》草本，纪年第一，仁祖朝一，卷一，第 15 页，首尔大学奎章阁韩国学研究院藏本。

国中精锐以付之，进屯宁远，一听毛镇节制，以候协剿之期”[①]。这样，在朝鲜的物资支持及军事援助下，毛文龙的力量进一步壮大起来。对于朝鲜的支持作用，明朝大臣也表示认同，“毛督府以客军浮寄孤悬，得赖贵国之助”[②]。在此基础上，毛文龙频频出兵袭扰后金，即“明总兵毛文龙招辽民数万守皮岛，与朝鲜犄角，屡出师袭沿海城寨”[③]。毛文龙的牵制行动，有力地配合了明军对后金的作战，“毛文龙径袭沈阳，旋兵相应。使非毛帅捣虚，宁、锦又受敌矣”，这令后金很受打击，严重影响了后金对明朝的战争进程，“毛帅虽被创兵折，数年牵制之功，此为最烈”，[④] 由此，后金更加怨愤朝鲜。

应该指出的是，毛文龙长期在朝鲜驻军，加重了朝鲜方面的经济负担，如 1625 年正月，毛文龙向朝鲜索要粮饷，致使朝鲜“关西仓廪皆空”[⑤]；二月，毛文龙都督府都司李景富率百余兵“入身弥岛，大兴屯田，斫木造幕”[⑥]，影响到岛民的日常生活；六月，毛文龙要求朝鲜户曹“送人参一千斤、黄金五百两、军粮米、豆四千石于毛营”[⑦]，如此一来，朝鲜方面不堪重负。为此，朝鲜仁祖国王曾给明朝天启帝上疏，称朝鲜“以封疆多故，土瘠民贫，内供本国之军需，外济镇兵之待哺，生谷有限，支给实难”，诉说朝鲜的实际困难；不过，仁祖王仍然表示，“虽忾牵将竭，彼此俱困，而情谊之殷，实无少损”[⑧]，即朝鲜方面虽然有实际困难但还是尽力支持明朝驻军。

毛文龙接受朝鲜的经济援助，却私下监督朝鲜的动向。1626 年四月，正值后金与明朝作战的关键时期，毛文龙上书明熹宗皇帝，声称朝鲜与后金私通，暗中支持后金，即“情形微变，属国携贰可虞”[⑨]，这引起明天启皇帝对朝鲜的不满。朝鲜仁祖国王清楚地认识到此乃毛文龙的诬陷，所谓“（毛

---

① 《明熹宗实录》卷 77，天启六年十月辛酉。
② 洪翼汉：《花浦先生朝天航海录》卷 1，《燕行录全集》卷 17，第 171 页。
③ （清）赵尔巽等撰：《清史稿》卷 526，列传 313，属国一，《朝鲜传》，中华书局 1977 年版。
④ 《山中闻见录》卷 1，建州，转引自李澍田主编《先清史料》，第 43 页。
⑤ 《尊周汇编》草本，纪年第一，仁祖朝一，卷一，第 17 页。
⑥ 《朝鲜仁祖实录》卷 8，三年二月辛丑。
⑦ 《朝鲜仁祖实录》卷 9，三年六月戊子。
⑧ （清）张廷玉：《明史》卷 320，列传 208，《朝鲜传》。
⑨ 《朝鲜仁祖实录》卷 12，四年四月丙戌。

文龙）所为，无非瞒上国、构属藩之事，肝肺尽露，视听齐愤”；不过考虑到毛文龙属明朝的重臣，得罪不起，故为了确保朝鲜在明皇朝中的地位，朝鲜只好委曲求全，取悦毛文龙，即“若谓惹怒于此人，必当被谗于上国，处变之道，须得欢心云”。[①] 朝鲜大臣也认为应以属国赤诚之心对待本国被诬陷一事，大臣崔鸣吉等主张：“毛都督构陷之事，彼虽失道，我则当以诚信待之。”[②] 为避免受到明朝的责备，当年六月，仁祖国王派遣亲明派代表人物金尚宪以谢恩兼贺节使赴明“辩诬”。[③] 在致书明帝的信中，仁祖国王首先表白对明朝的忠诚之志，“小邦二百年来，赤心事大，颠沛艰难，万折必东”[④]，并对所谓“携贰”说法进行辩解，最后表白曰：“臣方与毛镇同心一力，建功报主，岂敢有一毫猜防意乎。”[⑤] 明天启帝对于朝鲜的忠诚之心予以理解，指出毛文龙在朝鲜驻军不仅是出于牵制后金的需要，而且也是为了保护朝鲜，最后安慰仁祖国王曰：“毋自猜阻。尚其益坚乃心，戮力同雠，以明无他。朕亦永鉴尔忠贞无替。”[⑥]

仁祖国王对于在朝鲜驻军的毛文龙所部，之所以予以积极协助，是由于感恩毛文龙当年在国王继位问题上的支持，“国王准封，专是俺功”[⑦]，但毛文龙却缺乏进取之心，只顾忙于个人享受，“大治宫室，极其宏侈”[⑧]；培植私人势力，跟明朝邀功请赏，冒领军饷，并利用明朝名义对朝鲜索要财物，甚至干涉朝鲜内政，对此朝鲜方面很早就感觉到毛文龙驻军给朝鲜带来的隐患，所谓“（毛文龙）徒享富贵，无意进取。识者皆忧其终不利于中原，而为我国之深患”[⑨]。事实确实如此，毛文龙驻军对后金的军事牵制作用，使后金很是恼火，于是转而怨愤朝鲜，从而招致后来皇太极对朝鲜的军事征讨。

---

① 《朝鲜仁祖实录》卷 12，四年五月戊申。
② 《朝鲜仁祖实录》卷 13，四年六月甲戌。
③ 参见《朝鲜仁祖实录》卷 13，四年闰六月戊辰。
④ 金尚宪：《朝天录》，《燕行录全集》卷 13，第 333 页。
⑤ （清）张廷玉：《明史》卷 320，列传 208，《朝鲜传》。
⑥ 金尚宪：《清阴先生集》卷九，《朝天录》，《礼部兵部呈文》二，《韩国文集丛刊》第 77 册，第 143 页。
⑦ 《朝鲜仁祖实录》卷 13，四年闰六月丁未。
⑧ 金堉：《朝京日录》，《燕行录全集》卷 16，第 444 页。
⑨ 《朝鲜仁祖实录》卷 3，元年闰十月辛亥。

总之，在对待明朝与后金的政策上，朝鲜光海君国王采取两不得罪的“两面外交”做法，既“事大”明朝响应号召却不尽全力，又“交邻”后金，以此求得夹缝中的生存。仁祖国王推行尊奉明朝排斥后金政策，但此时的明朝无力给予朝鲜更大支持，而来自后金的巨大政治外交压力却日益显现。

第四节　受到冲击的中朝政治秩序

后金政权的建立，标志着努尔哈赤领导的建州部已经公然与明朝对立，双方随之进入战争状态，并且后金连续取得军事胜利，如此一来，明朝在东北边疆地区已无优势可言，不仅失去对女真人的控制，就连长期听命于自己的朝鲜，此时立场也发生了动摇。作为典型封贡关系中属国地位的朝鲜，在明朝日渐衰落、后金愈发壮大的形势下，出于自身安全考虑，及时地采取两端外交策略，分别“事大”、“交邻”于明朝、后金。努尔哈赤领导的后金政权，在注重增强自身力量的基础上，拉开与明朝一争天下的帷幕，并以拉拢利诱为主，辅之以适当军事征讨的手段，注重发展与周边力量朝鲜、蒙古部的关系，借以提升后金在中朝关系中的政治地位。

一、后金天命政权强硬处理周边关系

努尔哈赤宣布建立后金政权，就表明已不再承认明朝政权为自己的统治者，标志着女真人与明朝彻底决裂，说明后金与明王朝的对立公开化了。天命三年（1618），努尔哈赤发布的“七大恨”，便是对明朝的宣战书，从此，战争的风暴开始席卷辽东大地，明朝东北地区的政治局势逐渐恶化。并且，在此后的中国大陆与朝鲜半岛的交往中，后金以独立的政权形式与朝鲜开展交往，这样，就出现明朝与后金、后金与朝鲜、朝鲜与明朝的复杂三边关系，形成当时中朝政治秩序的主要格局态势。

努尔哈赤建立后金政权后，首先注重加强自身力量的发展，比如确定都城，定规建制，挖掘内在潜力；在力量壮大，足以与明朝相抗衡的情况下，

一向对明朝表示恭顺的努尔哈赤撕下伪装，挑起战争，首先攻克了明朝的抚顺城。之后，天命四年（1619）三月，后金军在萨尔浒山与明军对决，此战是明朝与后金军事较量的一大转折性事件，是明朝衰、后金盛的一次极好验证。在明与后金战争中，明朝极力动员东部臣属国朝鲜参战，以朝鲜来牵制后金；但面对朝鲜的消极抵抗，明朝也无可奈何，难以约束。从这一点上来说，萨尔浒之战不仅对明朝的命运产生了重大影响，而且由于在战争中朝鲜出兵助明作战最后却投降后金，因而对后金与朝鲜、朝鲜与明朝的关系影响也举足轻重，换言之，这一战役是彼时整个东亚地区政治格局由安到危的一大转折点。

萨尔浒大捷之后，后金与明朝的军事对抗形势发生了转变，明军被迫转向防御战略，之后节节败退。而从此以后，后金对明作战可以说是势如破竹，以摧枯拉朽之势，先后攻取了沈阳、辽阳、广宁等重镇，金州、海州、盖州等城市也相继沦陷，说明明朝在辽东的大势已去，对东亚地区的掌控力逐渐丧失，相反，后金已经确立了自己在辽东的统治地位。此时，努尔哈赤暴露出其欲取代明朝一统天下的宏图大志，所谓："以大为小，以小为大，乃自古以来循环之例矣……其南京、北京、汴京，原非一人独居之地，乃诸申、汉人轮流换居住之地也。"[①] 也就是说，努尔哈赤并不满足于占领辽东地区，而是有更大的企图，意欲入主中原，建立统一全国的政权。

在对明朝作战的过程中，努尔哈赤清楚地认识到，一旦作为明朝藩邦的朝鲜与明朝合击后金，则后金势必陷入两面受敌的困境。为了稳住朝鲜，避免朝鲜与明朝对后金形成两面合击之势，加之努尔哈赤忙于对明开战，尚无实力对明朝与朝鲜双线作战，故后金天命政权一直对朝鲜采取容忍、拉拢的政策，避免与朝鲜发生直接的军事冲突。并且，努尔哈赤试图使朝鲜与明朝脱离关系保持中立，甚至一度欲联合朝鲜攻打明朝，"我国于南朝（明朝）有怨，欲为报复。贵国若攻南朝，当以一枝兵先往"[②]；但由于彼时后金对朝鲜的拉拢仅仅停留在外交劝说的层面上，故对朝鲜的亲明立场并未产生根本性的影响。而在萨尔浒之战中，朝鲜出兵介入，助明抗金，公开与后金为敌

① 《满文老档》太祖皇帝第5函，第40册，天命七年四月十七日，第377～378页。
② 赵庆男：《乱中杂录》五，载潘喆等编：《清入关前史料选辑》第三辑，第259页。

的立场，这大大加深了后金对朝鲜的怨愤。虽然朝鲜派兵是出于臣属国的义务，且光海君在姜弘立出师之前曾授之以“观背向变”的密旨，但毕竟朝鲜军队的任务是援明抗金，因此努尔哈赤在世时，其子皇太极曾提出过攻击朝鲜的建议，即“不可置朝鲜而先攻辽东”[①]。不过，由于当时后金力量尚未强大，努尔哈赤为了确保进军辽沈时不致有后顾之忧，没有急于对朝鲜发动战争，只是在给朝鲜国王光海君的信中有“国王与南朝（指明朝）作恶”[②]之语，进行谴责。努尔哈赤不征伐朝鲜的意图，朝鲜方面自然也是非常清楚，认识到后金是出于自身利益的考虑，所谓：“其（努尔哈赤）长子贵永介，则每以‘四面受敌，仇怨甚多，则大非自保之理’，极力主和，务要安全。非爱我也，实自爱也。”[③]

在努尔哈赤崛起、发展壮大的过程中，他之所以能够统一女真各部，除了利用某些和平的拉拢手段之外，最主要的还是以武力解决问题。并且，努尔哈赤不仅利用战争手段统一了建州女真，而且也以此方式战胜了蒙古部；但是，在他去世之前，唯有朝鲜问题没有得到解决。许多历史事实证明，努尔哈赤从整体战略出发，对朝鲜没有采取军事行动，只是利用政治拉拢的手段以及强大的军事威慑力，试图使朝鲜放弃亲明的立场，从而与后金形成联盟之势，以便共同对付明朝。不过，朝鲜不同于蒙古，个中原因，一是朝鲜为相对独立之国家，二来朝鲜同明朝有着几乎是牢不可破的封贡关系，三是从朝鲜的传统观念来看，一直认为女真属夷狄民族，不可交，靠不住。另外，彼时明朝皇帝尚且君临天下，为亚洲之文明大国，后金与明朝孰胜孰败，并不分明。因此朝鲜不可能同后金站在一起，而损害同自己有着“再造之恩”的明朝。虽然光海君曾迫于后金的压力有过首鼠两端的举动，但他这种“弹性”外交并没有从根本上改变立场，实际上，光海君并没有完全脱离同明朝的封贡关系而投靠后金。也正是如此，努尔哈赤对朝鲜的所作所为心怀怨愤，于是屡屡对朝鲜进行言语威胁，如天命六年（1621）三月，努尔哈赤以后金国大皇帝名义致书朝鲜国王曰：“惟明是助，异日勿我怨……勿贻

① 李肯翊：《燃藜室记述》卷 23，《深河之役》，《清入关前史料选辑》第一辑，第 428 页。
② 《朝鲜光海君修正日记》卷 142，十一年七月乙未。
③ 《朝鲜光海君修正日记》卷 147，十一年十二月丙寅。

日后无穷之悔。”[1] 七月，进一步督促朝鲜方面，要及早决定是继续助明抑或站到后金一边来，所谓“助天谴之明国犹如抗天，倘执迷不悟，尔乃天上之天也！……何去何从，听凭尔便”[2]。九月，努尔哈赤以拒绝接受朝鲜礼物的方式，表示对朝鲜的不满，朝鲜国王派人欲拜见努尔哈赤，并携带“银百两、绵绸五十匹、纸五十刀、高丽夏布二十匹及布五十匹、刀五十把、油纸十刀”[3]，努尔哈赤却以收纳朝鲜礼物会坏其名声为借口拒绝接纳，致使朝鲜官员悻悻而归。十二月，努尔哈赤强令朝鲜交出驻军朝鲜的毛文龙，并警告朝鲜，毛文龙会给朝鲜带来祸端，“若不献毛文龙，则俟明春，汝所受之扰，必有更甚于毛文龙之扰我者”；努尔哈赤还要求归还逃入朝鲜的女真人，“汝务将我逃人，悉数缚献”。[4] 但朝鲜方面并不配合努尔哈赤，这一切使努尔哈赤对朝鲜的怨恨进一步加深。

及光海君下台，仁祖国王李倧即位，对后金采取强硬的外交政策，遂使努尔哈赤对朝鲜的“和平”外交宣告彻底破产。努尔哈赤于天命十年（1625）迁都沈阳，翌年便因在宁远作战中受伤身亡，其第八子皇太极继承汗位，改元天聪。值得关注的是，尽管努尔哈赤在世时并没有发动对朝鲜的战争，但其临终前曾留有重要遗嘱，要求后金继任者“先抢江东（朝鲜），以除根本之忧”[5]，并确定了征伐朝鲜的路线“南征朝鲜，可由清河路以进”[6]，由此也就有了后世的皇太极对朝鲜发动的两次军事战争。

在后金天命政权同明王朝争夺霸权的过程中，除了要重视朝鲜力量，同时还要关注在大漠之北的蒙古部残余政权问题。在后金看来，同蒙古部的关系是需要直面的问题。由于“蒙古的向背，是关系到清（后金）政权的稳固与否的重要问题”[7]，如果能取得蒙古各部的支持，就能在对明的战争中占据有利地位，因此努尔哈赤对蒙古问题很是重视。为了专心攻明，解除后顾之忧，后金政权建立后，努尔哈赤对蒙古部针对性地采取“恩威并用”的政

① 金梁辑：《满洲秘档》，《太祖书称后金国》，沈云龙主编：《近代中国史料丛刊》第十一辑，台湾文海出版社 1966 年版，第 52 页。
② 《满文老档》太祖皇帝第 4 函，第 24 册，天命六年七月初八日，第 216 ～ 217 页。
③ 《满文老档》太祖皇帝第 4 函，第 27 册，天命六年九月二十四日，第 243 页。
④ 《满洲秘档》，《太祖谕朝鲜擒献毛文龙》，《近代中国史料丛刊》第十一辑，第 64 页。
⑤ 《朝鲜仁祖实录》卷 14，四年十月癸亥。
⑥ 《清太祖高皇帝实录》卷 9，天命十年三月己酉。
⑦ 张晋藩：《清律研究》，法律出版社 1992 年版，第 139 页。

策，以招抚为主，绥服蒙古上层统治者，力图将更多的蒙古人拉到自己这一边，从而增强同明朝的抗衡力量。具体而言，努尔哈赤首先与蒙古科尔沁部进行军事会盟、和亲联姻，加之以经济上给予丰厚的礼物、政治上授予职务等方式，争取科尔沁部来归。在科尔沁部的带动下，渔猎于鄂嫩河、尼布楚河一带的蒙古茂安部，归附了后金；漠北驻牧的外喀尔喀车臣汗部和札萨克图汗部，也相继派人向努尔哈赤表达诚意，努尔哈赤则分别予以善待。当后金攻占开原、铁岭时，努尔哈赤又收复了内喀尔喀五部。努尔哈赤对蒙古诸部的争取工作，取得了显著的效果，蒙古各贝勒纷纷与后金盟誓，表示要共同对付明朝及察哈尔部落。努尔哈赤还将漠南蒙古军队编入八旗，此举扩大了军队，增强了战斗力，使蒙古诸部逐步变成为后金政权的后援力量，双方结成了“满蒙一体”的民族联盟。

可以看出，努尔哈赤拉拢朝鲜未成，但是蒙古诸部归降于后金，竟得其志。努尔哈赤这样做的目的，就是要削弱、打击和孤立与明朝联合的蒙古察哈尔等部。实际上，后金天命政权是在察哈尔部林丹汗联明与努尔哈赤抗衡的形势下诞生的。彼时林丹汗以元室正统后裔自居，依仗明朝经济上的支持而横行漠南，但其暴政导致了蒙古各部与之离心离德，走向对立面。在这种情况下，努尔哈赤便针对性地将与察哈尔部为邻的科尔沁和喀尔喀五部争取过来，成为自己的可利用力量。尽管彼时后金与蒙古的联盟并不巩固，有时叛时服的现象，但后金对蒙古诸部的绥服行动，对后金与明以及察哈尔林丹汗部作战创造了条件，为后金未来称雄于东亚奠定了基础。

二、明朝已然失去对东北边疆的实际控制

明朝对努尔哈赤建州女真部，起初是实行“分而治之”政策，由于原先努尔哈赤对明朝表现得比较温顺，明廷一度利用努尔哈赤来压制其他女真部的发展。努尔哈赤建立天命政权公开反明后，明廷不再对努尔哈赤存有任何幻想，转而实施武力镇压手段，“不歼此小丑，无以威示四夷”[①]，动员数

① （明）薛三才：《薛恭敏公奏疏》，《请剿奴酋酌议兵食第二疏》，《明经世文编》卷443。

十万大军，悬赏“斩奴酋首级予千金，职世袭”。[①]天命四年（1619）的萨尔浒之战，是明与后金正式军事冲突的转折点，在此战中元气大伤的明军，从此节节败退，由原来的进攻被迫改为防御，明廷已不能对东北广大地区实行有效的管辖。同时，明朝的衰弱，加之后金的军事威压，使原本与明朝有着牢不可破传统关系的朝鲜对明朝产生了离心力，朝鲜已不再诚心事明，这样，明朝在东亚地区逐渐失去了朝鲜这个可信赖的力量。

在东北边疆，随着努尔哈赤后金政权的强势发展，已经显现出与明朝一争天下的态势。为了彻底消灭新生的后金政权，进一步加强对辽东地区的治理，萨尔浒之战后，明廷撤换了辽东经略杨镐，任命熊廷弼为辽东经略。但因熊廷弼不肯奉迎阉党，受到阉党的迫害愤而辞职，明廷任用不懂军事的袁应泰经略辽东，结果招致失败，袁应泰自杀。明廷重新起用熊廷弼为辽东经略，但以王化贞为辽东巡抚来牵制熊廷弼。由于“抚臣以为功，经臣以为罪，意见大异”[②]，经抚不和导致明军一败涂地，熊廷弼与王化贞双双被问罪。之后，王在晋为辽东经略，无所作为。孙承宗取代王在晋为辽东经略，委任袁崇焕筑起了防守后金的坚固防线。但由于明巡抚阎铭泰、张凤翼与孙承宗不和，孙承宗愤而辞职。不久，明廷又以不懂军事的高第出任辽东经略。时任宁前道台的袁崇焕，拒绝高第提出的撤兵山海关议案，率军在宁远击败了百战百胜的努尔哈赤，使后金遭受从未有过的沉重打击，努尔哈赤郁闷而死，史书谓：“我大清举兵，所向无不摧破，诸将罔敢议战守。议战守，自崇焕始。”[③]此后，后金与明朝进入边和谈边作战的时期。但宁远之战的胜利，难以掩饰明王朝下滑的政治颓势，并不足以从根本上扭转明军在辽东地区的被动局面。因此可以说，明朝此时已经失去了其对东北地区的控制权。

明朝与后金作战，朝鲜成为左右两者关系的重要砝码，不管是朝鲜依附于明朝，还是朝鲜支持后金，都将对明朝和后金的战争进程产生重要影响。因此，在明朝调动军队大举围剿后金之时，以其上国名义，要求朝鲜派兵参战，以求对后金形成联合夹击之势。此时朝鲜的国王光海君认清了明衰

① 《三朝辽事实录》卷1，万历四十六年四月十五日。

② 《明熹宗实录》卷17，天启元年十二月己卯。

③ （清）张廷玉：《明史》卷259，列传147，《袁崇焕传》。

金兴的形势，出于维护朝鲜的现实利益考虑，并不想出兵支援明朝，后来在明朝官员的多次催促下，朝鲜只好派出军队前往作战。但在萨尔浒之战中，朝鲜军队消极抵抗，将领投降后金，并且朝鲜政府私下支援后金军事及生活物资；对此，尽管明廷当时也曾予以质问与指责，不过还是表现出了极大的宽容，极力笼络朝鲜，因为明王朝清醒地认识到朝鲜地位的重要性，所谓“万一朝鲜转入于建酋，则登、莱失一面之藩篱……保朝鲜，即保我之封疆”[①]，因此明朝努力争取朝鲜站在明王朝一边。

不过萨尔浒之战以后，针对朝鲜与后金愈来愈密切的“结好”行为，明朝许多官员表示出不满情绪，强烈声讨朝鲜的“悖逆”行为，最典型的即是大臣徐光启那份措辞尖锐的奏本了。徐光启在给皇帝的奏本中有“鲜、奴之交已合，当然无复东方之虑”之语，并提出应效法古制，“亟遣使臣，监护朝鲜”。[②] 后来，在朝鲜的辩解下，加之此时的明王朝已很难发挥其作为上国的权威，故对朝鲜的“私通建酋”行为，只能采取安抚态度，表彰朝鲜君臣曰：“该国勤王之勇，将士效死之节，此举朝之所深嘉……愈见主臣之信无二心。”[③]

总之，由于明朝自身的腐败，使其在与后金的军事较量中逐渐处于下风，已经无力控制后金的发展。尽管明廷明白朝鲜对于自己的重要性，极力予以笼络，所谓“朝鲜于山海有首尾之形，而于登、莱有唇齿之势。万一朝鲜不能存，奴无所顾忌于东，必逞狂以肆力于西，以水师击登、津而以铁骑攻山海”[④]；但作为长期臣属国的朝鲜，一来认清了明金的现实局势，二来对明朝“如此需索之物，罔有纪极”[⑤] 等肆意勒索行为极其反感，因而并不全力支持明朝，这样明朝在中国大陆的地位，已无优势可言，作为东亚地区天朝上国的地位日渐丧失。可以预见的是，此后明朝在中国大陆乃至中朝政治秩序中的地位，必将发生更大的变化。

---

① 《三朝辽事实录》卷 2，万历四十七年十一月条。

② 《朝鲜光海君修正日记》卷 145，十一年十月壬子。

③ 李廷龟：《庚申燕行录》，《燕行录全集》卷 11，第 78 ～ 79 页。

④ 《三朝辽事实录》卷 10，天启二年（1622）七月条。

⑤ 洪翼汉：《花浦先生朝天航海录》卷 1，《燕行录全集》卷 17，第 198 页。

三、朝鲜矛盾心理下的“两面”外交活动

自从后金政权建立，后金与明公开对峙，朝鲜就成为双方争夺战中的重要牵制力量，明朝欲以此臣属国来对抗后金，后金同样需要朝鲜保持中立来避免腹背受敌。这样一来，朝鲜就处于两强之间的微妙地位，成为被拉拢、利用的对象。

尽管朝鲜与明朝已经维持了长达两百余年的封贡关系，但随着明朝的衰落，后金力量的不断增强，朝鲜国王光海君清醒地认清了当时的形势，“其（后金）情叵测，中朝若大举深入，进剿虏穴，则恐非胜算也”[①]。出于“保国”、“利己”的考虑，加之在继位问题上与明朝的矛盾，光海君适应东亚格局的新变化，在对待明朝和后金的关系上，采取了明智的“两面”外交政策，即一方面，在其统治初期不承认努尔哈赤建立的后金政权，恪守君臣伦常，奉明朝正朔，事大于明天朝，站在明朝政府一边，在明朝、后金战争时出兵助明，维护业已存在的传统臣属关系，给予明朝在朝鲜的毛文龙驻军以军事援助和经济支持，对抗后金；另一方面，在曾奉劝后金“毋作逆天之计，以尽事大之诚，终保两国之好”[②]无果的情况下，面对后金强大的军事压力，光海君被迫调整外交策略，改变了原来的“事明反虏”的政策，游离于后金与明朝之间，在战争中“阴观成败”，消极作战，私下交邻后金，以最大限度地为朝鲜王朝求得现实利益，所谓“中原事势，诚为岌岌。此时内为自强，外为羁縻，一如高丽所为，则庶可保国”[③]。

在国王光海君的影响下，朝鲜官员也推行“两面”的做法，这体现在对待毛文龙的问题上。根据毛文龙之子毛承斗的记载，在当年后金军队大举进攻毛文龙驻地时，毛文龙曾向朝鲜借兵寻求帮助，但朝鲜边臣“皆以候国王旨意为辞，不肯调发”[④]，没有出兵救援毛文龙，致使毛文龙只好遁入海岛。并且，朝鲜边官由于担心善待毛文龙会招致后金怨恨“恐虏移怨，以情形通

---

① 《备边司誊录》，光海君十年闰四月二十七日。

② 《朝鲜光海君修正日记》卷133，十年十月丁丑。

③ 《朝鲜光海君修正日记》卷166，十三年六月丙子。

④ （明）毛承斗辑：《东江疏揭塘报节抄》，天启二年七月条，《明末清初史料选刊》，第7页。

之"[①]，绑缚毛文龙的士兵献于后金，引导后金军攻打毛文龙所部。

实际上，朝鲜君臣推行这种"两面"外交政策的过程并不很顺利，这种中间处境也是颇为为难的。明朝在萨尔浒之战中调动大军讨伐后金，要求朝鲜出兵夹击后金；作为臣属国，加之明朝对朝鲜有"壬辰再造之恩"，朝鲜不能背叛明朝，无奈派兵助战。但这样一来，就违背了后金所要求朝鲜信守中立的承诺，因而受到了后金的指责。这种指责显然会给朝鲜施加更大的压力，而从效果来看，一方面又使朝鲜方面觉得事态严重，另一方面增强了朝鲜君臣对后金的反感。

但是，朝鲜感觉来自明朝的压力更大。由于朝鲜将领姜弘立奉国王光海君之命投降后金的行为，令明朝官员难以接受，大臣徐光启主动提出，要求到朝鲜"监护其国"。此消息传到朝鲜后，引起朝鲜君臣的极大震动，虽然他们对徐光启的说法表示极大愤慨，但毕竟其两帅投降了后金，后金"行间于中"的做法产生的效果，这都是无法辩解清楚的。在此情况下，朝鲜备边司官员提出建议，对后金"胡书"之来，采取"一切严斥不答"的措施，以便"明事大之义"，"绝中朝之疑"，[②]重新赢得明廷的信任。然而，朝鲜同明朝的关系有着颇为特殊的内涵，即对朝鲜来说，大明有"再造之恩"，一方面要"保国"、"利己"，一方面又要有"知恩"、"报恩"之良心，处理起来就太困难了。因此国王光海君在外交上是左右为难的，但又不容易被朝中部分大臣所接受，最终被反对派赶下了台。

朝鲜经历了"仁祖反正"后，摒弃了光海君时期的"两面"外交政策，极力尊明排金，旗帜鲜明地站在明朝一边，声称"小邦事大之诚，天地鬼神实所监临"[③]，公开支持明朝将领毛文龙在朝鲜牵制后金的军事斗争，宣布断绝同后金的往来。朝鲜对后金的强硬态度，说明封贡体制下的明朝，仍然对朝鲜具有很大的影响力，朝鲜依然是尊奉明朝的，朝鲜仁祖王甚至做好了帮助明朝抗击后金的军事准备，所谓"后金万一入犯皇城，我国唯当渡江奔救"[④]。对后金而言，朝鲜问题不解决，就直接影响到后金对明战争的进程，

① （明）毛承斗辑：《东江疏揭塘报节抄》，天启二年九月条，《明末清初史料选刊》，第10页。
② 《朝鲜光海君修正日记》卷145，十一年十月癸丑。
③ 金尚宪：《朝天录》，《燕行录全集》卷13，第329页。
④ 《尊周汇编》草本，纪年第一，仁祖朝一，卷一，第19页。

因为朝鲜允许明朝在朝鲜驻军，这牵制了后金的全力征明，“奴贼据辽窥关，而（明）朝廷之特以为犄角势者，惟毛帅与属国（朝鲜）耳”[①]，从而朝鲜与后金的政治关系变得紧张起来。因此，随着努尔哈赤的去世，新的后金汗皇太极随之发动对朝鲜的征讨战争，使原来以明朝为上国的中朝传统政治秩序又出现新的变数。

综上所述，努尔哈赤建立后金政权并同明朝进行战争，尤其是萨尔浒之战的胜利，为后世的以清代明奠定了基础；而明王朝自身的衰落，导致其难以控制后金与朝鲜，这就使明王朝作为东亚地区天朝上国的中心地位，进一步发生动摇。作为与明朝保持了两百多年封贡关系的臣属国朝鲜，受到中国大陆政治舞台上这种变化的极大影响，其外交政策从原来单纯的与明朝维持封贡关系，转变为“两面”外交，进而形成了后金、朝鲜及明朝的复杂三边关系。由此，明朝与后金势力相互消长出现的新情况，使原来的政治格局受到极大的冲击，必将对中朝政治秩序的变化产生重大的影响。

① 洪翼汉：《花浦先生朝天航海录》卷1，《燕行录全集》卷17，第231页。

第三章　后金天聪年间中朝政治秩序之裂变

天命十一年（1626）八月，努尔哈赤去世。经历一段时间的内部争斗后，当年九月一日，努尔哈赤第八子皇太极举行登基仪式，正式成为后金汗王，即后来所称的清太宗。皇太极继位后，发布政令，定1627年为天聪元年，从而开启后金天聪王朝时代。

皇太极即汗位时，面临的周边形势是"汉人、蒙古、朝鲜与我四境逼处，素皆不协，且何国不受讨于我，积衅既深，辄相窥伺"①。此时，明朝内部爆发大规模的农民战争，明廷忙于平叛，此时如果后金不挑衅，明朝不会主动与后金发生战争。北方的蒙古，内部纷争不已，也暂时不会给后金造成威胁。因此，在对周边形势进行权衡之后，皇太极决定出兵朝鲜，打算通过征伐朝鲜，削弱明朝与朝鲜的联合力量，继而与明朝展开决战，于是皇太极首先发动对朝鲜的战争，史称"丁卯之役"。战争的结果，是朝鲜战败，与后金结成"兄弟之国"，与明朝保持有限度的交往，如此一来，明朝作为朝鲜上国的地位被削弱，中朝传统政治秩序随之产生裂变。

第一节　后金发动对朝鲜战争借此削弱明朝

为消除对明朝战争的掣肘之患，皇太极即位伊始，即发动征讨明朝臣属国朝鲜的丁卯之役，迫使朝鲜与后金缔结不平等的"兄弟"盟约。通过战争及签订的条约，使朝鲜逐步脱离其长期依赖的上国明朝，从而解除后金西向攻击明朝的后顾之忧。

---

① 《清太宗文皇帝实录》卷9，天聪五年六月辛酉。

一、后金初伐朝鲜的“丁卯之役”

皇太极发动对朝鲜的战争，一方面是为进一步发动对明战争排除外力干扰，另一方面也是后金与朝鲜多年以来政治、经济、军事方面矛盾斗争的结果。努尔哈赤在世时没有解决朝鲜问题，年轻气盛的皇太极继承其父的遗志，决心通过战争使朝鲜屈服。

（一）后金征伐朝鲜前的两国形势

1. 政治上后金与朝鲜积怨已深

作为与中国地壤相接、长期臣属于明朝的朝鲜，它在东亚地区所处的地位非常重要，因此明朝竭力笼络朝鲜，试图利用封贡体制联合朝鲜，以此牵制后金。从后金方面而言，自努尔哈赤起兵以来，朝鲜一直是后金潜在的或现实的威胁力量。1600年，当建州兵“去东收边民归来时”，朝鲜出兵截击，被建州兵击败“杀其来截官兵”[①]；努尔哈赤与明朝决裂后，朝鲜明确宣布，“明与我国，如同父子”[②]，表示绝对不背叛明王朝，故在萨尔浒之战中，尽管当时的国王光海君首鼠两端，但“君命不可违”，最终还是出兵帮助明朝。后来的仁祖国王李倧登上王位后，积极推行“亲明反虏”的外交政策，政治上尊奉明王朝，断绝同后金的一切关系。尤其令后金方面无法接受的是，朝鲜仁祖国王对于明朝在朝鲜的毛文龙驻军，从经济、军事上予以大力支持，为毛文龙提供军事基地和粮食等物资，这直接牵制后金的西向攻明，对后金构成极大的威胁，故后金汗皇太极决心消灭毛文龙部，以清除这一腹心之患。皇太极在发动战争前，曾表明后金出兵的意图：“朝鲜累世得罪我国，然此次非专伐朝鲜。明毛文龙驻近朝鲜海岛，屡收纳逃人。我遂怒而狙征之。若朝鲜可取，顺便取之。”[③]这就说明，后金对朝鲜的不满由来已久，决定动用武力使朝鲜屈服；而毛文龙在朝鲜的驻军，更坚定了后金对朝鲜进行军事打击的决心。

---

① 《满文老档》太宗皇帝第1函，第2册，天聪元年四月初八日，第819页。

② 《满文老档》太祖皇帝第2函，第9册，天命四年五月二十八日，第89页。

③ 《满文老档》太宗皇帝第1函，第3册，天聪元年四月条，第825页。

当初努尔哈赤在世时，曾多次致书朝鲜，要求朝鲜与明朝断绝关系而与后金结好，但朝鲜“竟不从，仍以明为父母之国，不与断绝”[①]；鉴于此，努尔哈赤曾想武力解决朝鲜这一影响后金称霸辽东的后顾之患，但由于当时后金实力有限，故努尔哈赤一直避免与朝鲜正面冲突，没有对朝鲜兴兵。皇太极执政前，曾力劝努尔哈赤对朝鲜诉诸武力，但没有被努尔哈赤所采纳。继承汗位后，为了解除朝鲜这个多年阻挠后金征明的心头之患，皇太极决然出兵攻打朝鲜。“当一个国家向别国侵占领土时，这是它内部生长力的反映。强大的国家为了生存必须要有生长空间。”[②]皇太极即位时，后金的国力已经发展到一定程度，具备了对朝鲜作战的军事条件，因而他敢于发兵讨伐朝鲜，以求更有利于后金的“生存空间”。“战争是解决国家间矛盾的最极端方式，是武力手段最典型、基本的形式。战争是增强或削弱一国势力的最迅速、最直接的途径。”[③]就后金与朝鲜的关系而言，二者之间有多年的积怨，通过战争使朝鲜屈服，是后金解决其与朝鲜矛盾、削弱朝鲜的“最迅速、最直接的途径”。

2. 经济上后金需从朝鲜获取物资

从经济方面而言，本时期后金正处于从不发达农业、狩猎、采集多种经济并存社会向农耕社会转变的时期，农业生产落后，对外经济依赖性较强，“衣食皆易诸内地”[④]。建州女真初兴时，女真人与明朝以朝贡贸易、马市贸易方式，与朝鲜以互市贸易形式，获取生产、生活资料；但正如前述，明朝因在壬辰倭乱时援助朝鲜造成国力衰弱，对女真人的防备松懈，乘此机会，女真人对明不恭，停止对明的进贡，并公然对抗明朝，继之与明决裂，于是明朝就中断与女真人的马市贸易，从而女真人无法获得所需的生产和生活资料。另外，皇太极初登汗位时，后金由于遭受自然灾害，经济上遇到严重的困难，出现了粮食危机，天聪元年，“时国中大饥，斗米价银八两，人有相食者”[⑤]；由于女真人不善纺织，长期以来，女真百姓及士兵衣不蔽体，如朝

① 《满文老档》太祖皇帝第5函，第32册，天命七年正月初三日，第288页。

② 〔德〕拉策尔：《政治地理学》，1892年版，转引自〔英〕罗伯特·迪金森：《近代地理学创建人》，商务印书馆1980年版，第82页。

③ 蔡拓等：《国际关系学》，南开大学出版社2005年版，第207页。

④ 《明神宗实录》卷3，隆庆六年七月辛丑。

⑤ 《清太宗文皇帝实录》卷3，天聪元年六月戊午。

鲜使臣所描述的："闻胡中衣服极贵，部落男女，殆无以掩体，近日则连有抢掠，是以服著颇得鲜好云，战场僵尸，无不赤脱，其贵衣服可知。"[①]皇太极已经认识到经济危机的严重性，为了解决由于对明战争而导致的物资匮乏问题，后金政权需要通过发动对朝鲜的战争，掠夺粮食与衣物等生活必需品，以缓解经济矛盾。

3. 军事上后金要实施战略转变

作为明朝臣属国的朝鲜，对后金政权的发展构成极大牵制，努尔哈赤去世之前已认识到这一点，故要求其继任者完成自己的未竟事业，首先征伐朝鲜："先抢江东（指朝鲜），以除根本之忧。"[②]由于在辽东战场有袁崇焕固守宁锦，特别是宁远之战使后金西向进攻受挫，皇太极继承汗位后，在同明朝的作战中，明与后金形成势均力敌的相持局面；认识到此时的后金尚难以在短时期内推翻明王朝，皇太极决定调整对明朝的策略，暂停对明的战争，在后金政权内部施行休养生息。鉴于后金与明朝处于对峙状态，皇太极计划清除明朝的羽翼——朝鲜。因为朝鲜多年来一直跟随明朝，萨尔浒之战中出兵助明，在后金与明朝的对决中，朝鲜明显倾向于明朝，给予明朝各种支持，使后金的全力征明受到牵制；如果通过战争打败朝鲜，第一，可以扭转后金对外战争的不利局面，提振后金军队的士气；第二，可以把朝鲜拉到后金一边，削弱明朝的支持力量，增强后金对明战争的军事基础。由此，皇太极决定出兵朝鲜。

上述三个条件已经具备，皇太极还需要为后金出兵寻找一个直接的理由，而这个借口就是朝鲜王朝并未派使臣前来后金吊唁天命汗努尔哈赤。后金天命十一年正月，努尔哈赤去世后，后金方面寄希望于朝鲜能够像明朝那样派人前来凭吊努尔哈赤，以及对新汗皇太极即位表示祝贺；但没想到朝鲜竟然没有任何表示，此举令皇太极非常失望与愤怒。皇太极认为，朝鲜这种蔑视行为对后金而言是一种耻辱，有必要以一场战争来打压朝鲜。另外，朝鲜容纳逃亡的后金百姓，拒不遣返后金，这一点也使后金对朝鲜带有仇视心理。综上，后金指责朝鲜"有四罪：天可汗宾天，不即致吊；宣川之役，一

① 李民寏：《紫岩集》卷 6,《建州闻见录》,《韩国文集丛刊》第 82 册，第 132 页。

② 《朝鲜仁祖实录》卷 14，四年十月癸亥。

不杀戮，不即送使致谢；毛文龙我之大仇，尔容接内地，给馈护恤；辽民我之赤子，而招亡纳叛”[①]。

当然，关于后金对朝鲜发动征讨战争的主要缘由，史学界有多种看法，有的认为是为了消灭明朝驻军毛文龙军[②]，有的说是出于经济原因，“皇太极想通过侵朝掠夺粮物，以济凶年……顺道消灭毛文龙”[③]，有学者更认为“丁卯之役之发生，应为后金与朝鲜国内政治、经济诸矛盾发展之必然结果”[④]。

笔者认为，后金的对朝战争，固然也是出于经济利益的考虑，比如从后金战胜朝鲜后强迫朝鲜开市、贡物等要求上来看，说明后金有经济上的迫切需求；但这场战争的发动，更主要的是要达到政治目的。列宁指出：“战争是政治的继续。应当研究战前的政治，研究正在导致和已经导致战争的政治。”[⑤]对于后金此次对朝战争是以打败朝鲜为首要目标抑或是以打击毛文龙为主要目的，连当时的朝鲜仁祖国王也弄不清楚，当后金侵入朝鲜时，仁祖国王竟然问大臣：“此贼为擒毛将而来耶？抑专力我国耶？”[⑥]笔者依据《满文老档》中记载的后金声讨朝鲜“七大罪”，认为后金还是以使朝鲜臣服为首要目的，所谓：

先前，我军往征瓦尔喀时，尔国朝鲜无端出境，与我军相战，此一也。乌喇贝勒布占泰，屡征尔朝鲜时，尔对我言：尔之婿也，请尔劝阻之等语。经我劝谕，得息兵戈。对此，尔竟无一善言相报，此二

① 李肯翊：《燃藜室记述》卷27，《丁卯虏乱》，《清入关前史料选辑》第一辑，第439页。
② 李鸿彬：《满族崛起与清帝国建立》（天津古籍出版社2003年版，第35页）。另见徐凯：《论“丁卯虏乱”与“丙子胡乱”》（北京大学韩国学研究中心编：《韩国学论文集》第三辑，东方出版社1994年版）。韩国的金钟圆也有类似看法，他认为后金主要是为了消灭毛文龙，“征服朝鲜是次要的”（《丁卯胡乱时后金的出兵动机》，《东洋史学研究》，1978年第12、13合期）。
③ 晁中辰：《清朝入关前与李氏朝鲜的关系》，北京大学韩国研究中心编：《韩国学论文集》1995年第四辑。
④ 魏志江：《清鲜“丁卯胡乱”与“丙子之役”考略》，金健人主编：《韩国研究》第七辑，学苑出版社2004年版。
⑤ 列宁：《论对马克思主义的讽刺和“帝国主义经济主义”》，载《列宁全集》第23卷，人民出版社1959年版。
⑥ 《朝鲜仁祖实录》卷15，五年正月乙酉。

也。我两国原无仇隙。己未年，尔朝鲜以兵助明来侵，以图杀我。天以我为是，以朝鲜官员畀我。然我仍愿和睦相处，未加诛戮，予以豢养，释放官员凡二三次。尔未答谢，此三也。天以辽东畀我，然尔容纳自我逃往你处之毛文龙，连年侵害我辽东人民，派遣奸细挑唆，而我仍愿和睦相处，然尔竟不从，此四也。辛酉年，我往搜毛文龙时惟搜捕明人，未侵尔朝鲜，因我仍欲和好，遂未侵犯也，然尔竟无一善言，此五也。毛文龙系明将，其明帝且不给钱粮，尔国却给田耕种，供给钱粮豢养之，此六也……我父汗崩，即明与我构兵，尚遣官来吊，兼贺新汗即位。我父汗与尔朝鲜素相和好，毫无仇隙，遣一信使来，何为不可，此七也。欺凌已甚，料难和好，是以兴兵……[1]

可以看出，在七项“罪状”中，第一、二、三、七条都不是针对毛文龙的，这说明后金发动战争的主要动机，是想通过战胜朝鲜，强迫朝鲜与后金缔结关系，由此牵制明朝的力量，进而全力与明朝展开中原争夺战。毛文龙问题只是造成朝鲜与后金关系紧张的其中原因之一，不解决毛文龙问题，也就无法从根本上解决朝鲜问题，因此讨伐毛文龙只是彼时后金对朝鲜发动战争的一个可利用的借口。由于后金在对明作战中遭受挫折，连连失利，出于改变军事上被动局面的考虑，皇太极决定出兵征伐国力薄弱而又长期听命于明朝的朝鲜，以图从朝鲜方面实现战略突破。

（二）丁卯之役的爆发

后金天聪元年（1627）正月，皇太极派大贝勒阿敏，会同济尔哈朗、阿济格、杜度、岳讬等，“将三万余骑”[2]，兵指朝鲜，发动了征伐战争。因1627年是农历丁卯年，故称为“丁卯之役”。朝鲜方面称之为“丁卯胡乱”。

天聪元年（1627）正月八日，朝鲜降臣姜弘立、朴兰英及叛臣韩润、韩义兄弟[3]引导后金军队征伐朝鲜。经过六天的行军，十三日，后金军队到达

① 《满文老档》太宗皇帝第1函，第4册，天聪元年四月二十八日，第828～829页。

② 吴庆元：《小华外史》，卷六，第3册，第39页。

③ 姜弘立、朴兰英，是在萨尔浒之战中投降后金的朝鲜将领，姜弘立投降后金后，听信传言，误以为自己的“父母妻子尽被诛夷”，于是“诱贼东抢”（《朝鲜仁祖实录》卷12，四

明朝的哨地，后金将领冷格里、叶臣、雅荪、孟安等率兵80人，乘夜攻取明朝诸哨，六哨无一幸免。十四日夜，后金大军兵临朝鲜义州，连夜竖梯偷袭该城，朝鲜府尹李莞与判官崔明亮一度率领将官顽强抵抗，但最终被杀，后金尽歼城内兵卒，俘获百姓。当天夜里，后金曾派出军队进攻毛文龙驻守的铁山，杀死许多明兵，迫使毛文龙遁逃海岛。十五日，后金军继续进发，擒获宣川、定州牧使金晋，使定州之民投降。十八日，后金兵招降郭山、汉山未能如愿，于是发兵攻打，朝鲜宣川副使奇协被杀，郡守朴友健被擒，后金兵将城内官兵全部杀死。十九日，渡嘉山江驻营。二十日，后金军接近安州城。由于劝降失败，于是二十一日，后金军武力攻陷安州，杀死郡守张敦等，安州城牧使金晋、兵使南以兴无奈自焚而死，其余居民及士兵并未受到伤害。在安州城休整五日后，二十六日，后金军抵达平壤，由于城主、总兵官等各级官吏以及官兵、民众皆弃城溃走，后金军渡过大同江驻营。二十七日，后金兵至中和立营。①

其实早在后金侵略朝鲜前，为了防范后金，朝鲜仁祖国王曾采取措施，在义州、昌城、平壤、朔州、安州等西北边防地域，强化军事建设，并意识到"待江冻冰坚，奴酋以定东犯（朝鲜）之计……则十分严防"；但由于朝鲜过分依赖毛文龙驻军，"四路进兵，分散奴势，使不得东犯"②，加之朝鲜君臣认为后金军队只是以夺取明朝中原地区为目标，错误地认为后金不会马上侵犯朝鲜，于是疏于对中朝边境地区的防备，故当女真人入侵时，朝鲜边防不堪一击。

（接上页）年四月丙戌），引导后金军队攻打朝鲜。至于韩润、韩义，据《满文老档》记载，韩润是朝鲜人，其父韩明廉曾在光海君时代任总兵官，后因罪降为参将。仁祖即位后，曾在"仁祖反正"中出过力的功臣李适因没得到重用被遣往外地任职，转而怨恨仁祖，于是李适就联合韩明廉发动叛乱，即史称的"李适之叛"。后来因军中兵变，李适及韩明廉俱被杀死，韩明廉之子韩润及其侄韩义因无处容身，于是转投后金，他们告知了努尔哈赤很多有关毛文龙的内部情况（《满文老档》第8函，第64册，天命十年正月初二日，第620～621页），这为后金军队攻打毛文龙驻军提供了重要的帮助。

① 《满文老档》太宗皇帝第1函，第3册，天聪元年四月条，第825～826页。

② 《朝鲜仁祖实录》卷7，二年十二月丙戌。

二、后金与朝鲜结盟使其逐步脱离明朝

后金攻伐朝鲜的根本目的，就是要使朝鲜脱离明朝，站到后金这一边来，充当后金对明战争的联合力量，因而在战争过程中，后金不断向朝鲜提出要求，最终双方结成“兄弟关系”。尽管后金并未能成为朝鲜的“君”，但通过双方签署的条约，朝鲜开始逐步脱离明朝，按照后金的意志行事。

（一）双方的谈判之争

早在进攻定州之时，为了削弱朝鲜军民的反抗力量，减少战争损失，后金主将阿敏致书朝鲜国王，列举朝鲜早年助明抗金、窝藏毛文龙、容纳辽东逃人以及不庆吊后金汗等罪过，要求朝鲜速派“差官认罪，火速来讲”①。对于后金使臣前来商谈议和之事，朝鲜大臣表示怀疑，认为这是后金的欺骗伎俩，“请和者，不过愚弄以缓我，任其深入而莫与之争锋也”②，因而反对仁祖国王与后金使臣会面；时任兵曹判书的李廷龟虽然也担心后金会借机提出不合理要求，但是他认为朝鲜方面如果不跟后金使臣当面接触，则必会有

① 关于议和到底是由朝鲜还是后金首先提出的，史学界存有争议，笔者曾在拙著《朝鲜前期与明建州女真关系研究》（第 195 ～ 196 页）中做过探讨。今做进一步补充：韩国学者全海宗认为后金军是在侵略义州的同时提出议和的；中国学者魏志江依据《朝鲜仁祖实录》卷 16 中五年四月丁酉条的记载（“贼至定州，送书求和”），认为后金是在攻占定州时“始提出议和”（魏志江：《清鲜“丁卯胡乱”与“丙子之役”考略》，金健人主编：《韩国研究》第七辑，学苑出版社 2004 年版）。在此，笔者依然赞同后金方面首先提出议和提议的看法，因为清朝文献有记载：后金主将阿敏致书朝鲜国王，要求其“抒诚引咎，申盟天地，重修和好”，并“留师五日以待，惟好是图”（《清太宗文皇帝实录》卷 2，天聪元年三月辛巳）；朝鲜文献也有记载：“今此和事，虏先请之”（《尊周汇编》草本，纪年第一，仁祖朝一，卷一，第 43 页），“虏将阿敏自称大金国二王子，送书求和”（吴庆元：《小华外史》，卷六，第 3 册，第 39 页）。结合当时的实际情况考虑：后金之所以派兵攻打朝鲜，并非是想将其彻底消灭，只是为了与明朝争夺对朝鲜的控制权，争取使朝鲜由支持明朝转而成为后金的同盟，而今通过战争可达到预期目的，如果继续跟朝鲜作战下去，还要顾虑明朝的东进攻击后金；加之后金军长途跋涉，难以保证后面的战争能节节胜利，故而在形势大好的情况下，率先提出议和主张，此举可以使后金更加主动地争取到更多的利益。从朝鲜方面而言，由于后金铁骑所到之处，势不可挡，朝鲜军队节节败退，难以组织起有效的反击，又得不到来自明朝的支援，议和是朝鲜当时最好的退路，故及时迎合后金的提议。

② 《尊周汇编》草本，纪年第一，仁祖朝一，卷一，第 35 页。

更多的麻烦，即“胡差若生怒而去，更无所为”[①]，因此他建议仁祖国王还是应会见后金来使，以便确定应对之策。当然，李廷龟也清醒地认识到后金的议和企图，所谓“贼之请和，探我虚实，而知我无备，一向进兵”[②]。因而他一方面做出军事部署：“令李曙、柳琳，领兵前进，以助声势”[③]；另一方面，为了试探后金，他代表朝鲜国王要求后金首先撤兵，解除军事威胁，才能与后金商讨和谈之事。后金自然不会答应，于是继续进军。

后金兵进中和的当天，主将阿敏致书朝鲜国王，列举朝鲜的当伐之罪，明确对朝鲜指出：如果朝鲜欲继续与后金为敌，那么后金将“即前行矣”；如果朝鲜悔过引咎、欲与后金重修和好，那么就速派使臣，前来后金讲和，“愿两国和好，以安生业”[④]。此时，阿敏之所以代表后金要与朝鲜议和，是由于后金方面没有船舶，更主要的是女真人为渔猎民族，不擅长于水战，再继续进军有一定的难度。

在阿敏致朝鲜国王的信中，阿敏对于朝鲜以往的行为进行了针对性的反驳与谴责。第一，针对朝鲜所称的当年倭国侵犯朝鲜，明朝曾出兵相助，“为报其恩”，故而朝鲜也出兵助明，阿敏指出，当年乌拉布占泰军队入侵朝鲜时，建州女真曾出面调解，使朝鲜免遭战争之苦，“此非恩乎？”第二，针对朝鲜指责后金“无故征讨”，阿敏答复说，这是由于朝鲜曾经在萨尔浒战役中“以兵助明侵我”。第三，针对朝鲜说毛文龙是奉明皇帝之命前来朝鲜驻军，“义不可逐”，阿敏指出，明皇帝尚且不信任毛文龙，不给予粮饷支持，朝鲜何必多此一举。阿敏进一步指出，当年后金兵追击毛文龙时，之所以“未相侵扰”朝鲜，是出于后金欲与朝鲜和好相处。第四，针对朝鲜所称的毛文龙侵扰辽东，朝鲜并未出兵相助说法，阿敏反驳道，毛文龙屯驻朝鲜海岛，正是由于得到朝鲜的庇护，毛文龙才得以驻扎在昌城、安州等沿江地区，并经常给毛文龙提供军事信息。阿敏指出，毛文龙招诱辽东之民，由于朝鲜容留毛文龙，这等于间接招诱后金的辽东之民。第五，针对朝鲜所谓的由于疆域遥远，未来得及前去后金吊丧之事，阿敏指出，明与蒙古较之朝

① 《朝鲜仁祖实录》卷 15，五年正月丁酉。
② 《朝鲜仁祖实录》卷 15，五年二月甲辰。
③ 《朝鲜仁祖实录》卷 15，五年二月甲辰。
④ 《满文老档》太宗皇帝第 1 函，第 4 册，天聪元年四月二十八日，第 829 页。

鲜，道路更远，但是“该两国亦丧来吊，以表孝意矣”。最后，阿敏明确提出，如果朝鲜“引咎自责之，以修两国之好”，则速遣亲信大臣到后金，“议既毕，我军亦将速退也”。[①]

在后金的军事进攻危急情况下，朝鲜王廷想到向上国明朝求救，仁祖国王致书明皇帝，“请南军及火器，如壬辰”[②]，希望像当年壬辰倭难时明朝能给予及时救助；仁祖国王并陈述了如果明朝出兵则会给明朝带来的益处，所谓“诚及此时速发偏师，乘其空虚捣其巢穴，使贼首尾牵掣俱莫能救，则一举而全辽可复，属国可全，群丑可灭，此正难得不可失之机会也”[③]。事实上，明朝廷也曾想乘后金东征力量分散之机，直捣后金后方，但由于此时明朝社会正处于水深火热之中，各种矛盾进一步激化，国内李自成等农民反抗斗争如火如荼，在农民起义的打击下，明政权接近崩溃，对于朝鲜的求救，明朝爱莫能助，根本无力出兵前去支援朝鲜，刚刚继承皇位的崇祯帝，仅对朝鲜的遭遇表示“览奏深恻朕怀”[④]，而拿不出更好的办法。在此情况下，朝鲜国王只好同意与后金议和。

仁祖国王先后派遣朴兰英之子朴雺与姜弘立之子姜絪前去后金营中议和，要求后金“须先退归以待之”[⑤]。但后金主将阿敏并未理会，而是继续进兵，施加军事压力。天聪元年（1627）二月五日，后金军占领黄州，后金主将阿敏又提出议和的三个条件，“一曰割地，二曰捉文龙，三曰借兵一万，助伐南朝云”[⑥]。同时，后金先头部队到达距王京仅两百里的平山城，仁祖国王慌忙携后妃逃入江华岛中避难。二月七日，仁祖国王被迫答应与后金方面进一步商谈议和事宜，派族弟原昌君李玖（《清实录》中称为李觉）到平山拜见阿敏，共定约誓，要求后金军队退出朝鲜国境，即“自今以往，两国兵马，更不过鸭绿江一步地，各守封疆，各遵禁约，安民、息兵”[⑦]。

---

① 《满文老档》太宗皇帝第1函，第4册，天聪元年四月二十八日，第829～831页。

② 《朝鲜仁祖实录》卷15，五年正月辛卯。

③ 《三朝辽事实录》卷17，天启七年正月条。

④ （清）汪楫编辑：《崇祯长编》卷2，天启七年九月乙亥，“国学导航”网：http://www.guoxue123.com/shibu, 2016/3/18。

⑤ 《朝鲜仁祖实录》卷15，五年正月丁酉。

⑥ 李肯翊：《燃藜室记述》卷27，《丁卯虏乱》，《清入关前史料选辑》第一辑，第444页。

⑦ 《朝鲜仁祖实录》卷15，五年二月壬子。

早在后金主将阿敏提出议和要求时，就明确指出，朝鲜必须答应两个条件，后金才能撤兵。这两个条件是：第一，朝鲜终止与上国明朝的关系，转而与后金签订兄弟盟约，“告天盟誓，永为兄弟之国，共享太平”；第二，此后朝鲜在外交文书中不可以使用明朝的“天启”年号，而是启用后金汗皇太极的“天聪”年号。[①]

对于后金提出的第一个条件，即要求朝鲜与明断绝关系，朝鲜仁祖国王表示难以接受，即“我国事皇朝二百年，受恩深重，义不可背负”[②]。为此，仁祖国王致书后金进行解释，阐述朝鲜与明朝的长期封贡关系，表明朝鲜对上国明朝的忠贞之心不可动摇，并提出希望与后金和平共处的建议，所谓“惟当各守封疆，两尽道理，相安相乐，世世不绝”[③]。针对朝鲜不愿脱离明朝的心理，后金主将阿敏致书仁祖国王，劝说他认清形势，效仿古人以议和平息战争之先例，“屈一时之辱，必申长久之策”[④]。但朝鲜王廷对明朝的忠诚之心不变，坚持尊奉明朝的立场不动摇。朝鲜大臣李廷龟同后金代表刘兴祚（朝鲜方面称为刘海）就“永绝天朝四字，以义斥之”，对后金要求朝鲜断绝与明朝关系的过分做法予以驳斥。为此，李廷龟一度遭到刘兴祚的嘲笑曰：“金、元之时，贵国何以处之？”[⑤]意思是高丽王朝时期就因迫于金、元的压力，与中原政权宋朝断绝关系。尽管如此，在包括李廷龟在内的朝鲜君臣坚持下，后金代表刘兴祚不再强求朝鲜“永绝明朝”，表示道：“朝鲜不欲负南朝，自是好意，不可胁以非礼。”[⑥]事后，作为后金谈判代表的刘兴祚，为此曾受到其主将阿敏的严厉指责，“刘副将必受重赂，不从我命令。今当罪之”[⑦]。由此说明，朝鲜在争取与明继续保持关系上取得了胜利。

由于朝鲜在给阿敏的书信中，仍然使用明朝崇祯皇帝的“天启”年号，这引起阿敏的不满，认为这是朝鲜拿明朝来压制后金，而后金并非明朝的臣

① 《朝鲜仁祖实录》卷15，五年二月己亥。
② 赵庆男：《乱中杂录》六，《清入关前史料选辑》第三辑，第311页。
③ 《朝鲜仁祖实录》卷15，五年二月壬寅。
④ 赵庆男：《乱中杂录》六，《清入关前史料选辑》第三辑，第308页。
⑤ 《朝鲜仁祖实录》卷15，五年二月戊申。
⑥ 《尊周汇编》草本，纪年第一，仁祖朝一，卷一，第45页。
⑦ 《朝鲜仁祖实录》卷15，五年二月戊午。

属政权，即“贵国拿天启来压我，我非天启所属之国也”[①]。阿敏提出，若朝鲜没有国号，则可以写后金的“天聪”年号，从此结为“唇齿之邦”[②]。由于是否使用明朝年号，这是衡量朝鲜是否继续尊奉明朝的名分问题，因而朝鲜仁祖王不敢轻言弃用，即“至若小节，虽或可从，‘天启’二字，何忍去之”[③]。后金使臣刘兴祚软硬兼施，一方面劝说朝鲜，“天启”改“天聪”，仅仅是改动一个字之事；另一方面，威胁朝鲜道：“国之存亡，在此一举。”[④]但朝鲜大臣并未为之所动，坚决主张“此天经地纬，截然不可犯者，宁以国毙，岂忍为此”[⑤]。朝鲜仁祖国王也表示，自今以后，与后金“各守信约，无相背负”[⑥]，表示仍将奉明朝正朔。考虑到朝鲜毕竟已经臣事明朝两百余年，受恩深重，因此对于书年号问题，刘兴祚提出折中方案，所谓“年号以中国揭帖（一种非正式的文体形式）例不书何如”[⑦]，即借鉴明朝给后金写揭帖不书年月的形式，在朝鲜与后金往来的文书上均不书写年号。鉴于后金强大军事攻势的震慑力，最后，朝鲜仁祖王接受了后金“以揭帖为名，而不书年号”[⑧]的折中意见。

接下来，后金使臣刘兴祚又代表主将阿敏向朝鲜提出入质纳贡的要求，对此，朝鲜国王李倧拒绝曰：“质子之言，处之诚难。而至于岁币，则答之以物力荡残，无以办出，可矣。”[⑨]为了避免双方谈判陷入僵局，确保谈判的顺利进行，以便尽早结束战争，朝鲜大臣李廷龟开展了一些针对性的工作。其一，关于后金对朝鲜缴纳大量贡物的要求，李廷龟极力陈述朝鲜国的经济困难，尽量减少对后金物品的缴纳，所谓“臣谓我国军器，天下莫精焉，贵国之所知，而只缘无马，以有今日云，则海别无他语。四千头牛，亦不固索，二百匹马，彼或减省。且木绵二万匹，则虽先送一半可也”[⑩]。在李廷龟

---

① 《朝鲜仁祖实录》卷 15，五年二月戊午。
② 《朝鲜仁祖实录》卷 15，五年二月戊午。
③ 《尊周汇编》草本，纪年第一，仁祖朝一，卷一，第 34 页。
④ 《朝鲜仁祖实录》卷 15，五年二月丁未。
⑤ 《尊周汇编》草本，纪年第一，仁祖朝一，卷一，第 64 页。
⑥ 《朝鲜仁祖实录》卷 15，五年二月庚申。
⑦ 《朝鲜仁祖实录》卷 15，五年二月庚申。
⑧ 《尊周汇编》草本，纪年第一，仁祖朝一，卷一，第 65 页。
⑨ 《朝鲜仁祖实录》卷 15，五年二月丙午。
⑩ 《朝鲜仁祖实录》卷 15，五年二月庚戌。

的游说下，刘兴祚没有大肆勒索，而是减免朝鲜缴纳贡物的数量，从而减轻了朝鲜民众的经济负担。其二，针对后金提出让朝鲜国王派子弟担任质子一事，李廷龟以“在于诚信，何以质为”为由，努力争取使朝鲜方面不派出人质。不过这一请求并未得到准许，刘兴祚坚持要求朝鲜国王以其子弟为人质，并威胁道：“吾恐金人，再为一激，势必下王京。不惟四部道受害，八部道生民，亦难安矣。事机一错，祸不忍言。”[①] 在无可奈何之下，朝鲜国王李倧接受后金的入质纳贡条件，派族弟原昌君李玖带着厚礼前往后金营中，表示曰：“和好是两国所欲，故曾遣重臣，兼致礼物……”李廷龟又向仁祖王建议曰：“宜令原昌君，请习礼貌，使无失仪取侮之患。”[②] 李廷龟强调，在女真人面前，不能失去作为朝鲜人的良好形象，反映出朝鲜大臣长期固有的“华夷”思想。

朝鲜与后金达成了议和意向，但在缔结盟约仪式方面，双方又产生了争执。后金要求朝鲜仁祖国王必须出席盟约签订的现场，但仁祖王予以拒绝；这样一来，激起了后金主将阿敏的不满情绪，指责朝鲜方面缺乏诚意，曰：“和好两国之言，无盟誓何其信其和？贵国王悭滞不誓，是言和而实不欲和也。”[③] 阿敏威胁道，如果朝鲜不想举行盟誓，那么后金可以退回朝鲜方面的人质，双方继续进行战争，等打败朝鲜之后“再定盟约，亦不迟会”[④]。后金将领刘兴祚为了促使朝鲜国王举行盟誓，就致信进行游说。在信中，刘兴祚引用中国历史上孙膑、句践、韩信忍受一时之辱而成就大事业的例子，劝朝鲜国王为了黎民百姓及社稷的安危，应委曲求全，否则一旦金兵攻下朝鲜王京，“不惟四郊受害，八道生民，亦不安矣”[⑤]。在此情况下，仁祖国王无奈表示亲自前去签约。

在朝鲜方面答应议和的情况下，刘兴祚又代表后金提出，在签订盟约时需要杀马牛祭拜天地，即“天朝与蒙古和，杀白马、黑牛，以祭天地；与金国和亦然。不如是，则何以表信”。对此过分要求，以李廷龟为代表

---

① 《朝鲜仁祖实录》卷 15，五年二月戊申。
② 《朝鲜仁祖实录》卷 15，五年二月壬子、辛亥。
③ 赵庆男：《乱中杂录》六，《清入关前史料选辑》第三辑，第 308 页。
④ 赵庆男：《乱中杂录》六，《清入关前史料选辑》第三辑，第 308 页。
⑤ 李肯翊：《燃藜室记述》卷 27，《丁卯虏乱》，《清入关前史料选辑》第一辑，第 446 页。

的朝鲜廷臣，坚决拒绝以此方式与后金盟誓，所谓“刘海每以非渠独擅为言，且刑马、宰牛等事，欲令主盟人，亲自为之云，令张礼忠反复争说，则颇降辞色。臣等又言，节目则必从我国规例，刑马、宰牛等事，断不可从矣”[①]。可以看出，李廷龟意在尽力争取使朝鲜国王免于受辱，正如行护军李景稷上疏曰：“臣与李廷龟等，力争于胡差，使宰臣代行，竟不为君父之辱。”[②] 为此，刘兴祚进一步提出变通方案，建议在盟誓之前先杀马牛，提前做好准备，即“主盟之人，亲自宰牲，礼也。而国王在忧服中，不敢强请，国王则于殿上焚香、告天，令大臣于外处刑牲以誓，则俺等当以好辞回报，以完大事”[③]。在刘兴祚的劝说下，仁祖国王接受后金方面的要求，尽管表达出“上有宗社，下有生灵，今日莅盟，非予乐为者也”[④] 的心情，但还是同意莅盟宣誓。

对于此次朝鲜与后金议和，朝鲜国内的主战派是坚决反对的，为此，仁祖国王曾对大臣们解释道：“羁縻之道，自古有之，姑许息兵，未为不可。”[⑤] 也就是说，在朝鲜对后金既不能进行战争抗衡，又难以固守疆土的情况下，只能同后金议和，此实乃朝鲜的无奈之举。

（二）“兄弟盟约”的订立

天聪元年（1627）三月三日，朝鲜仁祖国王举行结盟仪式，大臣李廷龟、吴允谦、金瑬、李贵、申景禛、申景裕、许完、黄履中等陪同，与后金代表刘兴祚在江华岛签订“江都之盟”，“约为兄弟之国”[⑥]。

后金国与朝鲜仁祖王的誓文分别为：

> 我两国已讲和，今后同心合意。朝鲜若与金国计仇，整兵马，新建城堡，存心不善，皇天降祸。若二王子因起不良之心，亦皇天降祸。若两国二王，同心同德，公道偕处，龙天保佑，获福万万。

① 《朝鲜仁祖实录》卷 15，五年二月丁卯、己巳。
② 《朝鲜仁祖实录》卷 15，五年三月乙未。
③ 《朝鲜仁祖实录》卷 15，五年三月己巳。
④ 《尊周汇编》草本，纪年第一，仁祖朝一，卷一，第 70 页。
⑤ 《尊周汇编》草本，纪年第一，仁祖朝一，卷一，第 36 页。
⑥ （清）赵尔巽等撰：《清史稿》卷 526，列传 313，属国一，《朝鲜传》。

> 朝鲜国王以今丁卯年甲辰月庚午日与金国立誓：我两国已讲定和好，今后各遵约誓，各全封疆。若我国与金国计仇，违背和好，兴兵侵伐，则皇天降祸。若金国因起不良之心，违背和好，兴兵侵伐，则亦皇天降祸。两国君各守善心，共享太平。[①]

在后金与朝鲜的交涉过程中，后金方面是派大臣出面，而要求朝鲜仁祖国王直接出面，这说明后金与朝鲜外交礼节上的不平等，也反映出后金表面上与朝鲜约为“兄弟之国”，而实际上是要与朝鲜建立不对等关系。

与后金签订和约后，朝鲜国王派遣使臣持国书致后金主将阿敏，要求阿敏约束部下并刷还被后金掳去的男女，云：“愿王子严行禁断，俾民安堵，将前后被掳人，一一刷还，使之各归乡土，是所望也。”[②]后金汗皇太极也曾谕令贝勒阿敏等曰：“朝鲜既经和好，其归顺之民，毋得秋毫扰害，仍留彼处，俾各宁居。”[③]要求妥善安置朝鲜百姓；但阿敏对后金与朝鲜在江华岛订立的盟约并不认可，他借口“并未与盟”，因而“旋师时，可仍纵兵掠之”。尽管诸贝勒劝阻，但阿敏并不听从，而是令“八旗大臣等，分路纵掠三日，财物人畜，尽力驱载，至平壤城驻营。于该城内饲秣马匹，分给俘获”[④]，并迫使朝鲜国王之弟李玖等重新签订盟约。[⑤]其内容为：

> 大满洲国贝勒阿敏、纳穆泰、和硕图、顾三泰、拖博辉、达尔汗、车尔格依、喀克都里、博尔晋，朝鲜国王弟李觉、吴云乾、李廷贵、金鎏、李奎、沈静正、沈正玉、黄吕钟、邵完，誓朝鲜国王李倧，应进满洲国皇帝汗礼物，若违悖不进，不以待明国使臣之礼待，仍与我满洲构怨，坚固城池，操练兵马，或满洲俘获薙发之人等逃至朝鲜，

---

① 李肯翊：《燃藜室记述》卷27，《丁卯虏乱》，《清入关前史料选辑》第一辑，第449～450页。
② 《朝鲜仁祖实录》卷15，五年三月丙子。
③ 《清太宗文皇帝实录》卷2，天聪元年三月乙酉。
④ 《满文老档》太宗皇帝第1函，第4册，天聪元年四月二十八日，第838页。
⑤ 至于阿敏要求朝鲜重新莅盟的原因，石少颖有较深入的分析，笔者认为此说法颇有道理，转引如下：从客观因素上看，由于朝鲜“亲明”立场未改、朝鲜军民对后金军队进行暗杀和袭击；就主观动机而言，阿敏贪慕朝鲜财富、不满于自己统帅地位被无视的尴尬（参阅石少颖：《和约背后的制衡——对“丁卯之役”及金鲜谈判的再探讨》，《历史教学》2012年第14期）。

容留不给还，或违王所言，与其远交明国，毋宁近交满洲国之语；则告诸天地知征伐朝鲜国，天地谴责朝鲜王，殃及其身，无克永寿。朝鲜国王不违誓言，而满洲国贝勒阿敏寻衅兴师，殃亦如之。两国能践誓言，必蒙天地眷佑，历祚延长，永享太平。[①]

这就是史称“平壤之盟”的盟约。其内容主要包括如下几点：其一，贡物缴纳方面，朝鲜要保证及时进贡；其二，外交礼仪上，朝鲜要尊重后金使臣，像对待明朝使臣那样礼待后金使臣；其三，军事上，朝鲜不可修筑城墙设施，不可训练军队；其四，人口刷还问题，朝鲜要及时将逃到其境内的女真人予以遣返。

对于后金与朝鲜先后签订两个盟约而结成的“兄弟关系”，其性质如何，学者宋慧娟认为，这两个盟约都属于不平等条约，但又不同于封贡关系下的条约，因而“兄弟之盟”的性质应定性为“半附属关系”[②]。学者魏志江认为，“所谓江都之盟，并无臣服朝鲜之条款，大体上可视为金鲜双方较为平等的所谓兄弟之盟……平壤之盟颇多朝鲜单方面应遵守之条款，且隐含有以明朝之封贡礼仪对待后金之意”[③]。笔者认为，“江都之盟”应属平等条约，而“平壤之盟”为非平等条约。在“江都之盟”中，后金指出：“朝鲜若与金国计仇，整兵马，新建城堡，存心不善，皇天降祸。若二王子仍起不良之心，亦皇天降祸”；而朝鲜的誓文中也有“若我国与金国计仇，违背和好，兴兵侵伐，则亦皇天降灾。若金国仍起不良之心，违背和好，兴兵侵伐，则亦皇天降祸”的内容，从中可以看出，该条约对双方没有提出具体的要求，可以说是互不侵犯的平等之约。

对比“江都之盟”与“平壤之盟”，可以看出，“平壤之盟”赋予后金许多权利，对朝鲜提出许多限制条件，如不准朝鲜修建城池、不准训练军队等内容。另外，按照和约，朝鲜要对后金尽到纳“岁币”义务，“汝国（朝鲜）

① 《满文老档》太宗皇帝第1函，第4册，天聪元年四月二十八日，第838～839页。

② 宋慧娟、侯雅文：《论后金与朝鲜“兄弟之盟”的性质》，《长春师范学院学报》2003年第2期。

③ 魏志江：《中韩关系史研究》，第176页。

所产财物、牲畜，每年循礼贡献”[①]，这使后金获取了很多经济利益，因此应该属于不平等的条约。

从后金主将阿敏单方面强迫朝鲜签约的过程看，“平壤之盟”也应属于不平等的条约。因为该条约签订后，朝鲜仁祖国王曾致书质问阿敏，称两国已经订立盟约，为何又有新的盟约？新盟约内容与先前所定的有很大差别，并且关于新盟约的内容后金并没有同朝鲜商量，而是将已经写好的誓文直接交给朝鲜方面，那么“曾与贵国差人，告天成誓，所当遵守者，其不在此耶？”[②]对此，阿敏并没有做出回应。由此可见，“平壤之盟”的签订是在不平等的情况下进行的，后金立此盟约时，根本没有同朝鲜商量，而是“径自写出”，属于后金强加给朝鲜的盟约。

对于朝鲜与后金先后签订的两个条约，朝鲜国内大臣有不同意见，表示坚决反对。仁祖国王解释，这是在后金强制下的无奈之举，属不得已而为之；但仁祖王同时指出：“自我有可为之势，亦岂可牢守其盟乎？”[③]由此可看出，仁祖国王并没有诚意真正履行盟约内容，同样是为了麻痹后金。事实正是如此，战后，负责对朝鲜事务的后金将领刘兴祚和英俄尔岱护送人质朝鲜王弟原昌君李觉归国，同时转交后金天聪汗皇太极的书信，要求朝鲜仁祖国王履行盟约的规定，但是朝鲜方面对后金有抵触情绪，不迎合后金的要求，“刘海（刘兴祚）、龙骨大（英俄尔岱）等，连日力争”[④]，才促使朝鲜与后金达成事实上的“兄弟”关系。

总之，皇太极即位伊始，即决然发动对邻国朝鲜的军事战争，打败朝鲜，并与之签订系列条约。从条约的内容上看，它规定了朝鲜对后金应尽的诸多义务，使朝鲜处于实际上的臣属地位。因此，尽管名义上为“兄弟”，但实际上两者的政治关系并不平等，后金凌驾于朝鲜之上。后金通过此役，削弱了明朝的东部防线，使朝鲜逐步地脱离明朝，限制了朝鲜配合明军的作战，这是后金在政治上取得的重大胜利。由于通过签订条约对朝鲜形成约束力，从此后金可以专心致力于对明的战争。

---

① 《清太宗文皇帝实录》卷 2，天聪元年三月辛巳。

② 《朝鲜仁祖实录》卷 15，五年三月庚寅。

③ 《朝鲜仁祖实录》卷 15，五年三月戊子。

④ 李廷龟：《月沙先生集》附录卷 2，《行状》，《韩国文集丛刊》第 70 册，第 449 页。

第二节　后金、明朝持续对峙与朝鲜对两者的态度

为了与明朝争夺全国的统治权，后金天聪政权建立后，对明王朝发动两次大规模的征伐战争，沉重地打击了病入膏肓、摇摇欲坠的明朝政权，加速了明朝的灭亡。在明金战争过程中，尽管后金已经通过战争与朝鲜结成了“兄弟关系”，但朝鲜仁祖政权并未从心理上接受“夷狄”女真人，而是仍然尊重明朝轻视后金，并没有以对待明朝使臣的礼仪来对待后金使臣，这自然为双方再起争端埋下了伏笔。

一、后金对明的和谈与战争并行

在天聪政权对明发动战争之前，皇太极与明朝举行了一系列和谈活动，借此迷惑明朝，使明不能及时援朝，从而为后金的顺利进军赢得时间；而一旦时机成熟，皇太极即果断地对明朝发动大规模的战争。

（一）皇太极与明朝举行和谈

皇太极即位后，针对后金、明朝、蒙古、朝鲜的形势，采纳了汉族官员大学士范文程的缓兵建议，决定与明朝开展和谈，所谓“伐明之策，宜先以书议和，俟彼不从，执以为辞，乘衅而入，可以得志”[①]。即皇太极表面上要与明朝举行议和，实际上是麻痹明朝，想争取时间，用兵朝鲜，俟时机成熟，再同明朝展开决战。

与此同时，正与后金作战的明宁远总兵袁崇焕，在其升任辽东巡抚后，为了逐步收复辽东失地，提出“且守且战，且筑且屯……坚壁清野以为体，乘间击瑕以为用”[②]的策略，也在积极谋划与后金议和，以做与后金持久战争的准备。后金天命十一年（1626）十月十三日，以吊祭努尔哈赤去世、祝贺皇太极即位为借口，袁崇焕派遣李喇嘛及都司傅有爵、田成等34人“来吊太祖（努尔哈赤）丧，并贺上即位”[③]。袁崇焕此次之所以主动派人到后金

① （清）赵尔巽等撰：《清史稿》卷2，本纪二，《太宗本纪》一。
② （清）张廷玉：《明史》卷259，列传147，《袁崇焕传》。
③ 《清太宗文皇帝实录》卷1，天命十一年十月丙辰。

示好，有三个意图，一是“侦其虚实”，借机刺探后金的内部情况；二来离间努尔哈赤“诸子与夷上下”的关系，造成内部的混乱；三是“谕其毋仍前叛逆，束手归命，听朝廷处分”[①]，企图从声势上压制后金。

皇太极清楚袁崇焕并无真心议和之诚意，于是将计就计，热情礼遇明朝使臣，并于十一月十六日派使臣方吉纳、温塔石等带着礼物、书信回访袁崇焕。书曰：“大满洲国皇帝致书大明国袁巡抚：尔停息干戈，遣李喇嘛等来吊丧，并贺新君即位。我亦无别意，既以礼来，当以礼往，故遣官致谢。至两国和好之事，前皇考往宁远时，曾致玺书于尔袁巡抚，未见回答。今汝主如答前书，欲两国和好，我当观其书词答之，凡有言词，须实吐衷情，勿事文饰。”[②]而由于皇太极的书信封面写有“大满洲国”字样，袁崇焕表示难以接受，“不便奏闻”[③]，于是连书信也没有拆封，就让使臣将原信带回。这样双方的第一次接触无果而终。

由于皇太极此时要用兵朝鲜，为了避免两线作战，他需要暂停对明的战争，以专意伐朝，所谓“我大清兵将讨朝鲜，欲因此阻其兵，得一意南下”[④]，故天聪元年（1627）正月，皇太极再次派使臣方吉纳、温塔石前去明军驻地，以“满洲国汗”的名义致书袁崇焕。在这封信中，皇太极态度非常强硬，他指责后金与明的战争完全是由于明朝对女真人的压迫而引起的“陵辱已极，不堪容忍，是以兴师”，表明后金对明的新“七大恨”，要求明朝方面“以黄金十万两，白银百万两，缎匹百万，毛青西蓝布千万匹”作为和好之礼，每年以“黄金一万两，白银十万两，缎十万匹，毛青西蓝布三十万匹”作为往来条件，并“誓诸天地，永归和好”，[⑤]否则后金将与明朝兵戈相见。袁崇焕欲利用议和拖延时间，以便趁机修复锦州、大凌河等城，于是三月，袁崇焕派遣使臣杜明忠，携带自己以及李喇嘛给皇太极的回信，前去沈阳。在信中，袁崇焕逐条驳斥皇太极的所谓“七恨”的说法，拒绝皇太极的赔偿要求，转而谴责后金一面与明朝往来，另一面却兴兵朝鲜，属“言不由

---

① 《三朝辽事实录》卷 16，天启六年十二月条。
② （清）蒋良骐：《东华录》卷 1，天命十一年十一月，齐鲁书社 2005 年版。
③ 《清太宗文皇帝实录》卷 1，天命十一年十二月丙寅。
④ （清）张廷玉：《明史》卷 259，列传 147，《袁崇焕传》。
⑤ 《满文老档》太宗皇帝第 1 函，第 1 册，天聪元年正月初八日，第 807 ～ 808 页。

衷”，要求后金兵即速撤回，“以明汗之盛德”。[①]

四月，袁崇焕被明廷任命为兵部尚书兼右副都御使，督师蓟辽，兼督登、莱、天津军务。在熹宗天启皇帝的支持下，作为明朝辽东主管的袁崇焕抓紧修复塔山、大小凌河、锦州等地的军事防御工事，做好同后金长期作战的准备。袁崇焕在给熹宗的奏疏中，表述自己的意图，曰：“锦州、中左、大凌三城，修筑必不可已。业移商民，广开屯种。倘城不完而敌至，势必撤还，是弃垂成功也。故乘敌有事江东，姑以和之说缓之。敌知，则三城已还，战守又在关门四百里外，金汤益固矣！”[②]当月，皇太极通过明使杜明忠致书袁崇焕。在书信中，针对以前的和谈条件，皇太极做了一定程度的让步，表现在：礼物方面“酌减”一半；往来文书格式“循礼而行，书明帝比天字低一格，书我比明帝低一格，书明国臣工比我低一格”[③]。但是，皇太极向明朝提出议和的先决条件，是双方划分疆域，所谓“先分地段，从何处为明地，从何处为诸申地，各修各地”；同时，针对袁崇焕加紧修筑军事防御一事，皇太极指责袁崇焕表面讲和，私下备战，认为是明朝方面不讲信用，“一面遣使议和，一面急修城垣……诈称议和，乘机筑城耳”。[④]

对于皇太极提出的议和条件以及进行的指责，袁崇焕并未理睬，而是在复信中提到朝鲜问题，抗议后金入侵朝鲜，要求皇太极从朝鲜撤军。对此，皇太极马上回复袁崇焕，表明后金并非“无故而征朝鲜”，列举出朝鲜方面多次与后金作对的事实，“自始至终，与我为难。我犹迟之数年，彼卒不悔罪求和，我乃兴师致讨”[⑤]，声称后金是在多次忍让之后才最终出兵攻打朝鲜。袁崇焕并不接受皇太极的此番解释，没有复信，于是双方中止了和谈。

后来，天聪二年（1628）正月，皇太极曾借明天启皇帝去世、崇祯帝即位之机会，派遣使臣前往宁远下书，阐明战争给双方带来了灾难，表达“欲通两国之好，共图太平”[⑥]的愿望，希望恢复相互的使臣往来，要求重新恢复中断的和谈。但明朝方面对此没有给予任何回复。

① 《满文老档》太宗皇帝第 1 函，第 2 册，天聪元年三月初五日，第 815 ～ 816 页。
② （清）张廷玉：《明史》卷 259，列传 147，《袁崇焕传》。
③ 《满文老档》太宗皇帝第 1 函，第 2 册，天聪元年四月初八日，第 821 页。
④ 《满文老档》太宗皇帝第 1 函，第 3 册，天聪元年四月，第 824 页。
⑤ 《清太宗文皇帝实录》卷 3，天聪元年四月甲辰。
⑥ 《清太宗文皇帝实录》卷 4，天聪二年正月甲子。

天聪三年（1629），皇太极又多次致书袁崇焕及明朝大臣，开展议和活动。双方书信往来情况见下表[①]：

时间	人员往来	书信往来对象	书信内容
正月十三日	后金生员郑信、把总任大良	皇太极致书袁崇焕	解释征朝鲜一事
二月二十八日	后金郑信、任大良	皇太极致书明朝执政大臣	说明征伐辽东的原因
闰四月初二日	明使杜明仲	袁崇焕复信皇太极	议和事、边务事
闰四月二十五日	后金白喇嘛	皇太极致书袁崇焕	提出议和的边界
六月二十日	后金图鲁什	皇太极致书袁崇焕	试探明朝是否有诚心议和之意
六月二十七日	后金图鲁什	皇太极致书袁崇焕	商谈议和之事
七月初三日	后金白喇嘛	袁崇焕复信皇太极	就划分边界问题进行交涉
七月初十日	后金任大良	皇太极致书袁崇焕	商讨边界领土问题
七月十六日	明朝赵登科	袁崇焕致书皇太极	指责皇太极并非诚信和谈
七月十八日	明朝赵登科	皇太极致书明朝大臣	说明明朝廷并不真心议和

综观明朝与后金双方的和谈过程，双方各有自己的盘算。自诩为“天朝”而视后金为“东夷”的明王朝，不可能真心同后金议和，这只不过是缓兵之策，通过拖住后金，可以为明军加紧修筑城池、训练士兵争取时间，所谓“崇焕欲藉是修故疆，持愈力”[②]。从后金方面而言，他们对于和谈也毫无诚意，同样是在实行缓兵之策。皇太极之所以与明朝多次举行和谈，是出于以下几种实际考虑，一是想借外交胜利来巩固自己的新汗地位，二是为了集中精力东向进攻朝鲜，三是可麻痹明朝、暗中修筑城池发展军事，四是在政治上争取主动，取得社会舆论的同情和支持，五是，如果与明和谈成功，则可从明获得大量的物质财富，这有助于增强后金国的经济实力，而且这也不

---

① 表中内容来源于《满文老档》太宗皇帝第3函，第16～17册，第930～940页。

② （清）张廷玉：《明史》卷259，列传147，《袁崇焕传》。

影响一旦后金实力强大即可兴兵伐明的战略目标。因此，皇太极多次致书明朝，不惜以降低规格为条件，诱使明朝与之缔结和约。但是，尽管谈了三年，派遣使臣通信多次，却未取得预期效果。在此情况下，皇太极决定对明朝诉诸武力。

（二）皇太极首次大规模征明

早在努尔哈赤在世时，就率军向辽西进军，想一举攻下山海关，为进入中原打开关门，不料在宁远一战中，努尔哈赤遭受重创，被迫撤退。皇太极继承汗位后，在与明朝和谈不能取得实质性进展的情况下，转而对明继续用兵，于是在辽西地区，后金与明朝展开长期的拉锯战。此时，明王朝内部爆发反抗封建统治的农民大起义，战争烈火正成燎原之势，迅速蔓延整个明王朝。在农民起义大风暴面前，明朝的统治摇摇欲坠。

由于后金已经通过战争使朝鲜成为“兄弟之邦”，这在一定程度上解除了后金全力征明的后顾之忧，于是早在天聪元年（1627）五月六日，皇太极就以明军在锦州、大凌河、小凌河筑城屯田没有和谈诚意为借口，亲自率领诸贝勒及众将士，开始了其执政后首次大规模征明的军事战争。后金军首先由上榆林至辽河驻营，接着直趋大凌河，明朝守城兵将闻风而逃，后金兵追杀至锦州城下，包围了锦州城。五月十一日，皇太极领兵围攻锦州城，在此，皇太极“以战求和”①，一边对锦州监军太监纪用提出求和，所谓“讲信修睦，共享太平，岂不甚美”②，一边对锦州城发动猛攻。明朝守城将领赵率教、左辅、朱梅等率军顽强抵抗，后金军久攻不下，“垂克，明援兵至”，于是皇太极将兵“退五里而营”③，转而进攻宁远。此时，明朝镇守宁远的总兵袁崇焕早已利用后金对朝战争的间隙，在宁远、锦州一带构筑起了一道防线。在袁崇焕的亲自指挥下，明军运用大炮，给后金军以迎头痛击。宁远攻不下，皇太极又回师锦州，在捕获明宁远巡抚袁崇焕的信使，击溃来自明朝塔山、宁远等地援兵的基础上，皇太极对孤城锦州的守军发动心理攻势，招降官吏军民曰：“（后金）未攻城之前，缒城出降，我必使尔室家完聚。有

① 袁闾琨等：《清代前史》，第642页。
② 《清太宗文皇帝实录》卷3，天聪元年五月丁丑。
③ （清）赵尔巽等撰：《清史稿》卷2，本纪2，《太宗本纪》一。

官职者，自当优叙恩养。”[①] 由于锦州总兵赵率教据守城池，拒绝议和，因而皇太极的和谈目的未能达到。于是，在付出沉重代价后，皇太极决定撤退。对此，皇太极非常郁闷，他感慨地说：“昔皇考太祖攻宁远不克；今我攻锦州又未克，似此野战之兵，尚不能胜，其何以张我国威耶！”[②] 这样，皇太极的首次征明行动，就以后金军损伤大批士卒而明军取得“宁锦大捷”的结局而宣告结束。正如袁崇焕在给朝廷的奏疏中所言：“十年来尽天下之兵，未尝敢与奴战，合马交锋。今始一刀一枪拼命，不知有夷之凶狠骠悍。职复凭堞大呼，分路进追。诸军愤恨此贼，一战挫之。”而天启皇帝也批示：“十年积弱，今日一旦挫其狂锋”[③]，对明军予以嘉奖。

此时明朝的当权者是宦官魏忠贤，由于党派之间的对立，尽管袁崇焕战绩显赫，但仍遭到阉党的恶意中伤，魏忠贤以袁崇焕固守宁远而不去解围锦州为理由上表予以弹劾，于是袁崇焕被罢官。天启七年（1627），明朝帝位发生变化。八月二十二日，天启皇帝朱由校去世，八月二十六日，其弟朱由检颁布即位诏书，向天下臣民宣告曰：“仰遵遗诏，于八月二十四日祗告天地，即皇帝位。”[④] 此即为崇祯皇帝。崇祯皇帝即位后，重用东林党人，清除魏忠贤及其余党。崇祯元年（1628）四月，在朝廷大臣的建议下，崇祯帝重新起用袁崇焕，任命为兵部尚书、右副都御史，督师蓟辽兼督登莱天津军务，全权负责辽东军事事务。

自宁远战役取得胜利后，袁崇焕颇为自负，认为后金可指日攻下。当袁崇焕再次被崇祯皇帝启用时，他在崇祯帝面前夸下海口，声称五年之内可消灭后金，稳定辽东局势。为了实现“五年平辽”的目标，袁崇焕积极主张与后金议和；对于同后金议和一事，袁崇焕在崇祯即位后，曾提出战略，“守为正著，战为奇著，和为旁著”[⑤]，这一点被崇祯皇帝所采纳。而后金提出的条件之一就是要求明朝首先除掉毛文龙，因为皇太极考虑到，假设袁崇焕与毛文龙联手抗击后金，则对后金是非常不利的，皇太极意在“除臣（毛文

---

① 《清太宗文皇帝实录》卷 3，天聪元年五月癸未。
② 《清太宗文皇帝实录》卷 3，天聪元年五月癸巳。
③ 《三朝辽事实录》卷 17，天启七年六月初七日。
④ 《崇祯长编》卷 1，天启七年八月丁巳。
⑤ （清）张廷玉：《明史》卷 259，列传 147，《袁崇焕传》。

龙）之掣尾以窥关”[①] 达到更大的目标，因而就提出这一条件。而袁崇焕不明就里，他还指望通过杀死毛文龙，满足后金的愿望，从而实现辽东的平定。此时正值毛文龙屯驻朝鲜皮岛，骄横专制，虚报兵额，冒领朝廷粮饷，“岁糜饷无算；且惟务广招商贾，贩易禁物，名济朝鲜，实阑出塞”[②]，危害极大。于是，崇祯二年（1629）六月六日，袁崇焕以“十二斩罪”杀死了毛文龙。[③]

关于毛文龙是否由于“私通外番（后金）”而导致最终被杀，史学界有多位学者进行探讨，一说是毛文龙确实有投降后金的阴谋，只不过未来得及实现，所谓“毛文龙接受了后金的招降活动，与之秘密通款；最后导致毛文龙的被杀，也是因为毛文龙阴谋降金的重大事实被袁崇焕所发觉”[④]；一说“所谓的毛文龙通敌说法，根本站不住脚”[⑤]。笔者认为，根据史料记载，明将毛文龙确实与后金接触过，例如，天命十一年夏五月，“奴贼移书于毛文龙”[⑥] 进行劝降；又如，“天命十一年闰六月，毛文龙遣二人前来讲和”，天聪二年正月至四月，“毛文龙来书”七封[⑦]，但是对于毛文龙此举，应看作与袁崇焕对后金议和性质是一样的，袁崇焕因此事对毛文龙以“通敌卖国”论罪，纯粹属于找借口。毛文龙并非私通后金，这一点，其驻军的朝鲜国有清楚认识，“其（毛文龙）不与奴通明矣”[⑧]。毛文龙被杀，主要根源还在于党争，因为毛文龙与袁崇焕分别代表两派不同的势力。彼时魏忠贤阉党与东林党党争激烈，毛文龙与阉党关系密切，而袁崇焕的座师是东林党领袖，两个党派互相倾轧，彼此争斗，于是在东林党人的授意下，袁崇焕借机处掉桀骜不驯的毛文龙，间接打击了阉党势力。在此，需要指出的是，对于毛文龙的抗金作用，我们不能轻易否定，而应给予高度评价。

---

① （明）毛承斗辑：《东江疏揭塘报节抄》卷 8，崇祯二年正月二十日具奏，《明末清初史料选刊》，第 129 页。

② （清）张廷玉：《明史》卷 259，列传 147，《毛文龙传》。

③ 参见（清）张廷玉：《明史》卷 259，列传 147，《袁崇焕传》。

④ 陈生玺：《关于毛文龙之死》，《社会科学辑刊》1983 年第 2 期。

⑤ 尹韵公：《袁崇焕诛毛文龙案考》，《社会科学战线》1990 年第 1 期。

⑥ 赵庆男：《乱中杂录》六，《清入关前史料选辑》第三辑，第 300 页。

⑦ 《满洲秘档》，《毛文龙遣使求和》条，《毛文龙来书》条，《近代中国史料丛刊》第十一辑，第 112 页，第 133 ～ 142 页。

⑧ 《朝鲜仁祖实录》卷 15，五年正月辛卯。

杀死毛文龙后，袁崇焕命毛文龙的儿子毛承祚、副将陈继盛、参将徐敷奏、游击刘兴祚分别统率军队，并命陈继盛代理毛文龙主持军务。但由于失去主帅毛文龙，人心涣散，“心渐携，益不可用，其后致有叛去者”[①]，部将孔有德、耿仲明投降后金，这极大地削弱了明朝在皮岛的力量。孔有德、耿仲明，均为辽东人，原属皮岛毛文龙部。毛文龙被杀后，两人首先离开皮岛，投奔明山东登莱巡抚孙元化；后来因不堪孙元化的凌辱，于是在崇祯六年（1633）五月，投降了后金。皇太极优礼相待两人，“封孔有德为都元帅、耿仲明为总兵官，赐之敕印”[②]。十月，孔有德与耿仲明的密友、明广鹿岛副将尚可喜叛明来归，“广岛、长山两岛，共男子一千四百五名、妇女幼丁二千四百六十六人”[③]。后金汗皇太极大喜过望，“尚副将携民来归，非以我国衣食有余也，承天眷佑，彼自来附”[④]，于是极力优待三人，封予爵号，这就是时称的归顺三汉王。这样，孔、耿、尚相继叛明，使明朝用以牵制后金的辽东沿海防线土崩瓦解，从此一个抗金基地不复存在，从而后金在同明朝进行的斗争中打开了更广阔的道路。[⑤]

因此，袁崇焕诛杀毛文龙，对明朝、对袁崇焕而言，都是失策的，因为毛文龙的死去，使明朝失去牵制后金的重要海上防线，客观上帮了后金的大忙，为后金解除了后顾之忧；对袁崇焕而言，也造就了其个人的悲剧，“（袁氏）杀岛帅（毛文龙），适所以自杀也”[⑥]，日后袁崇焕被崇祯皇帝处死，很重要的一个原因就是当时他未经崇祯帝批示，擅自杀死毛文龙，因为崇祯帝在得知毛文龙被袁崇焕杀死的消息时非常惊讶，“意殊骇”，只不过“念（文龙）既死，且方倚崇焕，乃优旨褒答”[⑦]；但是，对于袁崇焕的擅权行为，崇祯帝难以忘怀。关于这一点，连当时的朝鲜也有所认识，即“其后崇焕得罪，盖以是媒孽云”[⑧]，最终此事在一定程度上造成了袁崇焕的悲剧命运。而

---

① （清）张廷玉：《明史》卷259，列传147，《袁崇焕传》。
② 《清太宗文皇帝实录》卷14，天聪七年六月癸酉。
③ 《清太宗文皇帝实录》卷17，天聪八年二月辛酉。
④ （清）赵尔巽等撰：《清史稿》卷234，列传21，《尚可喜传》。
⑤ 孙文良、李治亭：《清太宗全传》，江苏教育出版社2005年版，第280页。
⑥ （明）谈迁：《国榷》卷90，崇祯二年六月戊午“谈迁曰”条，第5488页。
⑦ （清）张廷玉：《明史》卷259，列传147，《袁崇焕传》。
⑧ 《朝鲜光海君修正日记》卷167，十三年七月乙丑。

从后金方面而言，彼时毛文龙的被杀，是后金的一大胜利，因为毛文龙盘踞东江，是牵制后金军事力量的重要因素，对后金有很大的威慑力，当年天启皇帝曾褒奖毛文龙曰："尔海外孤军尤关犄角……实尔设奇制胜之功，朕甚嘉焉。"[①] 作为明朝设在后金后方的一颗"钉子"，善用计谋的皇太极假袁崇焕之手将其除掉，这为后金加速征明扫除了重要的壁垒，从此以后，后金可以肆无忌惮地长驱南下，而无后顾之忧。

虽然毛文龙被清除，但皇太极更担心的是袁崇焕，因为袁崇焕扼守的宁远城，是后金进入山海关的极大障碍。于是，天聪三年（1629）十月二日，皇太极亲率八旗大军，以"蒙古喀喇沁部落台吉布尔噶都，曾受赏于明，熟识路径，用为进兵向导"，分道从大安口、龙井关、洪山口入塞，即"贝勒济尔哈朗、岳讬，率右翼四旗兵及右翼蒙古诸贝勒兵，于二十六日夜半进攻大安口，至遵化城合军……又命贝勒阿巴泰、阿济格，率左翼四旗兵及左翼蒙古诸贝勒兵，从龙井关攻入"。[②] 攻克遵化城后，后金军兵临燕京城下。二十九日，明蓟辽督师袁崇焕从宁远回师，驰援京城，先后取得广渠门、左安门战役的胜利。

由于攻占北京受阻，于是皇太极采用大学士范文程的建议，实施了一条针对袁崇焕的"反间计"。同年十一月二十九日，皇太极遣副将高鸿中、参将鲍成先故意耳语于从明朝方面抓来的太监杨春、王成德二人，称皇太极与"袁巡抚有密约，此事可立就矣"[③]，即一旦时机成熟，袁崇焕将引导后金攻打明朝京师。然后后金设计把这两个太监放回明朝，这两个太监自然把听到的内容报告了崇祯皇帝。崇祯皇帝生性刚愎自用，好猜忌，他在任期间，官吏像走马灯似的频繁更换。崇祯帝本来就对袁崇焕擅杀毛文龙一事耿耿于怀，这次得知袁崇焕竟然私通后金，非常愤怒，于是十二月一日，崇祯帝借平台召见之机，下令逮捕袁崇焕。次年八月，"磔崇焕于市，兄弟妻子流三千里，籍其家"[④]。

前文已述，毛文龙的存在，一度对后金是一个极大的威胁，而袁崇焕

---

① 《三朝辽事实录》卷 14，天启五年正月条。

② 《清太宗文皇帝实录》卷 5，天聪三年十月癸丑、乙亥。

③ （清）王先谦：《东华录》，天聪三年十一月壬午。

④ （清）张廷玉：《明史》卷 259，列传 147，《袁崇焕传》。

筑守的宁锦防线又令皇太极难以攻破，因而皇太极对毛文龙与袁崇焕颇为忌惮；而通过明朝内部的党争，以及皇太极施行的“反间计”，毛文龙与袁崇焕双双被杀，这对皇太极而言，是非常有利的，因为它扫除了后金军队对明作战的重要障碍。

关于袁崇焕在辽东防线中的地位，以及他的被害给明朝所带来的严重后果，阎崇年曾有一番评价，说：“明朝为辽东边事，错杀了两个人，一个是努尔哈赤的父亲塔克世，另一个是蓟辽督师袁崇焕。前者，努尔哈赤含恨起兵，成为明亡清兴的历史关节点；后者，朱由检自毁长城，加速了明朝的灭亡——‘自崇焕死，边事益无人，明亡征决矣’。”[①] 袁崇焕被杀后，其部将满桂总督入卫京师的各路援军，不久满桂战败而死，总兵官黑云龙、麻登云等投降了后金。

应该说，此次征明，后金取得了一定的胜利，具体表现在：后金清除了对明作战的两颗重要钉子——毛文龙与袁崇焕，并随后接连攻占了明朝的遵化、永平、滦州、迁安等军事重镇；但是，同时也应指出的是，对明战争同样使后金军付出了士兵伤亡及财产损失的巨大代价。作为后金汗的皇太极认识到，要想确立后金在中原地区的统治地位，这并非短时期内所能达到的；于是当年十一月末，皇太极在留下一封致崇祯帝的议和信后，率领后金军队返回沈阳。

（三）皇太极率军第二次征明

皇太极率后金兵撤退不久，明崇祯皇帝重新起用孙承宗督理军务。孙承宗上任后，很快收复后金兵占领的遵化、永平、滦州、迁安等城池。为整顿辽西防务，后金天聪五年（1631）七月，孙承宗派“总兵祖大寿与何可刚等副将十四员，率山海关外八城兵，并修城夫役，兴筑大凌河城（位于今锦州东约 15 公里）”[②]，以与锦州防线相衔接。

后金汗皇太极认为，在后金与明的作战中，明军之所以能够取得一定的胜利，主要原因在于拥有西洋大炮。于是，皇太极令总兵官额驸佟养性设计

---

① 阎崇年：《袁崇焕传》，“自序”，中华书局 2005 年版。

② 《清太宗文皇帝实录》卷 9，天聪五年七月癸巳。

招徕明朝的制炮工，铸造红衣大炮[①]，并令明朝降将反复演练使用之法。后来的实践证明，红衣大炮在后金作战中起到了极为重要的作用，所谓“若非用红衣大炮击攻，则于子章台，必不易克……久围大凌河，克成厥功者，皆因上创造红衣大将军炮故也”[②]。

得知明朝在大凌河筑城的消息后，为了减少后金与明朝作战的障碍，于是当年七月二十七日，皇太极马上统领大军来攻打大凌河城。八月一日，大军驻军旧辽阳河，蒙古诸部落贝勒率兵来会。在此，后金军队兵分两路，一路由贝勒德格类、岳讬、阿济格率兵二万，由义州进发，屯于锦州、大凌河之间；另一路由皇太极亲自率领，由白土场入趋广宁大道，两军相约初六日会军于大凌河。八月六日，两路军会合，开始攻城。尽管此时后金军队已拥有大炮，不再像宁远会战时那样被动挨打，但由于大凌河城城坚墙固，守将祖大寿调度有方，后金军一时难以攻下。

此时，皇太极认识到攻坚不是后金的长处，于是及时调整作战方略，即“攻城恐士卒被伤，不若掘壕筑墙以困之。彼兵若出，我则与战，外援若至，我则迎击，于计为便”[③]。正确的战术是战争取胜的根本，皇太极通过采取坐以待变、围而不攻的策略，截断明朝对大凌河城的支援，使大凌河城成为一座孤城。并且，在这期间，皇太极还先后两次致书祖大寿，陈述后金愿意与明朝议和的意向，表达对祖大寿的欣赏之意，曰：“我实爱慕将军，使我二人和好，故欣然遣使致书。”[④]皇太极意在劝降祖大寿，动摇明军的军心。

在后金军队的长期围困、激战后，十月二十八日，粮草断绝的明总兵祖大寿处决反对议和的副将何可纲，率手下将领投降了皇太极。皇太极以礼相待祖大寿，并收容了归顺的明朝将官。皇太极同诸贝勒对天盟誓，曰：“明总兵官祖大寿、副将刘天禄、张存仁、祖泽润等，今率大凌河城内官员兵民归降。凡此归降将士，如诳诱诛戮，及得其户口之后，复离析其妻子，分散其财物牲畜，天地降谴，夺吾纪算。”祖大寿等誓曰：“若大寿等违心背盟，

---

① 红衣大炮，为西洋人制造，本称作“红夷大炮”，因女真人忌讳“夷”字（明朝对女真等少数民族的称呼），故取谐音为“衣”。

② 《清太宗文皇帝实录》卷10，天聪五年十月壬子。

③ 《清太宗文皇帝实录》卷9，天聪五年八月戊申。

④ 《满洲秘档》，《太宗攻锦州致书祖大寿》、《太宗再致祖大寿书》条，《近代中国史料丛刊》第十一辑，第166～167页。

天地鉴之，殃及其身，死于刀箭之下。”[①]

祖大寿投降后，向皇太极提出攻取锦州之计，皇太极依计而行，命贝勒阿巴泰、岳讬等率队伍配合祖大寿的行动；不料祖大寿一去不归，进入锦州城后，并没有按照既定之约作为内应献出锦州，而是多次致书皇太极，以各种理由推托。实际上，祖大寿是降而复叛，继续与后金作对。对此，皇太极似乎早有预料，他曾对诸贝勒曰：“即彼叛而不来，亦非我等意料不及而误遣也。彼一身耳，叛亦听之。若不纵之使往，倘明国别令人入据守锦州、宁远，则事难图矣。”[②]看来，皇太极是做好了两手准备的，他认为，祖大寿即使“叛而不来”，但他入据锦州，较之别人，对后金还是有利的。因而，皇太极复书祖大寿曰：“相约之事，将军不能速成，意寡不敌众故耳。徐为图之，尚须勉励……至于将军计之成否，又何必言。惟速与回音，以副予望。”[③]可以看出，皇太极对祖大寿还是给予了足够的耐心，极力争取祖大寿策反锦州，诚心归降。

后金的军事攻势，极大地震慑了明朝官吏，迫使明朝地方官员主动与后金修好；而后金方面也有其意图，“伐明之策，宜先以书议和，俟彼不从，执以为此，乘衅而入，可以得志”[④]。正是出于这样的动机，天聪六年（1632）六月，后金阿什达尔汉、达雅齐、龙什、卫寨桑四大臣，与明宣府巡抚沈启时、总兵董某缔结盟约曰：“大明国、满洲国，我两国皆欲修好，和睦相处。故刑白马乌牛，誓告天地。若大明先渝盟，则天地谴之，统绝国亡。若满洲先渝盟，则天地谴之，统绝国亡。两国若遵守誓告天地之言，和睦相处，则天地眷佑，至世世子孙，永享太平。”盟誓之后，明官员送给后金使者“金五十两、银五百两、蟒缎五百、毛青及布一千”。[⑤]

尽管明朝与后金订立了盟约，但明廷以“通虏辱国”罪名，将参与与后金签订和约的沈启时等官员革职问罪，并多次拒绝后金汗皇太极的求和书信，因而皇太极加紧对明朝的军事进攻步伐。天聪七年（1633）六月，皇太

① 《清太宗文皇帝实录》卷10，天聪五年十月戊辰。
② 《清太宗文皇帝实录》卷10，天聪五年十一月庚午。
③ 《清太宗文皇帝实录》卷10，天聪五年十一月戊寅。
④ （清）赵尔巽等撰：《清史稿》卷2，本纪二，《太宗本纪》一。
⑤ 《满文老档》太宗皇帝第9函，第56册，天聪六年六月二十八日，第1306页。

极在征明前夕，曾经就“征讨明国及朝鲜、察哈尔三者用兵何先”问题，向各贝勒大臣征求意见。贝勒济尔哈朗、多铎、萨哈廉等都认为，此时朝鲜和察哈尔对后金皆构不成威胁，当务之急是解决明朝问题，以萨哈廉意见为代表，“明与察哈尔、朝鲜三国，若论其缓急，当宽朝鲜，拒察哈尔，而专征明国”[①]。皇太极听从大臣的意见，决定以对明战争为专攻。鉴于旅顺对于后金攻占宁远、锦州的重要性，加之明将孔有德、耿仲明等投降所带来的水师相助，皇太极派遣“兵部贝勒岳讬、户部贝勒德格类率右翼楞额礼、叶臣，左翼伊尔登、昂阿喇，每旗副将一员，每甲喇额真一员，每牛录代子一员，及旧汉军额真石廷柱、都元帅孔有德、总兵官耿仲明，共马步兵万余，往取明旅顺口”[②]。尽管旅顺总兵黄龙组织守城明军顽强抵抗，但在后金兵的强大攻势下，明军节节败退，黄龙自杀，旅顺失陷，后金取得辉煌的胜利，“俘获人五千三百二，马六十七，牛百六十，驴五十，骡四，银二万一千二百两，金二十二两，缎匹三千八十七，缎衣二千七百七十九，布匹二万四千六百八十四，毡七百四十九条，貂裘二，貂褂一，猞猁狲及狐、豹、貉、羊等裘共二十一领，狼褥一，虎、豹、狐、水獭诸皮共七百有奇，弓面四百二，雕翎二十，鳔一箱，人参八箱，水银三斤，杯斛器具共三百五十五件”[③]。后金攻取明朝的战略要地旅顺后，在军事上对明的作战就更加有利。

天聪八年（1634）二月，明朝降将祖可法向后金汗皇太极进言，建议进兵北京山海关乃至北京，以成就大业，所谓“远者北京乃是天下之首，得了此地，谁敢不服？近者山海得了，屯驻兵马，全辽不攻，自然归顺”[④]，皇太极表示认同。十月，在朝鲜“称弟纳贡”、蒙古各部“无不臣服”的情况下，后金完成了对明朝的三面合围之势，皇太极认为此时大举攻明的时机已经成熟，“今为敌者，惟有明国耳”[⑤]，于是入关发动袭击明朝宣府、大同的战役。宣府与大同是明朝时期在西北的两个重镇，且距离明京师不远，地理位置重

① 《清太宗文皇帝实录》卷 14，天聪七年六月戊寅。
② 《清太宗文皇帝实录》卷 14，天聪七年六月己卯。
③ 《清太宗文皇帝实录》卷 14，天聪七年七月甲辰。
④ 《天聪朝臣工奏》，“祖可法请进兵北京山海奏”，转引自《清入关前史料选辑》第二辑，第 112 页。
⑤ 《清太宗文皇帝实录》卷 20，天聪八年十月庚戌。

要。由于明朝抽调力量对付后金，造成宣府与大同防务的空虚，皇太极正是看准了这一薄弱环节，于是对明朝展开新的攻势。后金军渡过辽河，“蹂躏宣（府）、大（同）愈五旬，杀掠无算”[①]，给明朝广大百姓造成无穷的灾难，也进一步透露出明朝政府的腐败无能。

二、朝鲜尊明轻金与后金的反应

“平壤之盟”后，皇太极为安抚朝鲜，厚待朝鲜国王与使节，注重对朝鲜的经济赏赐。如天聪元年（1627）五月，皇太极赐朝鲜国王李倧驼、马、雕鞍、赤金玲珑撒袋、金理带、玲珑腰刀、黑貂裘、靴、袜、黑貂皮等物；赐国王弟李觉鞍马、金玲珑撒袋、玲珑腰刀、金玲珑理带、貂裘、貂皮、蟒衣等物；赐朝鲜侍郎鞍马、蟒衣、猞猁狲裘。其余官员，“各赏鞍马及缎衣等物有差”，以此加强对朝鲜的怀柔。[②]同时，后金不仅仅满足于与朝鲜名义上为“兄弟”，甚至要求朝鲜对后金“内感为父母”[③]，欲将朝鲜纳为臣属，这样的要求自然令朝鲜难以接受，如此一来朝鲜与后金之间所谓的“兄弟关系”名不副实，朝鲜尊重明朝轻视后金，后金则变本加厉，对朝鲜进行政治、军事打压，史载：“立誓之后，贼虽退归，而分三路纵兵大掠，黄海道郡邑，村间无不被其蹂躏。”[④]纵观后金与朝鲜的纷争，主要体现在以下几个方面。

（一）朝鲜继续支持明朝驻军遭到后金谴责

当年后金汗皇太极之所以对朝鲜发动战争，其中的一个目标是要清除明朝在朝鲜的毛文龙驻军力量，但后金的这一愿望没能实现，毛文龙所部并未受到太大的打击，即“奴兵东袭毛帅，锐气未伤”[⑤]，毛文龙盘踞在朝鲜海岛，仍然是威胁后金的重要力量。例如，天聪元年（1627）四月，毛文龙

---

① 《明史纪事本末》补遗，卷6，《东兵入口》。

② 参见《清太宗文皇帝实录》卷3，天聪元年五月戊辰。

③ 赵庆男：《乱中杂录》六，《清入关前史料选辑》第三辑，第312页。

④ 《尊周汇编》草本，纪年第一，仁祖朝一，卷一，第96页。

⑤ 《三朝辽事实录》卷17，天启七年三月条。

经过一番精心准备，组织参将陈继盛、游击曾绍中、毛有贵等在鸭绿江边设伏，联合夹攻，“枪炮乱打，死伤达贼六七千余，打死孤山三名，牛鹿八名，并马骡千有余匹”①，给后金军以重创。因此，后金以继续清算毛文龙势力为理由，留一部分军队驻扎在朝鲜义州城。为此，朝鲜仁祖国王致书后金汗皇太极，称后金的驻军做法“恐非告天立誓、息兵安民之意也”②，请求后金撤走留驻义州的军队，但后金方面并未理会，而是“余众仍留居我地（朝鲜），驱民耕种，四出侵掠，夺取粮谷”③。不过这样一来，后金驻军激起了朝鲜民众的自发反抗，以郑凤寿为首的一部分朝鲜官员与毛文龙联合，接连伏击后金军队。后金为此进行问罪，朝鲜国王则表示民情如此，无法制止，所谓“金兵不即渡江，留我抢掠，本道之人，奋思复仇，既非命令，又难禁抑”④。

当年七月，朝鲜国王派遣使者到后金，督促后金尽快从朝鲜撤兵。皇太极向朝鲜使臣解释，后金兵留驻朝鲜，并非是怀疑朝鲜，主要是考虑到两国的仇隙皆因毛文龙所引起，由于担心毛文龙破坏两国的和议，故“留兵义州者，防毛文龙耳”⑤。皇太极指出，后金从义州撤兵的条件，是朝鲜方面派出军队驻守义州，如此可避免毛文龙军队对义州的侵扰，即“住民与护守之兵，到了义州，我兵即时过江退回。若住民、护兵未到，我兵先回，恐毛贼乘空住扰不便”⑥。为了促使后金从义州撤军，朝鲜仁祖王答应皇太极提出的条件，表示马上会派出军队掌控义州，请后金方面放心，所谓：“尽知贵意，克守和约，共享无疆之福……今贵国有全军撤退之意，即先知贵国敬天践盟之义。我国地方，我自居守，宁有授权他人据守之理？今乘来使之便，设

---

① （明）毛承斗辑：《东江疏揭塘报节抄》卷6，天启七年四月二十日塘报，《明末清初史料选刊》，第94～95页。

② 《朝鲜仁祖实录》卷16，五年四月甲辰。

③ 《满文老档》太宗皇帝第1函，第7册，天聪元年七月初十日，第862页。

④ 李肯翊：《燃藜室记述》卷27，《丁卯虏乱》，《清入关前史料选辑》第一辑，第452页。

⑤ （清）赵尔巽等撰：《清史稿》卷2，本纪二，太宗本纪一。韩国学者全海宗认为，金军留兵朝鲜的目的，除了防范毛文龙，同时也是为了监视朝鲜的动向（全海宗：《丁卯胡乱时的后金军撤兵经纬》，《韩中关系史研究》，一潮阁1974年版，第134页）。笔者认同该观点，因为后金虽通过战争打败了朝鲜，但朝鲜并未彻底归服后金，后金需保持对朝鲜的军事高压态势，才能确保“兄弟盟约”的生效。

⑥ 《朝鲜仁祖实录》卷17，五年八月丁未。

员驻守，坚固疆场，不为边事，烦劳贵国。”[①]既然朝鲜方面允诺派军队接管义州，于是十月，皇太极下令将驻守义州的后金将士全部撤回，将义州城的防务交回朝鲜。为此，朝鲜国王专门派遣使臣朴兰英赍礼物到后金，感谢归还义州一事。

皇太极之所以同意从义州撤兵，自然有其政治层面的考虑。彼时，后金与明朝正处于军事对峙状态，战争进程并不顺利；通过丁卯之役打败朝鲜并与之结成“兄弟关系”，尽管朝鲜并不尊重后金的“兄”地位，但朝鲜毕竟是可以拉拢的力量，皇太极不想因为驻军一事恶化与朝鲜的关系，因此决定做出一些让步。不过后金军队撤兵前，警告朝鲜以后不要允许毛文龙驻军在朝鲜屯田，否则后金必会再次对朝鲜兵戎相见，即“毛将今复下陆，若耕一亩田，则我国决难终守和约，贵国受兵必矣”[②]。朝鲜方面并不以为然，仍然容许毛文龙军兵在龙川、铁山之地居住和耕种，资助其粮食，还对逃到毛文龙处的后金民众予以保护，由此激怒了皇太极，他指责朝鲜违背盟约内容，质问朝鲜国王曰：“如此违天背盟，是王之意耶？抑向南朝众宰臣之意耶？即王自度，与誓相违耶？抑与誓言相符耶？”[③]

朝鲜承受着巨大政治外交压力支持毛文龙所部，但毛文龙的所作所为却令朝鲜方面失望至极，因为此时的毛文龙已不像以往那样积极进取，而是沉湎于个人安乐享受，冒领军功，“杀我（后金）逃亡首级，诈称阵获，欺奏其主”[④]；并且，毛文龙以帮助朝鲜的名义，向朝鲜索要物资，请求明朝廷物质支援，以此满足自己的私欲，所谓“臣屡以米粟布匹，劳给其国，犹恐升斗之水，不足以济涸辙”[⑤]。对于毛文龙军事上的不作为及追求生活奢华，朝鲜备边司在给国王的上书中谈到，毛文龙除了生活上贪图安逸，军队管理方面也不加强军事训练，且体罚士兵；那些走投无路而前去归附的难民，私下里对毛文龙也多有怨言，民心浮动，由此，备边司提出了自己的担忧“以臣观之，万无可忧矣”[⑥]。毛文龙的军队战斗力不强，却时常派出小股部队骚扰

① 《满文老档》太宗皇帝第1函，第8册，天聪元年九月十三日，第868～869页。
② 《朝鲜仁祖实录》卷17，五年九月丁卯。
③ 《承政院日记》卷20，朝鲜仁祖七年三月九日。
④ 罗振玉编：《史料丛刊初编》，“太宗文皇帝日录残卷”，大连馆藏本，第145页。
⑤ （明）毛承斗辑：《东江疏揭塘报节抄》，崇祯二年正月条，《明末清初史料选刊》，第129页。
⑥ 《朝鲜仁祖实录》卷20，七年三月癸未。

后金，在这个过程中，毛文龙经常要求朝鲜军队配合，对此朝鲜方面很不情愿，担心后金会由此报复朝鲜。

天聪三年（1629）五月，毛文龙被袁崇焕杀死后，皮岛军务由陈继盛主持。在皇太极的策反下，驻守皮岛的明军参将刘兴治（原明朝游击刘兴祚之弟），杀死主持皮岛军务的“副总兵陈继盛及钦差通判刘应鹤，自领其众”①，造成皮岛的混乱局面。岛上的居民纷纷外逃，进入朝鲜陆地；朝鲜给予这些难民土地进行耕种，接济他们粮食，阻止这些人投向后金，“投来众金人皆言，朝鲜不与地种，不与粮食，岛民早归我矣”②。后金想趁皮岛大乱的机会，彻底消灭岛上的武装势力，以根除明朝在朝鲜牵制后金的据点；但由于后金兵不善水战，而朝鲜兵擅长水战，后金于是想到向朝鲜寻求帮助，要求朝鲜准备坚固的大船，配备擅水战的舵工，“助我（后金）攻岛”③。后金称此举意在“一以招无依之岛民，一以验贵国之诚伪”④，即考察朝鲜对后金的忠诚度。朝鲜方面认为，“上国（明朝）于我国犹父子也，其父有事其子服役理所当然”，但是，如今后金“借我兵以犯我上国，我其肯从乎”，⑤坚决不肯助兵后金，皇太极为此极为恼怒。

朝鲜不仅给予明朝在朝鲜的驻军以支持，而且还对明朝的其他军事行动予以协助。例如，天聪五年（1631）六月，朝鲜向明军提供军事物资“鸟铳五百柄、铜锅一百口”⑥，以支援明朝对后金军事战争的需要。天聪七年四月，后金接受毛文龙旧将孔有德和耿仲明的投降，为此让朝鲜负责孔、耿所部的粮食问题，即“其协济粮饷，似宜仍仰于贵国也”⑦。朝鲜则以孔、耿是背叛天朝明朝的将领为由置之不理，所谓：“天朝叛将、我国仇贼，方严兵待变，宁有给饷之理？”⑧

对于朝鲜不接济后金军队粮食的行为，皇太极曾遗书朝鲜，声明曰：

---

① 《朝鲜仁祖实录》卷 22，八年四月戊辰。
② 赵庆男：《乱中杂录》八，《清入关前史料选辑》第三辑，第 386 页。
③ 《尊周汇编》草本，纪年第二，仁祖朝二，卷二，第 30 页。
④ 罗振玉编：《史料丛刊初编》，“太宗文皇帝致朝鲜国王书”，第 212 页。
⑤ 宣若海：《沈阳日记》附录，“水使公行状”，《辽海丛书》第八集，辽海书社 1935 年版，第 2845 页。
⑥ 《朝鲜仁祖实录》卷 24，九年六月壬子。
⑦ 《清太宗文皇帝实录》卷 13，天聪七年四月乙亥。
⑧ 《朝鲜仁祖实录》卷 28，十一年四月己丑。

“我国非无粮糗，给此驻守之兵也。道里遥远，输挽为艰，贵国相距甚近，与其输自我国，何如暂就尔处粮糗给之，较为便易。朕思贵国视明为父，输粟者十次，朕既为兄，独不可与一次乎。”皇太极要求朝鲜念及兄弟情份，予以救助。并且，皇太极警告朝鲜不要出兵助明，即“若不速行撤回，构兵实自尔始矣”①，对朝鲜进行威胁。但朝鲜并没有听从后金方面的告诫，依然帮助明军对孔有德、耿仲明进行拦截。在孔、耿投降后金后，“（朝鲜）留我（后金）兵守船，尔国（朝鲜）复攻击一次”②，朝鲜的这种行为，自然遭到后金方面的强烈谴责。

总之，围绕明朝驻军朝鲜问题，后金与朝鲜之间的矛盾积怨越来越深。后金未能借丁卯之役预期荡灭毛文龙军队，战后朝鲜却继续对毛文龙驻军屯田、接纳逃民等行为予以支持；毛文龙被杀后，朝鲜又阻挠岛民投奔后金、拦截投降后金的明朝将领、不肯借船只给后金、不响应后金的粮食要求，这些不配合不支持的行为令后金方面极为不满。

（二）朝鲜继续与明保持封贡关系招致后金反对

早在当年后金军兵临朝鲜王京之下，要求朝鲜脱离与明朝的关系时，朝鲜就曾明确拒绝后金道：“我国之于天朝，义虽君臣，恩犹父子，其不可背义而忘恩也，明矣。”③朝鲜方面表示，自己国家虽然弱小，但素以礼仪之邦著称于世，绝不会背叛明朝。战后，仁祖国王及时上书明廷，对朝鲜迫于后金军事威压缔结“兄弟盟约”一事进行申辩，陈述朝鲜的无奈之举，表达对明朝的一贯忠心，曰：“此贼（指后金）一边进兵，一边求和，凶辞、悖语，不一而足。理宜斥绝不报，决一死战，而第念夷狄禽兽也。得其善言，不足喜；得其恶言，不足怒。”④

在如何处理与明朝及后金关系问题上，朝鲜信守明为君、后金为兄的外交原则，继续臣服于明王朝，把明摆在第一位，后金第二位，与明、与后金都保持友好的政策，所谓“事大交邻，各有其道。今和贵国者，所以交

---

① 《清太宗文皇帝实录》卷14，天聪七年六月丙寅。
② 《清太宗文皇帝实录》卷16，天聪七年十一月甲辰。
③ 《尊周汇编》草本，纪年第一，仁祖朝一，卷一，第39页。
④ 《朝鲜仁祖实录》卷16，五年四月丁酉。

邻也；事皇朝者，所以事大也。斯二者，并行而不相悖耳”[①]。针对朝鲜的尊明情绪，皇太极极力离间朝鲜与明朝的关系，称明朝只以自己为天子，以臣属国和境内民族为下人，百般欺凌，后金忍无可忍，于是“昭告于天，兴兵征讨”。皇太极指出，后金对朝鲜发动战争，是由于朝鲜出兵帮助明朝，加之朝鲜容留逃到朝鲜的女真人，故后金才兴兵问罪；既然朝鲜国王能够及时悔过，与后金议和，那么从今以后两国“但以世好为念，不似明之相欺也”[②]，但朝鲜并不为之所动。

皇太极继续采用各种手法拉拢朝鲜，诋毁明朝，不过朝鲜并不为后金劝诱所动，尊明意识依然强烈，仁祖国王多次派遣使臣赴明，祝贺明崇祯帝即位、庆贺生子等，如朝鲜仁祖六年（1628）二月，朝鲜以“洪霶为进香使、兼陈慰使，韩汝溭为登极使”[③]到明朝京城祝贺崇祯登基；朝鲜仁祖七年（1629）五月，朝鲜国王派往明朝祝贺冬至节的“圣节使宋克訒、书状官申悦道等，奉召敕，还自京师”[④]。

天聪四年（1630）初，随着后金在辽东战争中的受挫，朝鲜对后金的不敬愈发明显。例如，后金使臣英俄尔岱（即朝鲜所称的“龙骨大”）曾指责朝鲜与后金的往来国书中“不书年号只揭帖式”，朝鲜大臣宣若海强硬答复，称当年缔结“兄弟盟约”时并没有规定朝鲜与明王朝解除封贡关系，而是明确约定朝鲜继续使用明朝年号，这一点当时后金方面也表示同意，“今只揭帖式，何不可之有”。[⑤]后金对朝鲜方面的这种亲近明朝、轻视后金的做法，自然是难以接受。

由于朝鲜名正言顺地继续与明朝保持关系，皇太极极不满意朝鲜的厚明薄金行为，致书朝鲜威胁道：“尔若欲助明侵我，我不必自劳心力，止调遣蒙古十万人直驱尔国，尔惟有遁逃海岛而已……”并反复告诫朝鲜国王，“王勿听偏向明国诸臣之言，二心视我”。[⑥]但实际上，朝鲜认为丁卯之役中被后金武力打败与后金结成“兄弟之国”，这只是朝鲜方面的权宜之计，并

① 《尊周汇编》草本，纪年第一，仁祖朝一，卷一，第91页。
② 《清太宗文皇帝实录》卷3，元年五月庚午。
③ 《朝鲜仁祖实录》卷18，六年二月乙未。
④ 《朝鲜仁祖实录》卷20，七年五月丁亥。
⑤ 宣若海：《沈阳日记》附录，《水使公行状》，《辽海丛书》第八集，第2845页。
⑥ （清）王先谦：《东华录》，天聪五年正月壬寅。

非诚心与后金通好，因而朝鲜仍然心系明朝，奉明朝正朔，事大于明朝，朝鲜仁祖王的一番话，即明确表述了朝鲜王朝的态度，“若贵国要我负明，则宁以国毙，断不敢从”[①]，仁祖王指出，朝鲜诚心事大于明朝，这是有历史传承的，自己自然也不敢背叛这一信条。

在后金与明朝作战过程中，后金暂时难以取得胜利；为了防范朝鲜支持明朝，天聪七年（1633）五月，后金将领鲍承先向皇太极建议，应当对朝鲜加以笼络，以便集中力量对抗明朝，所谓“以好言温语裁答，令彼疑心少释，缓彼之提备，我汗得以乘暇，且干要紧好事”[②]。于是当年六月，皇太极采取和谈策略，派遣大臣英俄尔岱前去朝鲜送书“陈请和天朝（明朝）之意，求我（朝鲜）绍介”，请求朝鲜国王调停后金与明朝的战争；但仁祖国王并不相信皇太极诚心议和，谓：“彼之求和，乃是金、元愚宋之计，似非革心新臣事之意也。”[③] 于是将皇太极的来信转给了明朝边将。皇太极获悉消息后异常愤怒，指责朝鲜不仅不以兄弟之礼诚心相待后金，反而却有笑观后金与明朝相斗之意味，所谓“数年以来，静处其间，以观两国之胜败，而内实怀幸祸之意”，皇太极认为，朝鲜既以明国为父，则“当于父前力为调剂，息两国之兵，以成和好，如是则天下立见太平。不惟我两国罢兵休息，即贵国受福，亦不小矣”。[④] 此后，皇太极又多次暗示朝鲜，希望朝鲜国王在后金与明朝之间多做斡旋工作；朝鲜国王虽然表面答应，但之后并“未见回音”[⑤]，皇太极对此很是失望。

朝鲜方面对后金反应冷淡的态度，是与后金的以势压人分不开的。例如，朝鲜国王曾以明朝对朝鲜与后金对朝鲜的态度予以对比，曰：“中朝于我国，至尊也。然且待以殊礼，辞命之间，未尝加以慢辞峻责。我国贡献至薄，而中朝赐赉极厚，此乃辽沈人所明知。奈何贵国终为邻好，而每加以卑侮诋骂？且如今番信使之往，却以非礼，困辱百端，是果待邻国使臣之礼耶？贵使之来，辱我臣僚，尤复礼敬，劫卖横夺，靡有止极。”[⑥] 可见，朝鲜

① 《清太宗文皇帝实录》卷 13，天聪七年二月甲申。
② 《天聪朝臣工奏议》，《鲍承先陈朝鲜事奏》，载《清入关前史料选辑》第二辑，第 68 页。
③ 《承政院日记》，朝鲜仁祖十一年六月十七日。
④ 《清太宗文皇帝实录》卷 14，天聪七年六月丙寅。
⑤ 《清太宗文皇帝实录》卷 18，天聪八年三月甲辰。
⑥ 《朝鲜仁祖实录》卷 32，十四年六月庚寅。

对后金在贡物赏赐、使臣交往等方面的态度非常不满，因而对后金的态度亦愈发不恭。朝鲜往日给后金来书俱用“奉献”，“今却书作‘咨送’”，由此也受到了后金的责备，认为这是朝鲜方面“藐视”[①]后金的表现。到了天聪十年（1636）正月，朝鲜仍然向后金申明单方面事大于明朝之心不改变，谓：“敝邦之臣事明朝，非自今始，君臣大义，一定不移。”[②]朝鲜方面如此表白，自然令后金异常反感。

总之，在丁卯之役中被后金军事打败的朝鲜，由于自认为其经济发展水平、文化发展程度都远超于女真人，加之长期受中国儒家思想影响，“以礼仪闻天下，称之以小中华，而列圣相承，事大一心，恪且勤矣”[③]。因而，朝鲜民众一直轻视女真人，视其为野蛮民族；同时，后金的武力征伐更加深了朝鲜民众对后金的排斥，故朝鲜虽表面上与后金结为“兄弟之邦”，但实际上并不以“兄弟”之礼对待后金，在礼仪活动中处处轻视后金。而后金提出朝鲜要以对待明朝使臣之礼来对待后金使臣的要求，更是令朝鲜民众反感。不过，朝鲜依然与明朝保持传统的封贡关系，并且在外交活动中尊重明朝而轻视后金的做法，进一步加深了后金汗皇太极的愤怒之情，也坚定其彻底战胜朝鲜的决心。

（三）后金指责朝鲜拒绝刷还逃人

关于后金与朝鲜双方的逃人刷还问题，后金与朝鲜在平壤盟约中确定，日后如果有朝鲜人逃到后金，后金即查出送回朝鲜；同样，对于那些逃至朝鲜的“满洲、汉人及阵获朝鲜之人”，朝鲜也要查出后送还后金，否则“互相隐匿，不肯查送，两国和好之事，反复无益云”。[④]按照双方达成的协议，后金先后向朝鲜刷还了几万名朝鲜人。但是，朝鲜却未将逃至朝鲜

① 关嘉录等汉译：《天聪九年档》，“天聪九年十二月二十日”条，天津古籍出版社1987年版，第143页。说明：此材料记载与汉译《满文旧档》中旧满洲档第9册“天聪九年”条（《清初史料丛刊》第二种，辽宁大学历史系，1979年）类似，之所以在不同地方分别使用，是根据不同翻译者的翻译内容，笔者采纳较为准确的说法。之所以使用此二则材料而未使用同时代的《清太宗文皇帝实录》，是由于《清太宗文皇帝实录》中相关内容或记载简略或未记载。

② 《清太宗文皇帝实录》卷27，天聪十年正月壬戌。

③ 《朝鲜仁祖实录》卷32，十四年二月丙申。

④ 《朝鲜仁祖实录》卷16，五年五月乙未。

的“汉人及擒获丽人”进行遣返，个中原因，仁祖国王曾向皇太极致书解释说，对于那些被后金俘虏又冒着生命危险逃回朝鲜的人，朝鲜方面不忍心将他们再送回后金，请后金方面谅解，所谓“我国之人，阵前被掠在贵国者，思念父母乡土，亡命逃归，此乃人子之至情，即上天所矜怜也”①；对于那些因战乱逃到朝鲜的辽东难民，朝鲜则积极予以安抚，即“辽民就食于我国者，男女几至二三十万……移之内地，散处列邑，使之或为商或卖佣或乞食”②。

朝鲜方面的如此做法，自然令皇太极十分生气，于是连续致书斥责，而朝鲜国王也频频复书，解释逃人之事。天聪元年（1627）十二月，皇太极致书朝鲜仁祖，谴责曰：“我两国修好盟誓时，曾议自盟日始，即归还逃亡朝鲜人。然未送还。后朝鲜王之弟由我处归国时曾言，以渡过江日为始，归还逃人等语，亦未见送还。”③ 朝鲜国王复信解释道，朝鲜方面之所以未及时送还逃人，其原因在于，虽然后金列出了逃人名单，但除了因饥饿冻死以及投到毛文龙军营的人外，所剩无几。即使有逃回朝鲜的，但朝鲜方面不忍送还，所谓“为民父母，起初既不能保护，复执而缚送之，心实不忍”④。对此托辞，皇太极并不接受，屡屡责问，朝鲜国王只好连续派使臣赴后金，表示道：“仍谕边臣严查，倘有拿获，即行送还。”⑤

天聪五年（1631）五月，针对逃人刷还问题，皇太极再次致书朝鲜仁祖王予以责备曰：“辽民欲归我来，贵国复给粮阻住，此有意坏我国事矣”，进而认为朝鲜此举无异于助兵明朝，“贵国今日所为，与昔日助兵南朝何异？”⑥ 为了避免朝鲜方面寻找借口，天聪七年二月，皇太极将逃入朝鲜的后金人姓名编成册簿，又派认识逃人的后金人一同前去朝鲜辨认，措辞严厉地谴责道：“我之待尔如此，而尔反致议于我。”⑦ 在后金的压力之下，朝鲜分批归还了部分逃人，不过皇太极仍然责备朝鲜道：“义州撤兵之后，逃走

① 《满文老档》太宗皇帝第1函，第7册，天聪元年七月初十日，第861页。
② 李肯翊：《燃藜室记述》卷27，《毛文龙诛死》，《清入关前史料选辑》第一辑，第460页。
③ 《满文老档》太宗皇帝第1函，第8册，天聪元年十二月初九日，第872～873页。
④ 《满文老档》太宗皇帝第2函，第9册，天聪二年二月初二日，第879页。
⑤ 《满文老档》太宗皇帝第2函，第10册，天聪二年五月二十八日，第887页。
⑥ 罗振玉编：《史料丛刊初编》，《太宗文皇帝致朝鲜国王书》，第211页。
⑦ 《清太宗文皇帝实录》卷13，天聪七年二月丙戌。

人口，一一刷送云，而无一捉送，结和未满数年，背约至此，我岂背尔国之盟乎。”[①]

总之，人口刷还涉及“管土”与“管民”的问题，关系到是否拥有管辖权的主权问题，因而皇太极对此极为重视；不过朝鲜方面并不对等响应后金的举动，即使后金主动刷还朝鲜人，但朝鲜国王却以各种借口不愿将逃至朝鲜的人口归还后金，为此，皇太极对朝鲜在人口刷还问题上的不积极、不作为一直耿耿于怀，多次致信进行指责。

（四）朝鲜与后金在边界地区引发冲突

按照当年朝鲜与后金订立的盟约，双方应“各守封疆，各遵禁约”，两国兵马“更不过鸭绿江一步地”[②]；丁卯之役后，后金汗皇太极致书朝鲜仁祖国王，要求“民有私越两国边境捕猎者，当严查禁止，恐恣意乱行，以滋事端”，朝鲜也回书表示道，“严守疆界，禁绝私越边境之言甚是”。[③]但实际上，双方并未严格遵守这一约定，尤其是朝鲜边民“自盟好以来……屡屡越界省事”[④]，因而冲突也就在所难免。天聪五年（1631）五月，后金将领英俄尔岱等以数百骑袭杀在朝鲜千家庄耕作的汉人数十人，并且抢掠牛畜，反而质问朝鲜宣谕使朴兰英、义州府尹申景珍曰：“尔国容接汉人，何每如是？”[⑤]六月，胡差仲男“率从胡五十余名出来，以不许会宁开市恐吓”[⑥]，骚扰朝鲜边境。尽管如此，皇太极仍对众贝勒不能有效制止朝鲜边民犯越一事而不满，谕斥曰：“朝鲜国人，每年潜入我境，窃采人参，猎取禽兽。事觉，屡谕使臣各严禁人民，勿令越境，卒不从。”[⑦]

针对后金的骚扰，朝鲜国王致书皇太极，指出，“丁卯之事，既已各守封疆，彼此无得过江为约”；但是后金却“无故兴兵，猝入我江，掠夺我舟

① 李肯翊：《燃藜室记述》卷27，《丁卯虏乱》，《清入关前史料选辑》第一辑，第456页。
② 《朝鲜仁祖实录》卷15，五年二月壬子。
③ 《满文老档》太宗皇帝第2函，第10册，天聪二年五月二十三日，第886页。
④ 罗振玉编：《史料丛刊初编》，《太宗文皇帝致朝鲜国王书》，第216页。
⑤ 《朝鲜仁祖实录》卷24，九年五月乙亥、六月庚戌。
⑥ 赵庆男：《乱中杂录》六，《清入关前史料选辑》第三辑，第318页。
⑦ 《清太宗文皇帝实录》卷10，天聪五年闰十一月庚子。

船，驱胁我人民，打开我仓库”。[①] 朝鲜对后金的侵略行为进行指责。后金汗皇太极马上回书，列举朝鲜人的边界违约之事：第一，容纳汉人居于朝鲜海岛，窝藏汉兵，使他们装扮成朝鲜人模样前来后金刺探情况。第二，通过接济粮食的办法，阻止居住在朝鲜海岛的居民归降后金。第三，当年五月，朝鲜十人九马到后金卜儿哈兔地方打猎，被后金兵捉住四人，其余六人逃散。第四，当年九月，朝鲜人到后金灰扒地方挖参，与后金人发生冲突，朝鲜五人被杀；朝鲜人到宽甸挖参，被后金人抓住。凡此种种，皇太极认为是朝鲜人“屡屡越界生事”，而后金并无一人越界，故而双方的边界冲突“皆由王致，我何与焉”。[②]

天聪七年（1633）八月，因朝鲜人边境犯越问题，皇太极责备朝鲜国王曰：“自定盟以来，我国人曾有擅入贵境者否？贵国之人，频入我边，一次为扎弩擒获放还，一次为我边人逐去，今又有贵国步行者二人、骑马者三人，入我布儿哈图地方，边人擒获解来。三乘马者，中道逸去，止以二步行者，送还贵国。越境情由，王询二人自知也。”[③] 天聪九年七月，皇太极派使臣赴朝，严厉谴责朝鲜边民犯边事，并督促朝鲜国王加强对边民的管理，即“每有贵国之人潜入吾境采挖人参，距吾原籍兴京城仅五六十里。吾巡查官兵处处遇之，每欲抓捕，则必抵拒，故有以刀箭杀之者，亦有逃脱者。王之边民乱行者多矣，此非两国和好之善事也，王宜严加禁止”[④]。为此，朝鲜国王回书后金汗，解释本国边民违法采参的举动难于管理，“我国法度，鞭之莫及”，尽管也曾采取严厉措施，“每次解还之人，皆带之边界杀之”，[⑤] 但收效甚微，朝鲜边民越境采参问题依然突出，双方在边境地区经常产生摩擦。十月，皇太极又送文书给朝鲜国王，指责朝鲜边民私自到后金地面采挖人参、捕鱼打牲是破坏盟约和违背信义的行为，告诫朝鲜国王“巧言推脱，并非善策”[⑥]。为此，朝鲜国王一方面派边境大臣严加制止边民的私自犯越行

① 《朝鲜仁祖实录》卷 25，九年闰十一月辛酉。
② 《朝鲜仁祖实录》卷 25，九年闰十一月辛酉。
③ 《清太宗文皇帝实录》卷 15，天聪七年八月乙丑。
④ 关嘉录等汉译：《天聪九年档》，“天聪九年七月二十五日”条，第 91 页。
⑤ 关嘉录等汉译：《天聪九年档》，“天聪九年九月初十日”条，第 115 页。
⑥ 汉译《满文旧档》，“天聪九年十月二十五”条，《旧满洲档》第 9 册，《清初史料丛刊》第二种，辽宁大学历史系，1979 年，第 140 页。

为，另一方面，于十二月致书后金汗表示歉意道："因我用法不严，在边境有这样错误违法的事。"[①]

总之，由于朝鲜方面对于其边民犯越后金边境一事处置不力，而屡屡受到皇太极的诘责："王之属民每与逃入我国之尔国东界边民私易各种皮张，我国之人曾有如此私相贸易、祸乱滋事者耶？"皇太极甚至严厉指出："非尔先起衅端而我先起衅端耶？"[②] 这说明，朝鲜与后金的边境冲突问题长期存在，而这也成为皇太极再次发动对朝鲜军事战争的诱因。

（五）朝鲜不配合互市贸易激起后金怨恨

作为渔猎民族的女真人不擅长农耕，加之长期的军事作战，导致粮食、布匹匮乏，铁器、耕牛、马匹十分短缺；为了解决后金国内经济匮乏之危机，因此江都盟誓之后，后金迫切需要与朝鲜在边境地区开市贸易，以换取生产、生活物资。而朝鲜方面的实际情况是，"西路千里之地，墟莽极目，烟火断绝，有何人民货财可以买卖？恐不成开市模样也"，于是仁祖国王推托说："凡开市，必待人民聚集、财货繁阜，然后以所有易所无，交往贸迁，庶几通行无疑。"[③] 表示朝鲜不想与后金开展边境贸易。

天聪元年（1627）十二月，皇太极致书朝鲜国王，曰："两国既和好，若不互相贸易，似乎疏远。"以"我国粮石仅足本国食用。近因蒙古汗不道，蒙古诸贝勒携部众来归者不绝，可想尔等亦闻之。因收养其来归人民，是以米粟不敷"为借口，要求与朝鲜进行互市贸易换取粮食，"惟今岁市籴一年，尔能开籴助我，以济窘迫，方见两国结为兄弟之益也"。[④]

朝鲜对于后金方面的迫切需求并不响应，这是由于：第一，朝鲜仍然对与后金签订的不平等条约耿耿于怀，第二，担心上国明朝会怪罪朝鲜与后金开展经济贸易"大义至严，后患至重"[⑤]，故仁祖国王对后金回书曰："贵国以粮不敷，欲向我购之。以邻国之道，不可恝置。"但朝鲜确有实际困难，

① 汉译《满文旧档》，"天聪九年十二月初十"条，《旧满洲档》第9册，《清初史料丛刊》第二种，第149页。

② 关嘉录等汉译：《天聪九年档》，"天聪九年十二月二十日"条，第143页。

③ 《清太宗文皇帝实录》卷3，天聪元年十一月辛巳。

④ 《满文老档》太宗皇帝第1函，第8册，天聪元年十二月初九日，第872页。

⑤ 《朝鲜仁祖实录》卷17，五年十二月戊午。

即“我国兵兴之后，八道骚动，仓库皆空。且去年春雨过多，夏旱太甚，耕种失时，殊为民食忧虑”，因而朝鲜表示，“我国于贵国之事，非不欲尽力，乃缘木求鱼，计无所出”。[①]为达到与朝鲜顺利开市的目的，后金提出“互市与赎取人口并行”方案，即一旦朝鲜同意互市贸易，则后金即允许把那些羁押在其国的朝鲜俘虏让他们的家人赎回。在这种情况下，加之当年的江都和约中有后金与朝鲜“开市中江（鸭绿江的江中岛）”[②]的规定，于是仁祖国王复信皇太极，“今仅得米三千石，以副贵国之意。又欲在义州江通商。令内外商人及西边两道遗民之愿赎其父母妻子者，各出米谷财物以往。贵国市粜之议，仅此而已矣”[③]，同意开市贸易。关于这三千石米，朝鲜声明，其中一千石用于市上发卖，二千石赠送给后金，“此乃心意，非常例也”[④]。朝鲜之所以拿出三千石米，并非是出于贸易的目的，而是为了赎还丁卯之役时被掳的朝鲜人，所谓“今此开市及三千石发米之意，专为赎还我人，而外方不知此意，或以为出于赈救胡人之举，则听闻不美。请以此下谕于两西监司，详审措语，俾无失传”[⑤]。当年二月，后金将领英俄尔岱奉皇太极之命，“率胡商，所豆里率守护军来在镇江”[⑥]，与朝鲜在中江地方进行经济贸易。

长期以来，朝鲜人一直鄙视女真人，从心理上轻视他们，而后金政权的军事征伐，更加深了朝鲜人对女真人的仇视情绪，因此，尽管边境贸易已经开设，但朝鲜方面并不积极配合，而是设法抵制。体现在以下几点：

其一，关于互市贸易的时间。朝鲜方面的意见，是每年只是在春季和秋季分别举行一次互市，但后金出于物资需求的考虑，要求在春、夏、秋三季开市，对此朝鲜方面声称很难做到：“不仅力所不能，即财货亦无暇收齐。”[⑦]后来，后金竟然提出一年四季交易，则更令朝鲜难以接受，仍然坚持每年只是春季二月和秋季八月举行两次开市交易，后金方面不能勉强，只能答应下

① 《满文老档》太宗皇帝第 2 函，第 9 册，天聪二年正月二十八日，第 876 页。
② （清）赵尔巽等撰：《清史稿》卷 526，列传 113，属国一，《朝鲜传》。
③ 《满文老档》太宗皇帝第 2 函，第 9 册，天聪二年正月二十八日，第 876 页。
④ 《满文老档》太宗皇帝第 2 函，第 9 册，天聪二年二月初二日，第 878 页。
⑤ 《朝鲜仁祖实录》卷 18，六年正月庚午。
⑥ 《承政院日记》，朝鲜仁祖六年二月二十八日。
⑦ 《满文老档》太宗皇帝第 2 函，第 10 册，天聪二年五月二十八日，第 886 页。

来。但即使如此，后来的义州开市，“止在义州互市二次”[1]，朝鲜就违约中止了贸易。

其二，关于互市贸易物品的质量。朝鲜指出，后金在贸易中将劣质参拿来进行交易，“将累汰之参，交易于安州，事极未妥，决不可从”[2]。后金则指责朝鲜用来贸易的货物质量低劣，所谓“交易货物，甚是不堪，我国估货偿值，反以我为抑勒短少”[3]。对于后金指责朝鲜商人的物品以次充好之事，朝鲜国王承认已经认识到这一点，只好解释说百姓无知“惟利是趋”，尽管政府采取严厉措施加强管理，但无奈收效不大，“民情如此，必有其故，此孤之所以难处者也”[4]，请求后金谅解。

其三，关于互市物品的价格。朝鲜商人指责后金商人交易商品时价格不公平，即“胡人等与我市民买卖之时，论价不平，市民不得发卖”[5]；朝鲜指出，当朝鲜商人到沈阳购货时价格很高，而后金商人到朝鲜王京时则任意压低价格，如此一来，朝鲜商人很受损失。当然，朝鲜也有勒定价格的时候，例如，后金汗曾指责朝鲜曰：“曩定参价一十六两，贵国云，人参我国无用，止给九两，否则止之。”[6]天聪八年（1634）三月，后金汗又致书朝鲜国王，陈述互市问题。在书信中，后金指责朝鲜卖给后金的布帛，“每以一疋断为二三疋，纸则每卷减六七张……以缺半之物，务索全价”[7]。后金要求朝鲜国王，今后贸易时要严加管理货主，防止欺诈行为，不要随意减少交易物品的数量，做到公平交易。对此，朝鲜国王复书解释，由于朝鲜商人不隶属官籍，居无定所，“见利即往，屡申法令，不能禁止”，朝鲜国王表示自己对此事也深恶痛绝，决心“遣部臣查究，以惩将来”。[8]

其四，关于互市贸易物品的种类与数量。后金期望在互市贸易中更多地获得朝鲜的生产、生活等物资，但朝鲜用来交易的产品种类与数量却较

① 《清太宗文皇帝实录》卷15，天聪七年九月癸卯。
② 《朝鲜仁祖实录》卷22，八年二月丁丑。
③ （清）王先谦：《东华录》，天聪七年正月丁未。
④ 《清太宗文皇帝实录》卷15，天聪七年八月庚申。
⑤ 《朝鲜仁祖实录》卷19，六年十二月辛卯。
⑥ 《清太宗文皇帝实录》卷15，天聪七年九月癸卯。
⑦ 《清太宗文皇帝实录》卷18，天聪八年三月戊子。
⑧ 《清太宗文皇帝实录》卷18，天聪八年四月壬午。

少。对此，负责对朝鲜事务的后金大臣英俄尔岱非常失望，曰：“且闻商贾来者，不满三十人，而牛则不来云，以何物货交易乎？”希望朝鲜方面“当送数十差人，先往义州、安州、平壤等地”。[①]但朝鲜方面并未响应，这是因为，朝鲜受壬辰战争及“丁卯胡乱”的创伤甚深，国力残破，事实上并无多少粮粟货物可供开市交易。朝鲜曾上书后金，称北方乃苦寒之地，地瘠民贫，当地老百姓生活困苦，无可交易之物；对此，皇太极并不认同，指出朝鲜以前与其他部族“月月开市，牛布诸物，无所不有”，而今“何与伊通市者偏有，与我通市者偏无耶”；皇太极强调，在开市之前，女真人已经使用牛耕，他们并非单纯依赖朝鲜的耕牛和货物，如今两国既然和好，则彼此交易，其用意在于“通其有无，尽忘间隙，欲享太平”。[②]朝鲜说明，像青布、彩缎一类的物品，这是产自于明朝的，朝鲜不能生产，于是从明朝购来卖于后金，这是后金所知道的，并不是朝鲜故意设难；不过随着明朝对输出货物的严控，朝鲜无法购进汉货，自然就难于在市场上进行此类物品的交易。后金指责朝鲜，两国相互贸易时，朝鲜总是推脱说无货可交易，但在边境地区却常有朝鲜商人与后金“逋逃之民，私相贸易”[③]的现象出现，这自然令后金极为不满。朝鲜国王承认，在边境地区确实有私下交易的商人，对此朝鲜政府也严厉禁止；但由于边境地区的特殊地理环境，“此乃禁之而不得，非纵之而使为也”[④]。

总之，在后金与朝鲜的贸易过程中，双方各执一词，莫衷一是。朝鲜认为后金实行专制贸易，对朝鲜态度非常强硬。例如，英俄尔岱带领三千余人到朝鲜贸易，要求朝鲜方面提供军马所需物资，由于朝鲜安州地方官员并未筹备好所需物品，英俄尔岱“拔佩剑拟兵使”，并“令责立刷马五百余匹”。[⑤]后金则指责朝鲜消极贸易，是想引发战争争端，所谓“惟行互市者，盖为尔贡物渐恶，又不肯照议加增。与其泛然遣使往来，不如息兵互市……今复以永绝为词，是咎在尔而不在我也”[⑥]。对此，朝鲜国王解释，两国相

① 《朝鲜仁祖实录》卷 18，六年三月甲子。
② 赵庆男：《乱中杂录》八，《清入关前史料选辑》第三辑，第 391 页。
③ 《清太宗文皇帝实录》卷 21，天聪八年十二月甲午。
④ 《清太宗文皇帝实录》卷 22，天聪九年正月己卯。
⑤ 《承政院日记》，朝鲜仁祖八年六月二日。
⑥ （清）王先谦：《东华录》，天聪七年二月丙戌。

好，开设互市，各以本地所产进行交易，互通有无，这本是正常之事，但一定要建立在平等交换的基础上；由于后金人强勒物价，抢夺财物，致使朝鲜人没有愿意前去进行交易的，此种情况，是令国王也很为难的“人情之所不愿从，不可抑而行之”[①]。对于朝鲜国王的辩解，后金方面并未理会。

朝鲜与后金的互市贸易争端还体现在是否进一步开设新的互市问题。除了上述中江开市，后金汗皇太极还曾提出在会宁地方进行贸易的要求，曰：“今两国既成一国，中江大开关市。窃思东边之民，原在会宁做市矣。今见此处开市，皆欲往会宁贸易。”[②]朝鲜则不想增加会宁开市，备边司首先令承文院修书答复曰：“两国既与相和，许开中江关市，岂有许此而不许彼之理乎？”只不过朝鲜确有实际困难，中江开市也难以保证，所谓“两西新经兵祸，财畜荡然，中江开市，亦恐无以成形。况于会宁空虚之地，以何人物，得成市贸也”。[③]朝鲜国王也为会宁开市事致书后金汗，书曰：“义州之市，虽已许开，然因战争，民受其害。虽令远近商贾，前往贸易，犹恐不能按期前往。况两处通商，实为敝国力所不能及。不然，宁有许彼不许此之理乎！”[④]朝鲜国王以本国财力有限、难以应付“两处通商”事，请求后金方面予以谅解。朝鲜备边司还就后金商人难以与朝鲜边民交易参货事，进一步向后金汗皇太极解释曰：“当初开市，定于湾上（中江），深入安州（会宁），已非约条。而至于往来交易之时，必持汗书以来者，所以重两国通好之意。”[⑤]

后来，后金方面了解到会宁地方经常有朝鲜人与女真边民私下进行物资交易，皇太极为此致书朝鲜国王，指责朝鲜方面不开设互市贸易，却纵容边民暗中交易，即“云会宁开市，不宜叠行，以滋弊端……明明贸易，恐滋弊端，若与我国逃匿之民窃市，反不虞滋弊端乎”[⑥]。为此，朝鲜国王马上回书予以解释。在书信中，朝鲜国王说明以下几个问题：其一，会宁难以开市，确实有客观原因，“至会宁开市，并非推脱。惟因北路地瘠民贫，难副

① 《朝鲜仁祖实录》卷 28，十一年十一月戊午。
② 《朝鲜仁祖实录》卷 18，六年二月甲寅。
③ 《朝鲜仁祖实录》卷 18，六年二月甲寅。
④ 《满文老档》太宗皇帝第 2 函，第 9 册，天聪二年三月初八日，第 881 页。
⑤ 《朝鲜仁祖实录》卷 22，八年二月丁丑。
⑥ 《清太宗文皇帝实录》卷 20，天聪八年十月壬子。

所望”；其二，对于个别边民的私下交易行为，朝鲜王廷一直是严厉禁止的，甚至一旦发现即予以杀之，但由于边疆地方遥远、偏僻，难以管控“此乃禁而不能，非放而纵其贸易也”；不过，这种冒死私自交易的情况还是很少见的“不过百千有一”，并且“其相贸易者亦不过些小之物”；其三，陈述后金派来互市的使臣对朝鲜的勒索，“贵国差人索礼甚厚”，甚至还存在“乘便作威”现象，以至于招致朝鲜“小民益加不安”。[①]由此说明，朝鲜不愿意进一步开市，除了客观因素外，还有主观上厌恶后金的心态。

（六）朝鲜私自缩减贡额后金予以惩戒

在后金与朝鲜签订的盟约中，后金明确要求朝鲜要定期交纳贡物。后金之所以如此要求，一是出于政治上的不平等名分，二是从经济上而言后金也确实需要朝鲜的物资。而这种政治上的压制、经济上的盘剥，自然令朝鲜方面难以接受。例如，当后金使臣刘兴祚要求朝鲜在贡物缴纳上“今不必为式，明年定其数目可也”时，朝鲜廷臣李廷龟表明态度曰：“两国礼单，各以土产，岂可预定数目？”并进一步声称：“贵国一番送礼，我国亦一番送礼，数目之说，殊甚未安。”[②]李廷龟认为，对于给后金缴纳的贡物，不应有预定的数目，要根据年成的丰歉程度而变化。李廷龟此举意在使朝鲜尽量减少缴纳贡物的数量，以此减轻朝鲜的经济负担。但后金方面并不同意，而是坚持“使臣往来，则秋冬各一度”[③]，即所谓的“常贡”；同时，后金还不定期地要求缴纳“别贡”，如朝鲜大臣申景禛上奏仁祖国王曰：“闻贼将欲得木绵四万匹、牛四千头、绵细四千匹、布四千匹，而他物称是云矣。”[④]

由于朝鲜人对于后金政权始终不予承认，只是迫于军事压力才无奈屈服，故在交纳贡物等问题上就消极应对，或者不按时交纳，或者减少贡物数量，或者“以他物之产我国，而彼所求者，代充赠给”[⑤]，以此表达对后金的反抗之情。为此，后金汗皇太极先后两次致书朝鲜国王，指责朝鲜“忘恩”，

① 《清太宗文皇帝实录》卷20，天聪八年十月壬子。
② 《朝鲜仁祖实录》卷16，五年六月丙申。
③ 《朝鲜仁祖实录》卷18，六年二月庚申。
④ 《朝鲜仁祖实录》卷15，五年二月丙午。
⑤ 《朝鲜仁祖实录》卷18，六年五月己丑。

“礼物后渐减薄，非贵国之忘恩乎”[①]，谴责朝鲜国王不尊重后金，即“来献礼物渐减，我非以货财为意，尔敬意渐衰，得毋谓明强我弱乎”[②]。对于朝鲜减少贡物的行为，皇太极甚至以双方断绝往来相威胁，曰：“（朝鲜）所送礼物，逐年减削如此，今后，贵国不须送使。我亦不复遣使矣。”[③] 天聪六年（1632）十一月，针对朝鲜私自缩减贡额问题，皇太极驱逐朝鲜来使朴兰英，返还贡物，并派遣巴都礼、察哈喇、董纳密前去朝鲜，确定每年的贡物额数为：“每年送来金百两，银千两，各色绵绸一千，各色葛布一千，各色细布一万，豹皮一百，水獭皮四百，水牛角百对及苏木二百斤，大纸千刀，次纸千刀，龙文细席一，各色花席一百，胡椒十斗，绿皮二百及上等腰刀二十，顺刀二十，松萝茶二百包。”[④]

如此多的贡物，朝鲜自然难以承担，于是朝鲜多次寻找借口，减少对后金的岁币数量“朝鲜国王于我国所定贡额，止给十分之一”[⑤]，并上书皇太极，陈述朝鲜的困境：“敝邦地瘠民穷，虽云土产，实难全办。重遭大灾，是以为遑，非有心阙之也……秋价虚还，春期遽迫，欲止供春季礼物，则心有未安，一时俱送，则力有所难及。”[⑥] 皇太极认为这是朝鲜方面的故意推诿，他指出，朝鲜除春秋两季进贡于明朝之外，逢重大节日也有方物供奉明朝，并且每次进贡的礼物甚多，而反观朝鲜对后金，朝鲜每年只是有春秋之礼，所谓“尔供奉明国，礼物甚多……独于贡朕区区之物，辄生怨望耶”，“况尔国所贡之物，匪尔之惠，匪我之求，皆因尔国无故助明侵我，自启衅端，后乃势穷归命，愿纳岁币以图存，是尔所贡，皆天赐也”，[⑦] 因而后金坚持让朝鲜按新定数额缴纳贡物。

朝鲜仁祖国王复信皇太极，辩解曰：“贵国不谅孤区区之意，又发难从之言，此岂当日立誓本意乎？强人以义所不敢，责人以力所不能，而曰我无他心，其谁信之？敝邦虽弱小，所秉者礼义也，所守者约誓也，所恃者皇天

① 罗振玉编：《史料丛刊初编》，“太宗文皇帝致朝鲜国王书”，第 188 页。
② （清）王先谦：《东华录》，天聪五年正月壬寅。
③ 《朝鲜仁祖实录》卷 24，九年五月庚辰。
④ 《满文老档》太宗皇帝第 10 函，第 60 册，天聪六年十一月十八日，第 1349 ～ 1350 页。
⑤ 《清太宗文皇帝实录》卷 12，天聪六年十二月庚辰。
⑥ 《清太宗文皇帝实录》卷 13，天聪七年正月辛丑。
⑦ 《清太宗文皇帝实录》卷 13，天聪七年正月丁未。

后土也。若我不遵约誓，自失其道，致乖兄弟之好，天必厌之矣。今自反孤心，咎不在我，亦奈何哉！”[①] 朝鲜方面指责后金是强人所难，故意刁难朝鲜。后金皇太极则谴责朝鲜仁祖国王曰：“因尔屡屡变更，所以朕有增加贡额之议，尔若不愿，亦当以理来请，何得辄掩己非，反称朕过。”[②] 从中可以看出，双方互不相让。

天聪七年（1633）三月，朝鲜与后金的关系进一步恶化之后，皇太极为了惩戒朝鲜，进一步向朝鲜提出增币要求，所谓“各色绵绸六百匹、苎布、麻布并六百匹、各色木绵七千匹、豹皮五十张、水獭皮二百张、青黍皮一百六十张、丹木二百斤、霜华纸五百卷、白绵纸一千卷、细龙席一张、各色彩花席一百张、胡椒十斗、好刀八柄、小刀八柄、黄栗十斗、干柿子五十贴、全鳆十贴”[③]。可以看出，这次所定的贡额比上次增额不少。

天聪九年（1635），朝鲜国王曾派遣贺春使者到后金，顺便带去贡物，名目为：“红绵绸二百匹、绿绵绸二百匹、白绵绸二百匹、高丽夏布二百匹、白布四百匹、红布三百匹、青布三百匹、蓝布四百匹、素布一千匹、粗布五千匹、貂皮五十张、水獭皮二百张、绿斜皮一百六十张、大纸五百刀、小纸一千刀、花席五十领、小花席五十领、龙席一领、苏木二百斤、好刀八把、顺刀八把、胡椒十斗、粟十斗、枣十斗、杏十斗、干柿子五十串、小螺的肉十串、天池茶五十包、松萝茶五十包。”[④] 尽管如此，后金方面并不满足，天聪十年二月，后金对朝鲜加重贡额为，“杂色绸合六百匹，白苎布二百匹，白布四百匹，杂色木绵二千匹，正木绵五千匹，豹皮五十张，水獭皮二百张，青黍皮一百六十张，霜华纸五百卷，白绵纸一千卷，彩花席五十张，花纹席五十张，龙席一张，好刀八柄，小刀八柄，丹木二百斤，胡椒、黄栗、大枣、银杏各十斗，干柿五十贴，全鳆十贴，天池、雀舌茶各五十封”；除此之外，后金又额外增加某些贡物的品种和数量，“加白绸二百匹，白布二百匹，正木绵三千匹，青黍皮四十张，白绵纸五百卷，好刀十二柄，小刀

① 《清太宗文皇帝实录》卷13，天聪七年二月甲申。

② 《清太宗文皇帝实录》卷13，天聪七年二月丙戌。

③ 《朝鲜仁祖实录》卷28，十一年三月戊申。

④ 汉译《满文旧档》，“天聪九年三月十二”条，《旧满洲档》第9册，《清初史料丛刊》第二种，第40页。

十二柄”。[1]后金的如此索求，使朝鲜不堪重负，怨声载道，所谓“丁卯之难，惨被蹂躏，羁縻之举，出于下策，竭生民之膏血，饰行人之玉帛，卑辞乞怜者，十年于兹矣”[2]。

在贡物问题上的不和谐，进一步加剧了后金与朝鲜之间的固有矛盾，朝鲜因后金的强制勒索颇有怨言，而后金也不满意朝鲜的抵制行为，于是推动了后金再次征伐朝鲜。

综上所述，在朝鲜与后金议和后的十年间，双方在诸多问题上摩擦不断，冲突迭现。早在天聪七年（1633）十一月，后金汗皇太极在致朝鲜仁祖国王的书信中，曾列举出朝鲜的“十大罪状”，予以声讨道：

> 王以族人诈称亲弟，一也……容汉人屯种，更给以尔国衣冠，令在尔地哨探，二也。予阵获尔国官员，并所赏给妻奴，尽归于尔，尔乃解送明国，三也。尔国人民，每越境采参畋猎，毫不约束……四也。义州大市，一年二次，业有定议，乃尔背弃前约，迄今通计，止市二次，五也。孔有德、耿仲明航海归我，尔国截战二次，六也。孔有德、耿仲明来后，留我兵守船，尔国复攻击一次，似此攻击，岂非构兵？七也。……与明断绝（交易）之言，实乃相欺之语耳……八也。以常市之会宁，而今不许开市，实尔国之变更，九也。弃请还之义州，而新筑七城，岂非欲与我构兵乎？十也。[3]

可以看出，丁卯之役后，朝鲜正是由于与后金在开市贸易、刷还逃人以及贡物等问题上的争端，加深了后金与朝鲜的矛盾。此时皇太极本想马上用兵朝鲜，但由于彼时后金政权正忙于同蒙古察哈尔部作战，此乃迫切需要解决的问题，正如礼部贝勒萨哈连曾奏言：“明与察哈尔、朝鲜三国，若论其缓急，当宽朝鲜，拒察哈尔，而专征明国。”[4]皇太极听从大臣们的建议，暂时将征伐朝鲜一事搁置下来，因而后金和朝鲜之间出现了近四年的短暂和平

① 《朝鲜仁祖实录》卷 32，十四年二月己卯。
② 《朝鲜仁祖实录》卷 32，十四年二月丙申。
③ 《清太宗文皇帝实录》卷 16，天聪七年十一月甲辰。
④ 《清太宗文皇帝实录》卷 14，天聪七年六月戊寅。

局面。时间到了崇德元年十二月，在征伐朝鲜的条件已经具备的情况下，皇太极终于再次发动针对朝鲜的入侵战争。

对于“丁卯胡乱”以后至“丙子胡乱”之前的这段历史时期，韩国的全海宗教授将其称为朝鲜对后金关系由“交邻”向“事大”的过渡期[①]；金钟圆教授也认为此时期是朝鲜在与后金建立从属关系过程中，政治、经济等条件的酝酿期。[②] 笔者认为，本时期确实是朝鲜与后金关系发生变化的重要转折期。因为丁卯之役后，朝鲜迫于后金的压力，与后金结成了不平等的“兄弟关系”，却仍然视明朝为上国，处处维护明朝的利益，抵制后金；虽然从心理上对后金存有反感情绪，但朝鲜王朝又不得不与之交往，这种关系，不同于以前的单纯与后金“交邻”关系，有一些被迫“事大”的意味。及至后来，皇太极发动第二次军事征伐战争，强迫朝鲜脱离明朝，朝鲜人此时还没有完全接受清朝，只是随着明朝政权的彻底衰落，清朝建立了稳固的统治，并采取各种手段安抚朝鲜，于是朝鲜人才心甘情愿地转到“事大”于清的轨道上来。

第三节　发生深刻变化的中朝政治秩序

在后金天命汗努尔哈赤忧愤而逝后，年轻的皇太极继承王位，建立了新的天聪政权。在对周边形势进行分析的基础上，皇太极明智地实施了与明朝边打边谈、对朝鲜采取强硬政策、对蒙古部实施拉拢与打击并举的策略，并且都收到了预期的效果。明朝虽然也是新帝上台，但由于明朝长期以来的“顽症”非短时期内所能消除，加之皇帝自身能力不足，故明朝已经很难与正处上升势头的后金所抗衡，也无法保护作为长期属国的朝鲜的利益，所谓的“朝鲜上国”地位已经丧失。朝鲜在后金的强大军事压力下，成为其“兄弟之国”，尽管从心理上朝鲜不愿真正归顺后金，但在外交礼仪等方面不得不恭顺后金的尴尬处境是不可避免的了。这一切，说明彼时中朝传统政治秩

---

① 〔韩〕全海宗：《清代韩中关系的一考察》，《东洋学》（1），1971年，第4页。
② 〔韩〕金钟圆：《初期朝清贸易交涉考》，《人文论集》（22），第357页。

序在进一步地发生着深刻变化。

一、"战争"确立后金在中朝政治秩序中的优势地位

后金政权为了达到拥兵入关、问鼎中原的目标，首先就要清除自己的后顾之患——朝鲜，于是把军事征讨的矛头指向朝鲜。

皇太极上台后，后金与明朝的战争逐步升级，同时面临着需要对明及朝鲜双线作战的局面。由于庞大的明帝国并非轻易所能推翻，故而皇太极采取麻痹战术，与明边谈边打，表现为：与袁崇焕多次书信往来，就议和问题反复磋商；袁崇焕被杀后，皇太极又多次致书明朝皇帝，表达平息战争之心愿，甚至在明朝大臣间进行游说，说明后金欲停战而明帝坚持战争，以此煽动大臣对明帝的不满情绪。[①]对于东邻朝鲜，皇太极转而采取强硬态度，改变努尔哈赤时期对朝鲜实行"和平"外交的做法，决心用武力绥服朝鲜。朝鲜的存在，一方面对后金是一大潜在威胁，另一方面又是后金入主中原之战略部署实施的一大障碍，因此皇太极即位当年正月，即下令攻打朝鲜（丁卯之役），仅用一个多月的时间直抵朝鲜王京，迫使朝鲜国王与后金签订"江都之盟"，从而降服了明朝的忠实臣属国朝鲜，使朝鲜成为后金的兄弟之邦，由此暂时解除后金对明战争的后顾之忧，摆脱了两面受敌的困境。

皇太极发兵攻打朝鲜，其战争之性质无疑是侵略战争，但就后金方面来说，也不是没有理由的。皇太极曾声称："朝鲜屡世获罪我国，理宜声讨。"[②]后金侵略朝鲜的重要军事将领阿敏在致朝鲜国王的书信中，对于侵略朝鲜的理由说得更为具体，曰："我两国原无仇恨，今何为助南朝，兵马侵伐我国？此一宗也。我得辽东，既系邻国，尔曾无一句好语，及窝隐毛文龙，助他粮草，尚不较正。写书于尔国，毛文龙等绑来，我两国和好，尔又不肯。辛酉年，我来拿毛文龙，尔国屯民、鸡犬不动，尔又不谢，此二宗也。尔还把毛文龙放在尔国，招我逃民，偷我地方，此三宗也。我先汗归天，有仇如南朝，而尚来吊问，赍礼来贺新汗。况我先汗，与尔国毫无不

① 此方面的内容，在《满文老档》太宗皇帝天聪二年至四年部分多有体现，说明皇太极很善于进行心理战。

② 《清太宗文皇帝实录》卷2，天聪元年正月丙子。

好心肠，尔国无一人吊贺，此四宗也。先年尚有不好事件，笔难尽述。”[①]阿敏所说第一件事，显然是指朝鲜出兵参与萨尔浒之战一事，若用现在的说法，就是朝鲜首先侵略了后金，而后金的“侵略”仅是报复而已。第二、三件事是指毛文龙之事。朝鲜一味地支持毛文龙的反金活动，这无疑是与后金为敌，直接威胁后金的安全，而后金显然是为解除自己的大患而战，这种说法，自然也是不无道理的。至于第四件事，虽是一种牵强的借口，但若与明朝相比，却证明朝鲜与后金为敌的顽固性。从上述四点理由来看，也说明后金对朝鲜的所作所为已是“是可忍而孰不可忍”了。至于后金方面在战争中与朝鲜举行议和，并有原则地做出某些让步，一方面是由于彼时后金并不具备使朝鲜绝对听命的实力，很难做到使朝鲜完全按照后金的意志行事；另一方面，后金还面临明朝方面的压力，担心明朝将领趁后金与朝鲜战争之际发动袭击，因而后金在已达到既定目的之后，希望尽早结束与朝鲜的战争，以便全力与明决战。

征伐朝鲜的丁卯之役，解决了努尔哈赤对朝鲜政策所要达到而未达到的目的，即两国结盟立誓，以兄弟关系相处，朝鲜在明、后金之间保持中立。昔日的朝鲜国王光海君曾力图采取中立立场，但被逼下台；而反其道行之的仁祖国王，曾对后金采取强硬态度，但是在强大的军事压力之下，不得不屈从后金，与之订立城下之盟，足见战争在彼时明朝、后金、朝鲜传统政治秩序中所显现出来的重要作用。

与此同时，后金天聪政权还注意通过实施笼络与军事打击并重的策略，加强对蒙古部的控制，以此牵制明朝，并利用蒙古军队参与对朝鲜的战争。天命十一年（1626）正月，努尔哈赤在率领女真、蒙古各部大军围攻宁远城时，被明军的炮火击伤，蒙古喀尔喀五部便乘机背盟，有的部落甚至与明朝联合，共同抗金。而后金对明战争的失利，直接造成军队中士气的低落，社会经济发展也出现迟滞局面，生活日用品短缺，后金社会人心惶惶。面对这种严峻形势，皇太极意识到，在“明与蒙古两敌环伺”[②]的情况下，能否妥善处理后金与蒙古联盟之关系，乃是关系到后金政权生死存亡的大问题，因

① 《朝鲜仁祖实录》卷16，五年四月丁酉。

② （清）赵尔巽等撰：《清史稿》卷526，列传113，属国一，《朝鲜传》。

此，首先，他注意拉拢蒙古部中的民族感情，声称："我诸申、蒙古，乃相同之国，明则异国也……凡来降之人，我均收养矣。"[①] 主动与蒙古各部联姻，缔结政治军事联盟；其次，严明法纪，对前来归顺的蒙古各部论功行赏，促使蒙古各部落纷纷归附后金，成为其臣属力量；最后，对降后复叛的蒙古部落，则用武力进行讨伐，以示惩戒。例如，皇太极命大贝勒代善率精兵万人讨伐败盟杀掠、私通于明的蒙古喀尔喀部、扎鲁特部，不久，扎鲁特、杜尔伯特、郭尔罗斯各部相继归附后金。皇太极为安定蒙古各部的社会格局，还制定了一系列的法规，为巩固其统治发挥了重要作用。

形势使然，蒙古各部落亦步步依附后金。究其原因，有两点。第一，跟明朝与后金势力消长相关。此时的明朝政局败坏、边备废弛，已无法对蒙古部落形成向心力；而与此相反的是，后金政权正呈现出蓬勃发展态势，军事势力强盛，这对蒙古部落产生了震慑力。第二，察哈尔部林丹汗的错误民族政策，把蒙古各部落推到了后金一边。林丹汗以蒙古正统宗主大汗自居，强化汗权统治，不仅不照顾蒙古各部的利益，反而却肆意霸占牧场与牲畜，垄断贡市，造成蒙古各部之间争斗，于是在皇太极的威胁利诱下，蒙古各部落纷纷加入到后金的统一阵营中。由此，经过长期、反复的斗争与联合，后金天聪政权终于消除了来自蒙古方面的威胁，将蒙古大部分部族变成为后金政权的同盟者，使他们成为后金在战争中可利用的力量。

后金联合蒙古对明朝形成了合围之势，加之对朝鲜的有效牵制，这不仅解除了东西两边的威胁，而且进一步孤立了明朝。在与后金天聪政权的较量中，衰败的明朝本来已经处于劣势，加之崇祯皇帝的猜疑好杀，致使著名的抗金将领熊廷弼、袁崇焕等相继被杀，自毁长城。同时，由于崇祯皇帝任用廷臣不当，致使袁应泰、王化贞、高第之流误国，丧失了抗击后金的有利战机，以致明军节节败退，溃不成军。此时明朝在中朝传统政治秩序的中心地位已经丧失，而后金在其中的作用越来越明显，其在与明朝、朝鲜的政治关系中的优势地位愈发突出。

---

① 《满文老档》太宗皇帝第6函，第39册，天聪五年八月十一日，第1133页。

二、明朝作为天朝上国地位的进一步削弱

天启七年（1627），明崇祯皇帝即位。年轻的崇祯皇帝颇有抱负，他上台后很想进行一番社会改革，以挽救封建统治的危机；但由于此时的明朝已病入膏肓，整个统治集团腐朽昏庸，导致了社会矛盾的全面爆发，广大人民无法生存下去，因而各地纷纷发生暴动。陕北澄城县王二首举义旗，之后在陕西府谷边县爆发王嘉胤起义，在安塞有高迎祥起义，在米脂有张献忠起义，这其中影响最大的，就是接替高迎祥的李自成领导的农民起义军。崇祯帝调动全国军队，对农民军展开大规模的围剿，先后镇压了王嘉胤等农民起义军，招抚张献忠、罗汝才等部，几乎全歼李自成等部。而由于明朝把国家的大部分精力用于镇压农民起义，耗费了大量财力物力，这势必分散其与后金作战的力量。

在辽东前线，为了集中力量同后金政权决战，早在天启皇帝在世时，作为辽东巡抚的袁崇焕曾提出与皇太极举行和谈的主张，以此赢得战争的准备时间。而对于与后金议和的提议，天启皇帝明确表态曰："边疆以防御为正，款事不可轻议。"[①] 由于明朝自视为天朝大国，因而明帝并不十分赞成与后金这样的地方政权举行议和。天启皇帝不能根据形势的需要，调整对后金政权的斗争策略，使袁崇焕以和促攻的计划难以推行，因而难以取得对金战争的胜利。袁崇焕作为抗金名将，曾获宁远大捷，一度使明朝军心大振；但后来的崇祯皇帝偏听偏信，中了后金汗皇太极的反间计，而杀死无辜的袁崇焕，此后再难有人担当起抵御后金的重任。

另外，明军中的内部党争也影响了对辽东前线的作战。例如，毛文龙作为长期驻军朝鲜的将领，在抵抗后金军的斗争中还是卓有成效的；但就是这样一个抗金的重要人物，竟然被同僚袁崇焕所杀，成为党争的牺牲品。当年毛文龙被杀，固然有他在海外的桀骜不驯的原因，但袁崇焕的自作主张，妄杀边将也是造成这一事件的原因之一；深层次的原因，则是与明朝内部的党争分不开的。明朝时期，党争不断，所谓"诸臣不顾功令，但知党同逐异，

① 《明熹宗实录》卷79，天启六年十二月丙辰。

便已肥家”[①]。对此，朝鲜亦有所认识，所谓“近见都督（毛文龙）所为，则与魏忠贤相结，有所恃而然也”[②]，由于彼时东林党与魏忠贤阉党势不两立，于是内阁大学士钱龙锡主张除掉与阉党关系密切的毛文龙，袁崇焕也对毛文龙怀有不满情绪，终于寻找借口将其杀死；而袁崇焕最后被杀死，也是与朝中大臣的派系倾轧直接相关的。魏忠贤的余党王永光、高捷等人，早年因为勾结阉党而遭革职，他们对作为东林党人的内阁大学士钱龙锡恨之入骨。为了打击报复钱龙锡，阉党分子“谋兴大狱，为逆党报仇”，首先陷害曾受到钱龙锡支持的袁崇焕“擅主和议、专戮大帅”[③]；进而，诬蔑钱龙锡接受袁崇焕的贿赂，使钱龙锡被捕下狱。接着，阉党集团又弹劾内阁首辅成基命，迫使其辞职，从而阉党人物周延儒跃升为内阁首辅，所以围绕着袁崇焕被杀一事，体现出党派斗争的尔虞我诈。

明朝内部宦官专权，党争剧烈，以致边防败坏，这不仅仅反映在袁崇焕身上，而且此前的熊廷弼及孙承宗二人也深受阉党的迫害。熊廷弼第一次被免职，就是由于其不参与到朝廷的某一党派中，加之其刚直不阿，得罪了朝廷中的人，于是成为党争的牺牲品。例如御史冯三元上奏诬陷熊廷弼“欺君罔言，逞臆行私，妒贤嫉能愁民误国”[④]；之后，刘国缙、姚宗文、张修德、魏应嘉等连上奏疏弹劾熊廷弼。尽管科臣杨涟也曾上疏替熊廷弼开脱，但无奈奸臣当道，因此，天启皇帝罢免熊廷弼，而以不懂军事的袁应泰取代熊廷弼为辽东经略，这直接导致了后来明朝的兵败，袁应泰自杀。熊廷弼被二次启用担任辽东经略后，其属下的广宁巡抚王化贞属于阉党魏忠贤的人。当时朝廷的兵部尚书张鹤鸣亦为阉党，因而在同为阉党的张鹤鸣的包庇、纵容下，王化贞根本不听辽东经略熊廷弼的节制，自行其是，《明史·张鹤鸣传》记载：“化贞本庸才，好大言，鹤鸣主之，所奏请无不从，令无受廷弼节度。”[⑤]辽东经抚不和，军备废弛，于是努尔哈赤乘机西渡辽河，攻下广宁。

---

① 《崇祯长编》卷53，崇祯四年闰十一月辛丑。

② 《朝鲜仁祖实录》卷14，四年八月壬子。

③ （清）张廷玉：《明史》卷259，列传147，《袁崇焕传》。

④ （明）沈国元：《两朝从信录》卷2，九月十五日乙丑，载《清入关前史料选辑》第二辑，第123页。

⑤ （清）张廷玉：《明史》卷257，列传145，《张鹤鸣传》。

熊廷弼之后的明辽东经略孙承宗，属东林党魁，他上任后采取一系列富有成效的措施，使辽东形势为之一变，明廷欲乘机收复被后金占领的失地；但由于孙承宗与熊廷弼一样不善逢迎，得罪了阉党魏忠贤，于是魏忠贤就诬陷孙承宗"拥兵数万将清君侧"[①]，将孙承宗排挤下台，改由阉党分子高第代之。不谙军事的高第顽固地采取消极的防御政策，听任袁崇焕孤守宁远城而不派兵声援。幸运的是，在宁远一战中明军大败后金，致使后金汗努尔哈赤无奈退兵，不久郁闷而逝。袁崇焕虽非东林党人，但却倾向于东林党，他的座师内阁辅臣韩爌为东林党人，袁崇焕最早得以被举荐，正是东林党人侯洵之功。后来袁崇焕得到东林党人大学士孙承宗、内阁首辅叶向高的赏识，得以重用，但最终袁崇焕还是因遭魏忠贤遗党的诬陷，加之皇太极施行的反间计，而含冤惨死。[②]至此，明朝辽东的三位杰出统帅熊廷弼、孙承宗、袁崇焕，都因受到阉党的迫害而成为悲剧人物。

更进一步说，明朝党争激烈，造成忠臣蒙冤被害，是跟皇帝的决策有直接关系的。崇祯帝本意是打击朋党之争，但由于他极力支持以朋党为口实整人的一派官僚，这样一来，恰恰助长了党争，因为他忽略了一点——"指人为党者，亦必有党"[③]。并且，崇祯帝杀死袁崇焕，就是其一手策划的意在打击东林党的重要步骤。由于彼时东林党组织活跃，势力膨胀，这对皇帝的执政构成一定的威胁，于是崇祯帝蓄谋清除东林势力，决定利用东林的反对派势力来打击东林，而打击东林又必须首先处置东林的靠山袁崇焕，"因此边防大将袁崇焕的被杀，便是可以理解甚至是不可避免的了"[④]。

总之，明朝皇帝的专制独裁，猜忌好杀，昭然于天下，而明朝政权之气数已尽，明朝的内部腐败及辽东战事加剧了其衰亡的进程，其败局也不是几位爱国将领所能挽回的。至于朝鲜的反金向明暗流，更是不会有其实际作用的。而对于后金擅自发动的对明朝臣属国的战争，作为朝鲜上国的明朝本应"相机续济，以牵奴后，而纾属国之急"[⑤]，但明朝自身的衰败致使其根本无

① （清）张廷玉：《明史》卷 250，列传 138，《孙承宗传》。

② 孟森先生指出："虽无反间，崇焕犹将不免"，认为袁崇焕被杀的根本原因在于明朝的党争。（孟森：《清史讲义》，第 124 页）

③ 转引自樊树志：《崇祯皇帝传》，陕西师范大学出版社 2009 年版，第 129 页。

④ 李绍强：《袁崇焕之死与明末的党争》，《齐鲁学刊》1981 年第 1 期。

⑤ 《明熹宗实录》卷 82，天启七年三月戊寅。

力对朝鲜进行实质性的军事援助，只能予以表面上的舆论支持，谴责后金的出兵行为，这也进一步暴露出明王朝灭亡的迹象。从彼时的形势发展来看，由后金取代明朝而统治中国的潮流已不可逆转。

三、“城下之盟”后朝鲜的微妙处境

已经臣事明皇朝两百余年的朝鲜，一直固守着与明朝的封贡大义，面对后金的入侵，一向对女真采取蔑视态度的朝鲜统治者，虽然明确表示崇明斥金“鲜人忠义，断不为奴用矣……鲜既誓死以抗”[①]，但是，在丁卯之役中后金打败朝鲜，朝鲜称后金为兄，同时眼睁睁地看着后金对父母之邦的大明采取敌对行动而自己只能保持中立地位，在心理上是极不平衡的，在道义上是受谴责的。不过，为了自己的国家不至于遭受更大的灾难，也只能如此。对于与后金的议和，朝鲜仁祖王曾有一番表白，所谓“讲和，乃缓兵之计，实非见欺于彼贼也”[②]，意即为了保全朝鲜国家，而实施的一种应对之策。以袁崇焕为首的明朝将领，曾经试图利用朝鲜同明朝的固有传统友好关系来拉拢朝鲜，并极力渲染朝鲜同后金的现实利害冲突，要求朝鲜站在明朝一边，共同对抗后金。但由于朝鲜自身能力弱小，加之朝鲜的“保国”心理，因而在明军与后金的作战中，朝鲜对明军的配合非常有限。此时朝鲜受上国明朝的控制减弱，后金尚不能完全支配朝鲜，应该说朝鲜的生存环境相对宽松了一些；但由于朝鲜过分强调明哲保身，在明与后金之间发挥不了中间调节的作用，因而朝鲜在中朝政治秩序中的地位，自然是明显地下降了许多。

朝鲜与后金盟誓以后，双方并没有严格遵守相互的约定。其一，朝鲜依然同明朝保持着传统的封贡关系，仍然奉明朝为上国，双方的使节往来不断，只是朝鲜贡道由原来的陆路而改为海路罢了。其二，尽管朝鲜定期向后金进献贡物，“天聪二年二月初八日，高丽（朝鲜）王李倧使总兵官李兰、副将朴兰英来修春信之礼，以方物入贡”[③]，但朝鲜有时并未按原来约定

---

① 《明熹宗实录》卷 82，天启七年三月壬辰。
② 《尊周汇编》草本，纪年第一，仁祖朝一，卷一，第 36 页。
③ 罗振玉编：《史料丛刊初编》，“太宗文皇帝日录残卷”，第 140 页。

的“岁币”数额进行缴纳，双方为此不断发生矛盾。其三，在“开市”问题上双方并不和顺，矛盾经常发生。其四，在“恪守封疆”方面，双方并未严格遵守，越界之事时有发生。其五，在支持毛文龙问题上，朝鲜依然我行我素，认为若助金攻伐天朝之将领毛文龙，则是朝鲜“自绝于天”。其六，朝鲜在接待后金来使之时，有厚明薄金的表现，这使后金大为不满，尤其是朝鲜有人上疏国王要斩杀后金之使节、焚其文书，更加恶化了两国的关系。[①]从各种迹象表明，在签订城下之盟以后，朝鲜的处境大不如前，但后金的权威也遭到了挑战。早在努尔哈赤在世时，朝鲜仁祖王刚刚继位，就曾面对后金关于“来文照旧书天启年月”的指责；对此，仁祖王坚定地表示：“我国于天朝，父子之国，岂可以危急存亡，变易臣节乎……宁以国毙，断不可从。”[②]如今朝鲜遭到后金天聪政权的军事征伐，被迫签订不平等的“兄弟盟约”，但是，朝鲜依然坚持明朝为上的外交原则，并不以兄弟之礼对待后金，正如皇太极所指责的，“（朝鲜）一心向汉（明朝）而背我（后金）”[③]，可见，要想彻底改变朝鲜的“事明”立场，后金需要用战争的手段解决努尔哈赤遗嘱中所提到的要“除根本之忧”，断绝朝鲜同明朝的封贡关系，才能使朝鲜从“事明”转变为“奉金”，于是这就有了后金对朝鲜的第二次征伐战争。

综上所述，后金天聪政权时期，明王朝的统治进一步衰落，后金势力却愈发强盛起来，后金汗皇太极通过对明朝发动的两次大规模战争，使衰败的明朝受到沉重打击，加速了明朝的灭亡，明朝失去了其作为天朝上国的地位；同时，朝鲜因军事战败被迫处于后金的臣属地位，部分地听命于后金，后金政权逐渐取代明朝对朝鲜的统治地位。这样一来，后金政权在中朝政治关系中的地位越来越突出，发挥着越来越明显的作用，传统的中朝政治秩序已经发生裂变。

---

① 参见姜龙范等：《清代中朝日关系史》，吉林文史出版社 2006 年版，第 42 ～ 45 页。

② 《朝鲜仁祖实录》卷 16，五年四月丁酉。

③ 罗振玉编：《史料丛刊初编》，“太宗文皇帝致朝鲜国王书”，第 194 页。

第四章　清崇德年间中朝政治秩序之重构

天聪十年（崇德元年，1636）四月，皇太极改金为清，确定新的年号为崇德后，继续加大其问鼎中原、征讨邻国朝鲜的前进步伐。皇太极决心一举荡灭腐朽的明朝残余势力，而在清政权与明朝的决战过程中，由于朝鲜继续“事大”明朝，于是清政权对朝鲜发动第二次征伐战争，使朝鲜成为臣属之国。此次战争之后到清入关前时期，朝鲜仍念念不忘明朝，致使清与朝鲜的君臣关系并不和谐。1644 年，随着明朝的灭亡及清政权入主中原，朝鲜开始回到诚心奉清的轨道上来，于是中国与朝鲜之间的传统政治秩序得以重新构建。

第一节　明清封建王朝更替的战略决战

与明朝的日渐颓废形成鲜明对比的是，皇太极领导的后金天聪政权愈发强盛，于是天聪十年（1636）四月，皇太极改金为清，正式称帝，成为清王朝的皇帝。然一国之内不可能有二主，于是清太宗皇太极加紧对明朝的进攻，越过北京，闯进河北、山东，取得了连续的胜利。之后，在松山、锦州地区与明朝展开最后的决战，经过几次战争，击溃明军，从而加速了明朝的灭亡，清朝入主中原指日可待。

一、清军进攻明朝京畿冀鲁地区

后金汗皇太极通过平复漠南蒙古，从蒙古贵族手里得到元朝的传国玉玺，非常欣喜，曰：“天赐至宝，此一统万年之瑞也！”[1]后金大臣认为由女真人称帝君临天下的时代已经来到，于是积极动员皇太极登基做皇帝。如时任都元帅的明朝降将孔有德奏言：“虽宝玺在千里之远，应运呈祥，是天启其兆，登九五之尊，而享天下之福，无疑也。”总兵官耿仲明上表称：“今皇上合天心，爱百姓，故天赐宝玺，可见天心之默佑矣。惟愿早正大统，以慰臣民之望。”[2]天聪十年（1636）三月，科尔沁蒙古等十六部四十九台吉曾汇集盛京，共同推请皇太极接受尊号称帝，此时都元帅孔有德、总兵官耿仲明、尚可喜等为上尊号事，专程来到沈阳，大贝勒代善等诸贝勒大臣文武各官，也恭请皇太极上尊号称帝。后金众臣的劝说，使皇太极称帝的想法进一步成熟，加之通过战争与邻国朝鲜结为“兄弟之国”，树立了自己的威信，于是皇太极在接见朝鲜使臣时，透露出欲称帝的信息，为其日后登基做舆论准备。经过一番筹备，在一片拥戴声中，当年四月十一日，诸贝勒大臣上尊号为“宽温仁圣皇帝”，皇太极正式即位，“建国号曰大清，改元为崇德元年”。[3]皇太极就是史称清太宗的崇德帝。称帝后，皇太极率领诸贝勒大臣拜谒太庙，昭告列祖，表明新建立的清政权形势，所谓“兹以安内攘外，收复朝鲜，统一蒙古，兼获玉玺，符瑞照应内外”[4]。

在称帝之前，皇太极曾更改族名，将女真改称满洲，所谓“我国之名原有满洲、哈达、乌喇、叶赫、辉发等，每有无知之人称之为诸申。诸申之谓者，乃席北超墨尔根族人也，与我何干？嗣后凡人皆须称我国原满洲之名。倘仍有以诸申为称者必罪之”[5]。通过更改族称，皇太极意在使整个女真集团有效地集结在一起，增强女真各部的凝聚力。

为了彻底推翻腐朽的明朝政权，崇德元年（1636）五月，清太宗发动征明的第三次战争。五月三十日，清太宗“遣多罗武英郡王阿济格、多罗饶余贝勒阿巴泰、超品公额驸杨古利、固山额真宗室拜尹图及谭泰、叶克书、叶臣、阿山、图尔格、宗室篇古、额驸达尔哈等，往征明国”[6]。七月，清军会

① 《清太宗文皇帝实录》卷 24，天聪九年八月庚辰。
② 《清太宗文皇帝实录》卷 25，天聪九年九月辛酉。
③ 《清太宗文皇帝实录》卷 28，天聪十年四月乙酉。
④ 《清太宗文皇帝实录》卷 28，天聪十年四月丙戌。
⑤ 关嘉录等汉译：《天聪九年档》，“天聪九年十月十三日”条，第 129 页。
⑥ 《清太宗文皇帝实录》卷 30，崇德元年五月癸酉。

师出延庆州。明崇祯皇帝惊慌失措，急忙部署兵力，抵御清军。但由于明朝将士胆小怕死，不敢出战，清军很快入长城，过保定，至安州，“克十二城，五十六战皆捷，生擒总兵巢丕昌等，获人畜十八万有奇”[①]。八月，清军胜利班师回到盛京。

鉴于彼时李自成、张献忠等农民起义力量的蓬勃发展，明朝新任兵部尚书杨嗣昌上书崇祯帝，为集中力量攻打农民军，避免两面作战，权宜之计是先与皇太极议和，先安内后攘外，即等消灭了农民军以后，再剿灭清政权。于是，明崇祯十一年（1638）四月，杨嗣昌委托明朝镇守山海关太监高起暗中派算命先生周元忠抵达盛京，“偕六人诡以议和来报”[②]。但是，由于皇太极怀疑明朝本次议和与早年袁崇焕派遣李喇嘛来议和如出一辙，认为明朝是想借机刺探清军的虚实；因而他表示，如果明朝确实与清议和谈判，则清即撤兵东归；如果和议不成，则清军“夏秋必有举动”。果然，到了九月，皇太极派出两路大军，“以睿亲王多尔衮为奉命大将军，贝勒豪格、阿巴泰副之，统左翼；贝勒岳讬为扬武大将军，贝勒杜度副之，统右翼”[③]，大举南下，第四次大规模地讨伐明朝。岳讬率领的右翼军从密云东北墙子岭口毁墙分四路进入，首先击败了明总督吴阿衡的军队，然后向内地挺进。多尔衮率左翼军自董家口东青关山西由边墙缺口处攻入，明朝兵民皆弃城逃走。清太宗考虑到，明军得知清军两路进兵的消息，必定调集山海关以东的宁远、锦州兵前去增援，于是同年十月，清太宗又分别派出郑亲王济尔哈朗和豫亲王多铎率领两支队伍，从宁远、锦州进发，阻击明朝的援军。

清军很快占领密云，进抵迁安、丰润一线，直逼京师。大敌当前，崇祯皇帝特命卢象升着加兵部尚书职衔，照旧总督候代，督领天下援兵保卫京师。卢象升上任后，积极准备与清的作战，他命令部下：“刃必见血，人必带伤，马必喘汗，违者斩！”[④]但是，内阁辅臣兼兵部尚书杨嗣昌主张先与清议和，以缓和边境压力，这样主战与主和两派就发生激烈的冲突。由于与杨嗣昌同样持议和意见的总监高起潜不配合卢象升的抗战，致使卢象升部作

① （清）蒋良骐：《东华录》卷3，崇德元年九月。
② 季永海、刘景宪译编：《崇德三年满文档案译编》，戊寅三月档，辽沈书社1988年版，第68页。
③ （清）蒋良骐：《东华录》卷3，崇德三年九月。
④ 《明史纪事本末》补遗，卷6，《东兵入口》。

战受挫。这样，清军接连攻下明朝的城镇，卢象升力战而死，其部弹尽粮绝，“一军尽覆”[①]。

接着，清军继续深入到河北省南部，进攻山东。崇德四年（1639）三月，清兵由德州渡过运河，攻破山东济南府。多尔衮左翼兵由济南府至京南天津卫，共占领城池三十四座，降城六座，败敌十七阵，“俘人口二十五万七千八百八十”；岳讬右翼兵攻占城池十九座，降城二座，败敌十六阵，杀死两名都督、守备以上官百余名，生擒德王朱由枢及郡王一名、奉国将军一名，“俘人口二十万四千四百二十三名，金四千三百三十九两，银九十六万七千四百六两”。[②]

此时，陕西三边总督洪承畴奉皇帝诏命千里迢迢赶来京师勤王，被任命为蓟辽总督。督查大学士刘宇亮、保定总督孙传庭以及原辽东总兵祖大寿等也赶来支援，明军精锐部队汇集京畿、山东、河北。在此情况下，三月，清军从青山口出长城，撤兵北归，返回辽东。此次伐明，清军大获全胜，“旌旗所指，无不如意。败敌五十七阵，攻克山东济南府，并三州，五十五县，二关。斩二总督及以下将领甚众……俘获人畜计四十六万二千三百有奇”[③]。

清军此次以中原为进兵目标，越过北京，闯进河北、山东，“旌旗所指，无不如意”，入关达半年，“转掠二千里”，极大地扩展了清军的活动范围，消耗和损失了明朝的大量有生力量。[④]随着清军对明战争的节节胜利，皇太极进一步表达其以清代明、君临天下的决心，他致书崇祯皇帝，宣称：“自古天下非一姓所常有，天运循环，几人帝、几人王，有未成而中废者，有既成而复败者，岂有帝之裔常为帝，王之裔常为王者哉！”[⑤]看来，皇太极是迫不及待地想成为“天下共主”。

值得注意的是，在对明战争取得连续胜利后，清朝即及时将此消息告知朝鲜。如崇德四年清军进取中原攻克济南府后，皇太极专门颁给朝鲜国王敕谕，在陈述了一系列战果之后，曰：“今将士俱已凯旋矣，特此谕王知之。”[⑥]

① （清）张廷玉：《明史》卷261，列传149，《卢象升传》。
② （清）蒋良骐：《东华录》卷3，崇德四年三月戊午。
③ 《清太宗文皇帝实录》卷46，崇德四年五月己巳。
④ 转引自孙文良、李治亭：《天聪汗·崇德帝》，吉林文史出版社1993年版，第343页。
⑤ 《清太宗文皇帝实录》卷47，崇德四年七月丁巳。
⑥ 《清太宗文皇帝实录》卷46，崇德四年五月己巳。

笔者认为，皇太极之所以给朝鲜宣谕，其意固然是借机炫耀清朝力量的强大，震慑朝鲜；而更深的寓意在于，通过陈述明军的惨败，使朝鲜进一步放弃对明的幻想，专心“事清”，由此说明皇太极有长远的战略意图。

二、清朝与明朝的松锦大战

清崇德六年（1641），经过一番积极筹备，清太宗率清兵在关外宁远、锦州一线与明军展开激烈战斗，这就是历史上有名的松锦决战。

锦州是明朝在辽西的军事重镇，是进出关内外的门户，战略位置十分重要，因此早在崇德五年（1640）五月，明崇祯帝特意征调善于用兵的原陕西三边总督洪承畴出任蓟辽总督，聚集十三万军队，在锦州、松山、塔山、杏山一带严密布防。清太宗深知，宁远、锦州诸城不破，不能攻下山海关；而山海关攻不下，则难以逐鹿中原，因而皇太极决定，务必攻克锦州，所谓“定鼎之谟，在此一举，时不容缓，机不可失”[①]。此时镇守锦州城的是在大凌河一战中降而复叛的辽东名将祖大寿。在锦州城的正南面 18 里处有松山城、杏山城、塔山城三城，它们同为锦州城的卫星城，遥相呼应。

崇德六年（1641）三月，清朝郑亲王济尔哈朗、武英郡王阿济格、贝勒多铎、郡王阿达礼等统帅军队，在明朝降将石廷柱、耿仲明、孔有德、尚可喜等的导引下，加以锦州城内蒙古兵的配合，首先占领锦州外城，致使“锦州被围，填壕毁堑，声援断绝”[②]。六月，清太宗遣人致书锦州守将祖大寿，劝其“弃暗投明，以图大业”[③]，但祖大寿并未听从劝告。与此同时，由于锦州城战略地位的重要性，明朝不断派遣援军增援。七月，蓟辽总督洪承畴、总兵吴三桂率领十三万兵马，驰援锦州；但洪承畴并没有冒进，而是把大军驻扎在宁远，加强对锦州事态的观察。在时机成熟的情况下，当月末，洪承畴率军队对清兵展开进攻，祖大寿与援军配合，大败清兵，明军重新夺回锦州外城。关于此战情况，当时应清朝要求赴锦州参与对明作战的朝鲜将领柳琳，曾跟朝鲜国王汇报曰：“九王（多尔衮）阵于汉阵之东，直冲汉阵，不

---

① 《清太宗文皇帝实录》卷 56，崇德六年七月丁酉。
② （清）张廷玉：《明史》卷 261，列传 149，《邱民仰传》。
③ 罗振玉编：《史料丛刊初编》，“太宗文皇帝日录残卷”，第 171 页。

利而退，清人兵马死伤甚多。”[①] 说明清军进程遭遇极大挫折。

对于前线战事的不顺利，清太宗非常焦急。八月，清太宗调兵遣将，“传檄各部军马，星集京师”[②]，亲自率领大军，加紧对锦州的围攻。明军顽强抵抗，使清军的进攻受挫，于是清太宗转而进攻洪承畴坚守的松山。松山城的战略位置十分重要，它处于锦州与杏山之间，为“宁（远）、锦（州）咽喉”。清太宗率清军到达松山后，“陈师于松山杏山之间，横截大路驻营”，采取围而不攻的对策，等待明军粮尽援绝，自动瓦解。这一计策果然奏效，明朝将士见清太宗亲率大兵环绕松山而扎营，“大惧，欲战，则力不支，欲守，则粮已竭，遂合谋退遁”。[③] 军心涣散，昭示着明军难以避免失败的命运。洪承畴曾组织几次突围，但皆未成功，反而伤亡很多士兵，清军“破明兵十三万，如摧朽拉枯，计斩级五万三千七百八十三，获马七千四百四十四、驼六十六、甲胄九千三百四十六副。明兵自杏山南至塔山赴海死者甚众，所弃马匹、甲胄以数万计，海中浮尸多于雁鹜”[④]。崇德七年（1642）二月，在粮草断绝、援兵无望的情况下，守松山副将夏承德首先投降，与清军里应外合，生擒总督洪承畴，“巡抚邱民仰，总兵王廷臣、曹變蛟、祖大乐，游击祖大明、祖大成，总兵白广恩之子良弼等，其兵备道一员，副将十员，游击、都司、守备、红旗、千把总等官百余员，兵三千六十三名，尽歼之”[⑤]。松山城被攻下后，相邻的锦州城守军军心瓦解，在“援绝粮尽”的情况下，三月八日，锦州城守将祖大寿无奈“率众出降”[⑥]。至此，历时两年的松锦决战以清胜明败宣告结束。

此时，关内李自成领导的农民起义军，席卷中原大地，随时有可能颠覆腐朽的明王朝。在此情况下，大学士谢升主张与清议和，首先平定农民起义军，之后再集中全力与清决战。崇祯帝接受此建议，并单独指示兵部尚书陈新甲与清进行秘密议和。崇德七年（1642）三月，陈新甲选派兵部职方郎中马绍愉、兵部主事朱济之赴宁锦前线，与清军展开和谈事宜。清太宗看过

① 《朝鲜仁祖实录》卷 42，十九年十月庚戌。

② 《清太宗文皇帝实录》卷 57，崇德六年八月丁巳。

③ 参见《清太宗文皇帝实录》卷 57，崇德六年八月壬戌。

④ （清）蒋良骐：《东华录》卷 3，崇德六年八月乙丑。

⑤ （清）蒋良骐：《东华录》卷 4，崇德七年二月十八。

⑥ （清）蒋良骐：《东华录》卷 4，崇德七年三月癸酉。

崇祯帝的敕谕后，认为明帝并非诚心和谈，因为该敕谕针对的对象是兵部尚书陈新甲，而非面向清太宗，“况所用非真宝，且札内藐视我国，实无讲和真心”①，因而拒绝与明和谈，命令清军继续进军。四月九日，清军攻克塔山城，“城内官属兵丁共七千，尽歼之”。四月二十一日，清军“攻杏山，克之”，“降获男子二千五百七十六，妇稚四千二百六十二”。②至此，明朝关外的四座重要城堡全部落入清军手中，明军“先后死者五万八千人”③。

松锦决战，是继1619年萨尔浒之战后，明与清的又一次大规模决战。蓟辽总督洪承畴、锦州守将祖大寿先后降清，明朝苦心经营十多年的锦宁防线已荡然无存，所谓“九塞之精锐，中国之粮刍，尽付一掷，竟莫能续御，而庙社以墟矣”④。自此以后，明朝元气大伤，已经很难组织起有效的反抗；相反，清军转入新的战略进攻，积极进行定鼎燕京、入主中原的准备。

崇德七年（1642）五月，明朝再次派遣兵部职方郎中马绍愉，副将周维墉、鲁宗孔等，前去清朝商谈议和。对于明朝的议和要求，清朝内部大臣们的意见不统一，有反对与支持的两种声音，此时明朝降将洪承畴向清太宗进言，“此次请和，绝非虚语”⑤，建议清朝方面与明朝开展谈判。六月，清太宗通过明使马绍愉复信明朝，同意举行和谈，但开出和谈条件：“每岁贵国（明朝）馈黄金万两，白金百万两，我国馈人参千斤、貂皮千张；以宁远双树堡中间土岭为贵国界，以塔山为我国界，连山适中之地两国于此互市。”⑥可见，清朝不仅提出经济要求，还要求划分国界，进行互市，最后还态度强硬地威胁道：“倘愿成和好，速遣使赍和书及誓书来，予亦赍书以往，否则再勿遣使致书也。”⑦

明朝方面，由于崇祯帝指使马绍愉秘密进行的与清议和一事在外界传开，舆论一片哗然，廷臣纷纷上书抨击议和，要求惩办主和的兵部尚书陈新

① （清）蒋良骐：《东华录》卷4，崇德七年三月乙酉，齐鲁书社2005年版。

② （清）蒋良骐：《东华录》卷4，崇德七年三月乙酉、四月丁未。

③ （清）印鸾章：《清鉴》纲目卷首，《太宗文皇帝》条，上海书店1985年版，第19页。

④ （明）谈迁：《国榷》卷97，崇祯十四年八月，“谈迁曰”，第5905页。

⑤ 《清太宗文皇帝实录》卷61，崇德七年六月癸亥。

⑥ （清）蒋良骐：《东华录》卷4，崇德七年六月。

⑦ （清）蒋良骐：《东华录》卷4，崇德七年六月。

甲。在廷臣的压力之下，崇祯帝“降严旨，切责新甲，令自陈”[①]，以陈新甲做替罪羊，将其处死，这样明与清几近达成的和议，又宣告破产。

当年取得松锦大捷之后，清朝固山额真墨尔根侍郎李国翰曾向皇太极提出，趁明朝人心动摇之际，攻取明朝京城，成就霸业。但清太宗自有他的一套战略思想，曰：“取燕京如伐大树，须先从两旁砍之，则大树自仆。今不取关外四城，岂能即可山海关乎？今明精兵已尽，我四围纵略，彼日衰我日盛，从此燕京可得矣。”[②]可以看出，皇太极对于攻打明朝的都城，是比较谨慎的，他采取对明朝的“伐树”战术，首先清除明朝京城周围的力量，然后同明军展开决战，攻取北京。崇德七年十月，在皇太极认为对明朝展开集中攻击的条件已具备的情况下，以“朕不忍明国生灵涂炭，屡欲讲和，其君臣不从”为由，命多罗饶余贝勒阿巴泰为奉命大将军，与内大臣图尔格，统领将士，“起兵讨之（明国）”。[③]之后，皇太极又命多罗豫郡王多铎、多罗郡王阿达礼，“率兵赴宁远边外立营”[④]，以牵制宁远援兵。此为皇太极第五次用兵明朝关内。

多罗饶余贝勒阿巴泰统率的清兵分两路，分别由界领口和黄崖口毁边墙入塞，击溃明朝守军，会师蓟州。在此，清军分兵攻打真定、河间、香河。很快，清军攻占河北霸州、山东临清等许多城市。崇德八年（1643）三月，清军回师至忻州，在京畿怀柔县北螺山，重创明八总兵，于五月一日安然出边。[⑤]

清兵此番深入明朝腹地，历时八个月，“计攻克三府、十八州、六十七县，共八十八城，归顺者六城。击败敌兵三十九处，所获黄金，万有二千二百五十两。白金二百二十万五千二百七十两有奇，珍珠四千四百四十两，各色缎共五万二千二百三十匹。缎衣、裘衣万有三千八百四十领，貂、狐、豹、虎等皮五百有奇，整角及角面千有一百六十副，俘获人民三十六万九千名口，驼、马、骡、牛、驴、羊共三十二万一千有奇。外有法

① （清）张廷玉：《明史》卷 257，列传 145，《陈新甲传》。

② （清）蒋良骐：《东华录》卷 4，崇德七年九月。

③ 《清太宗实录稿本》，《清初史料丛刊》第三种，辽宁大学历史系，1978 年，第 70 页。

④ 《清太宗文皇帝实录》卷 63，崇德七年十月己未。

⑤ 转引自袁闾琨等：《清代前史》，第 687 ～ 688 页。

窖所得银两，剖为三分。以一分给赏将士。其众兵私或财物，莫可算数”[①]。

总之，清崇德政权建立后，加快取代明朝的速度，与明朝展开战略决战——松锦决战，先后五次进兵关内，尤其是第五次远征，取得极大的成功，它不仅壮大了清朝的力量，而且沉重地打击了处于风雨飘摇中的明王朝的统治，正如密切关注中国大陆局势的朝鲜仁祖国王所言：“中朝之运，亦已衰矣。”[②] 明政权的覆亡，已是指日可待了。

第二节　朝鲜继续对明“事大”与清再伐朝鲜

在1627年的丁卯之役中，后金虽然与朝鲜结成“兄弟关系”，但军事上的胜利，并没有使朝鲜民众从心理上皈依于后金；相反，对于明朝援朝御倭战争中对朝鲜的“再造之恩”，朝鲜民众一直感念不已，故朝鲜君臣依然信奉明朝为上国的交往原则，处处“事大”于明，这令后金很是反感。皇太极改金为清称皇帝，朝鲜却带头抵制，拒绝上尊号，这惹恼了皇太极，于是刚刚登基做皇帝的皇太极御驾亲征，亲自带领大军讨伐朝鲜，史称“丙子之役”，最终迫使朝鲜国王臣服，彻底归顺到清朝方面来。

一、朝鲜拒绝后金“僭号”加深两者之间矛盾

清太宗认识到，欲顺利地进行对明战争乃至统一天下，东邻朝鲜始终是一个影响因素，只有将其彻底打败，才能消除清全力征明的后顾之患，于是就发生了皇太极讨伐朝鲜的第二次战争。

早在天聪年间，皇太极已不满足于朝鲜仍为明朝的臣属，而后金与朝鲜仅仅为“兄弟之邦”，试图通过丁卯之役的胜利，要求朝鲜与明断交，内服于后金，将朝鲜完全置于后金的控制之下，因而向朝鲜提出缔结君臣关系，即“当革兄弟之盟，更结君臣之约，待来差以天使之礼”[③]。但朝鲜并不答

① 《清太宗文皇帝实录》卷64，崇德八年五月癸卯。
② 《朝鲜仁祖实录》卷43，二十年五月乙酉。
③ 李肯翊：《燃藜室记述》卷27，《丙子虏乱》，《清入关前史料选辑》第一辑，第469页。

应，仍然以明朝为上国，从礼仪等各方面抵制后金。随着后金力量的不断增强，皇太极更加难以容忍朝鲜的不恭态度；尤其是皇太极改制称帝后，朝鲜拒绝给皇太极上尊号，导致双方关系终于破裂。

天聪十年（1636）二月，在称帝改制前夕，皇太极派遣以英俄尔岱、马福塔、尼勘为首的两百余人的使团，“往吊朝鲜王妻丧”。同行的后金国八和硕贝勒、十七固山大臣联合给朝鲜国王上书，动员朝鲜国王“共定尊号”，拥戴金汗皇太极为帝；外藩蒙古四十九贝勒也上书朝鲜国王，称“观天象，大明必亡”，因此劝朝鲜国王“顺天意，进汗尊号”。[①]皇太极之所以在此时派出赴朝鲜的吊唁团，并默许后金贝勒及蒙古贝勒联合致书朝鲜国王，表面上是为了将称帝一事“通于兄弟国”[②]，实际上是试图通过朝鲜国，对外界表明一个新的王朝即将确立的消息。

对于后金派来的使臣，朝鲜方面清醒地认识到，“此乃探我国之意，欲为加兵也”[③]。对皇太极称帝改制一事，朝鲜统治集团内部有两种意见。以完城君崔鸣吉为首的主和派主张谨慎对待后金的这一举动，即“答其循例之书，而拒其悖理之言，君臣之义，邻国之道，得以两全。权宜缓祸之策，亦何可全然不思乎”。而以司宪府掌令洪翼汉、弘文馆人员玉堂等为首的朝鲜官员，从朱子学的名分论出发，怀有强烈的向明心理，是慕华政策的坚定维护者，因而他们集体上书国王，强烈反对皇太极的僭号，要求拒绝上尊号。洪翼汉慷慨激昂地陈述表白道：“臣自闻僭帝之说，胆欲裂而气欲短，宁为鲁连之死，而不忍使其言污耳也。”[④]甚至还做好了因抵抗后金汗而被治罪的心理准备，“虽万被诛戮，实所甘心”[⑤]。玉堂则分析了朝鲜的屈辱处境，指出后金以朝鲜为属国的企图，即“彼既欲僭窃伪号，则必不待我以邻国，将臣妾我也，属国我也”[⑥]。朝鲜备边司认为，自丁卯之役以来的“十年之间（后金）欲壑无厌，恐吓日甚，此诚我国前所未有之羞耻

---

① 《满文老档》太宗皇帝第 11 函，第 2 册，崇德元年二月初二日，第 1372 ～ 1376 页。
② 柳潚：《醉吃集》卷 4，《诗》，《韩国文集丛刊》第 71 册，第 75 页。
③ 罗万甲：《丙子录》，《记初头委折》，载《清入关前史料选辑》第二辑，第 452 页。
④ 李肯翊：《燃藜室记述》卷 27，《丙子虏乱》，载《清入关前史料选辑》第一辑，第 473 页。
⑤ 洪翼汉：《花浦先生遗稿》卷 3，《抗金汗书》，《韩国文集丛刊》第 22 册，第 392 页。
⑥ 《朝鲜仁祖实录》卷 32，十四年二月丙申。

也”[1]，因而朝鲜“两司合启斥和修兵，以振作自强”[2]，朝鲜国内尊明斥金之声占了上风。在大臣们的影响下，仁祖国王认为朝鲜难以接受皇太极的“僭号”行为，故拒不接见后金使臣英俄尔岱等，并派遣士兵在其住处昼夜监守。英俄尔岱见此情形非常愤怒，“夺城中马乘之，突门而出”[3]。当英俄尔岱带人离开朝鲜京城时，“其出城也，观者塞路，群童或掷瓦以辱之”[4]，可以说，英俄尔岱此行受到了极大的羞辱。朝鲜对皇太极改制称帝的抵制态度，令皇太极异常愤怒，他决定征调军队，在适当的时机发兵朝鲜。

天聪十年（1636）四月十一日，皇太极正式称帝，改国号大清，改元崇德。在皇太极登基典礼之日，外藩蒙古贝勒、满洲诸贝勒大臣皆行跪拜礼予以庆贺，而朝鲜国春信使罗德宪、回答使李廓致却“抵死不从”，甚至在“差胡殴捽廓等，衣冠尽破”的情况下，“终不入降虏，汉人至有垂泪者”。[5]由于朝鲜使臣坚持不向皇太极行叩拜礼，拒绝拥戴皇太极称帝，皇太极斥责朝鲜使臣道：“此皆（朝鲜）国王有意构怨，欲我先起衅端，杀彼使臣，然后加朕我以背弃天盟之名。”[6]这促使皇太极进一步产生兴兵朝鲜的打算。

五月，朝鲜使臣罗德宪、李廓回归本国，清太宗除了赠送朝鲜国王礼物“上等貂皮一百五十张，人参四十斤、折里貂皮四十张、下等貂皮一百张”[7]，还让二人带书信给朝鲜国王。罗德宪、李廓担心清帝致朝鲜国王的书信内容有不尊重朝鲜之处，就私下拆开看了，果然见书信中称朝鲜为“尔国”，又多“斥责之辞”，“无复兄弟相敬之道，而视如奴隶”；二人认为若持此书归国，则是“自辱我君父也”，感到“虽万万磔死，不足以当此罪”。故二人没有将此书带回朝鲜，而是将书信留置在通远堡，要求该堡军官将书信返还清太宗，并留下一封致通远堡军官的信，表示抗议。在书信中，二人声称在清受到不公正待遇（即清大臣强迫二人给皇太极行礼之事），曰：“猝

① 赵庆男：《乱中杂录》八，《续杂录》，载《清入关前史料选辑》第三辑，第404页。
② 郑忠信：《晚云先生集》附录卷2，《年谱》，载《韩国文集丛刊》第83册，第369页。
③ 《满文老档》太宗皇帝第11函，第6册，崇德元年三月二十日，第1409～1410页。
④ 《朝鲜仁祖实录》卷32，十四年二月辛丑。
⑤ 罗万甲：《丙子录》，《记初头委折》，载《清入关前史料选辑》第二辑，第452页。
⑥ 《满文老档》太宗皇帝第12函，第8册，崇德元年四月条，第1427页。
⑦ 《清太宗实录稿本》，《清初史料丛刊》第三种，第20页。

见意外之逼，不能自断头领，备受困横，此今古所未有也。今幸归到我境，当伏国法，有死而已，复何言哉？”声明：“贵国既以非礼之书劫勒以送，故俺等亦以异常之规委置而归。”[①]

尽管罗德宪、李廓极力维护朝鲜王朝的尊严，但他们回到朝鲜后，仍然受到群臣百官的声讨，认为他们没有“严辞峻斥”清帝僭号之书，要求将二人“枭示于境上”。[②]在国内“远近疏章，逐日沓至，皆是斥和攻虏之言”[③]的氛围下，朝鲜仁祖国王李倧发布檄文，仍然宣称对明朝的忠贞不二，拒不承认清国，所谓：“今我大明，乃二百年混一之主，我安得以一失辽沈，辄萌异心，从贵国耶？”[④]

十月，朝鲜国王派使臣拜米，率15人携朝鲜国王的书信到达盛京。清太宗拒绝接见，曰：“尔王既不阅我书，遣我使回，我何为览尔书？”[⑤]打发拜米带着原信返回。朝鲜国王担心双方关系进一步恶化，于是致书清太宗，说明使臣失礼、不敢带回书信的原因在于，后金（清）虽与朝鲜约为兄弟，但并不以平等之礼对待朝鲜使臣，并且书信中充满对朝鲜的谩骂之言，故使臣不敢带回书信“馆臣不受其书，亦是不敢自卑其君父”[⑥]。对此辩解，清朝方面并不认同。

早在当年四月，清太宗曾致书朝鲜国王，责怪朝鲜败盟，指责朝鲜国王“心怀变诈，欲启兵端”，如1619年朝鲜助兵明朝，“肆逞干戈，谋害我国（清）”；容纳后金叛亡之人并献之明朝；孔、耿二将投奔后金，朝鲜竟兴兵“助明截杀”；后金索船欲征明朝，而朝鲜拒绝；后金给朝鲜的国书，朝鲜国王“竟不开视”；清使臣英俄尔岱得到朝鲜欲兴兵的密书等。[⑦]为此，朝鲜仁祖王致书清太宗，解释清朝责怪朝鲜败盟之事。仁祖首先指出，两国通好，已经十年，“实民生之所徼福，上穹之所垂佑”。仁祖认为朝鲜与清朝目

---

① 参见《朝鲜国来书簿》，崇德元年五月壬子，载张存武、叶泉宏编：《清入关前与朝鲜往来国书汇编》（1619～1643），国史馆2000年版，第187～188页。

② 罗万甲：《丙子录》，《记初头委折》，转引自《清入关前史料选辑》第二辑，第452页。

③ 罗万甲：《丙子录》，《记初头委折》，转引自《清入关前史料选辑》第二辑，第453页。

④ 《尊周汇编》草本，纪年第二，仁祖朝二，卷二，第79页。

⑤ 《满文老档》太宗皇帝第15函，第32册，崇德元年十月二十七日，第1642～1643页。

⑥ 《朝鲜仁祖实录》卷32，十四年六月庚寅。

⑦ 参见《清太宗文皇帝实录》卷28，天聪十年四月己丑。

前存在的问题不外乎有以下三点：一则汉人之事，二则边民之事，三则谗闻之说。仁祖解释道，朝鲜臣事明朝，敬待汉人，乃礼之当然。当年后金与朝鲜订立交邻盟约时，朝鲜曾明确提出不背叛明朝，对此后金表示接受；如今清朝以朝鲜善待明朝汉人而责怪朝鲜，这是没有道理的，“以臣向君，乃穷天地、亘古今之大义也”。边民之事，朝鲜国王首先自责政令失严，致使边民犯禁越边，采参围猎；然而在朝鲜已将越边之民处决的情况下，清朝仍不依不饶，这令国王也很为难。至于朝鲜进贡时藏匿好货，杀死商贾，慢待清朝使臣等谗言“皆出奸细之谗构”。[①] 朝鲜进一步指出是清朝方面首先败盟，理由为：明朝非常尊重朝鲜，以礼相待朝鲜使臣，并且对朝鲜回赐甚厚；而清朝与朝鲜盟约后，对朝鲜动辄谩骂，侮辱朝鲜使臣。朝鲜国王认为既然已经对天发誓，订立友好交邻盟约，就不应当随意违背；但是现在清朝凭兵力强盛，挟制兄弟之国，竟然指责朝鲜首先背盟挑起兵端，这是没有道理的，朝鲜实在无言可辩，因为朝鲜“无兵可挟，无财可资，而所讲者大义，所恃者上天而已”[②]，只是寄希望于上天明鉴。

朝鲜国王除了下令全国备战以及与清开展外交斗争外，还向明王朝发书求救，曰：“小邦斥和之后，朝夕被兵，而兵残力弱，无以抵挡。唯望父母邦之来救矣。”[③] 但当时的明王朝正处在农民军与清兵的夹击之中，尤其是农民起义军势力发展迅猛，使明王朝穷于应付，“方苦流寇，不暇顾藩属”[④]，因而根本没有精力来支援朝鲜。失去明朝的支持，朝鲜抗击清军的决心也发生了动摇。

由上述可以看出，在朝鲜与清的交往中，清太宗的态度非常强硬，与朝鲜针锋相对，毫不退让，此时的清朝随着国力的强盛，已非同于努尔哈赤时期那样担心朝鲜与明朝的联合，朝鲜对清朝已经难以构成威胁，皇太极不能继续容忍朝鲜的不恭不敬，随之果断地发动对朝鲜的第二次征伐战争。

---

① 《朝鲜仁祖实录》卷 32，十四年六月庚寅。

② 《朝鲜仁祖实录》卷 32，十四年六月庚寅。

③ 《朝鲜仁祖实录》卷 33，十四年九月甲辰。

④ （清）黄鸿寿：《清史纪事本末》，上海书店 1986 年版，第 16 页。

二、丙子之役与清取代明成为朝鲜的上国

为了确保对朝鲜战争的顺利进行，清太宗皇太极需要做一些准备和动员工作。首先，他召集满洲贵族开会，讨论是否对朝鲜兴师问罪，当时大贝勒代善反对出兵，而“九王（多尔衮）及龙（英俄尔岱）马（马福塔）二将，力劝动兵”[①]，皇太极表态支持对朝战争提议，这样在内部取得了意见的统一；其次，崇德元年（1636）十一月十九日，清太宗在笃恭殿召开会议，对全体贝勒大臣宣布清朝将再次对朝鲜发动战争，要求他们积极配合作战，即“尔等简阅甲士……携半月行粮，于二十九日来会”[②]；其三，出征之前的十一月二十五日，清太宗举行仪式，率诸王、贝勒、贝子及文武群臣祭祀天地与祖庙，“告征朝鲜之由”[③]。

十一月二十九日，清太宗为出兵事发布告朝鲜国官民书，说明清朝发动战争的缘由，并详细历数朝鲜国王私自背盟之事，照录如下：

> 今我兴师来此，非乐欲杀掠尔等。我仍欲相好，乃尔国王及其近臣不从，先启衅端。我国与尔国，接壤而居，向无嫌隙。己未年，尔国助明，先启衅端，发兵前来。对尔国官兵，当杀者杀之，当擒者执之，当还者释之。纵然如此，我仍念大义，隐忍不言，未加征讨。我征辽东，得辽东地方之后，尔国复助大明，招诱我民，给予明国，留居尔地，给粮养之，协谋期图我。时我生怒，于丁卯年往征尔国，职此故也。然我仍念邻睦相之道，未令我军深入，盟誓结好而归。时我兵退，非因尔兵强勇也，盖我知人亡民苦，惜邻国和好之道，念两国太平，故撤军耳。其后十年之间，尔国王及首席大臣等，复纳我逃人，送之明国。孔、耿二将军叛明来投我，尔兵截战之，及我军到彼，复向我军施放枪炮拒战，此次战端，又尔国先启之。明欲伐我，求船于尔，尔即予之，我国征明，索船而弗与。尔国既云中立，各不相与，是为正理。与明而不与我，是助明而图我也。不令我使臣见尔国王，

① 李肯翊：《燃藜室记述》卷27，《丙子虏乱》，载《清入关前史料选辑》第一辑，第484页。
② 《清太宗文皇帝实录》卷32，崇德元年十一月己未。
③ 《清太宗文皇帝实录》卷32，崇德元年十一月乙丑。

不阅我所遗之书，我国使臣知尔国败盟，返还时，得尔国王遗平安道洪观察使之书，书云卯年向我讲和，乃权宜之计，今永绝成仇，当固边关，励勇敢之人，集智谋之士等语。予不可枚举。[①]

在这篇告朝鲜国民书中，清太宗皇太极对朝鲜国王表达的不满，还是体现在以往反复提到的几件事上：一是1619年的萨尔浒之战中，朝鲜出兵助明抗金；二是，朝鲜容留毛文龙到朝鲜驻军，并给予军事及物资支持；三是，朝鲜设法阻挠投向后金的孔有德、耿仲明军队；四是，当后金向朝鲜借船对明作战时，朝鲜并不答应；五是，朝鲜国王不接待后金使臣，不拆阅后金汗来信等。

清太宗把战争爆发的责任归咎于朝鲜国王，"此非我欲加害尔等，实系尔国王及大臣贻祸于尔等耳"。为了动摇朝鲜军民抗击清军的决心，减少清军进军的阻力，皇太极安抚朝鲜官兵百姓曰："凡拒敌者诛之，不拒敌者宥之，奔逃者则俘之。凡安居城池屯舍而归服者，秋毫无犯，悉收养之。"[②]

经过一番舆论及军事准备工作，在各方面条件成熟的条件下，十二月二日，清太宗御驾亲征，率领12万军队[③]，对朝鲜发起第二次入侵战争。这一年为中国农历丙子年，史称此次战争为"丙子之役"（朝鲜方面称之为"丙子虏乱"）。

清军征伐朝鲜的军队分为左右两支队伍，即"时和硕礼兄亲王（代善）、和硕睿亲王（多尔衮）、和硕豫亲王（多铎）、多罗贝勒岳托、多罗贝勒豪格、多罗安平贝勒（杜度）及固山贝子等率大军、固山额真等率诸军卯刻出城。右翼兵向南往东京路两侧至浑河岸排列，左翼兵向东往抚顺路排列"[④]。战争开始后，清朝两路大军进程顺利，"初九日到鸭绿江边，十日渡

---

① 《满文老档》太宗皇帝第16函，第37册，崇德元年十一月二十九日，第1715～1716页。
② 《满文老档》太宗皇帝第16函，第37册，崇德元年十一月二十九日，第1716～1717页。
③ "清兵自号二十万，实七万，蒙兵三万，孔耿兵二万，合十二万云"（李肯翊：《燃藜室记述》卷27，《丙子虏乱》，载《清入关前史料选辑》第一辑，第485页）。
④ 《满文老档》太宗皇帝第16函，第38册，崇德元年十二月初二日，第1718页。

江已到安州矣”[①]。

在攻打朝鲜安州时，清太宗致书安州守臣进行招降。在书信中，清太宗强调此次征讨朝鲜，并非因朝鲜国弱小容易攻取，也非清朝依仗自己强大而抢掠朝鲜财物，而是由于朝鲜君臣违背了天地盟誓，密书相约对抗清朝，朝鲜败盟有明证。在多次斥责无效的情况下，于是清太宗才祭告天地征发大兵。清太宗指出，不要期望清军很快撤兵，因为清军的后续人军携带红夷大炮、火器战车随后而来，要分兵驻扎在朝鲜的八道之地，并定要攻下朝鲜王京，即使朝鲜国王逃到江岛，清军也一定要乘船追击，务必要捉拿到手。清太宗对朝鲜官员实施攻心战术，劝说守将投降，以保全名节，因为若是清朝欺朝鲜国弱小，兴无名之师，则守城也值得；但实在是由于朝鲜君臣不愿太平，不顾盟好，不虑家国之危亡，不念军民之涂炭，先启兵端，“招罪强大之所至耳”。清太宗要求守将认清形势，弃暗投明，速速投降，“撄锋逆命者，不论官兵尽戮，倾心归顺者，列等级而优养之”，甚至连守将的退路都设计好了，告诫他们不要担心自己的妻子家族受到牵连，因为此时朝鲜国王“自救不赡，奚暇戮尔之妻子宗族哉”。[②]但是安州守将并不听信宣传，而是拒不投降，顽强抵抗。于是，清军攻下安州后，在安州纵掠二日。

十二月十四日，清军抵达朝鲜王京汉城附近。时任礼曹判书的金尚宪率军加强对京城的防守，但在满洲骑兵的凌厉攻势下，朝鲜军队溃不成军，无法抵挡住清军的进攻，节节败退，于是仁祖国王率领金尚宪等文武大臣逃到汉城东 30 里的南汉山城避难。十五日，清军在南汉山城附近集结，对南汉山城形成包围之势。二十日，仁祖王曾派户曹判书金荩国前往清军营中诘责清朝曰：“十年和约，何可一朝背之？君其思量。”但清朝方面并未理会；二十九日，清太宗亲自指挥军队攻打南汉山城，“贼始策马突入，马疾如飞，直冲我阵，我军散乱”[③]，南汉山城指日可破。

早在清太宗亲征朝鲜之前，朝鲜已认识到与清朝的再次战争已不可避

---

① 崇祯九年十二月十一日，石之衍：《南汉日记》，http://pds.lib.harvard.edu/pds/view/，2016 年 3 月 18 日。

② 参见《清太宗文皇帝实录》卷 32，崇德元年十二月丙戌。

③ 崇祯九年十二月二十日、二十九日，《南汉日记》，第 15、19 页。

免，因而仁祖国王曾向明朝发出救援请求；当时的明朝监军并未表示同情，反而责怪朝鲜方面自身不加强武备建设，所谓："贵国专尚文华，不事武略，且不分兵农，故如是委靡。若加操练，则何患兵力之单弱乎？"[①]实际上，此时的明军受困于明末农民战争，根本无力出兵救援朝鲜，朝鲜试图依靠明朝救助自己的计划无法实现。

在清军重重包围南汉山城，朝鲜难以避免被攻破城池的情况下，仁祖国王与群臣商讨对策。当时，以崔鸣吉为首的大臣提出派世子前去清军营中与清军议和，并代国王拟好了投降协议书，但以金尚宪为代表的一部分大臣反对投降清军。金尚宪撕毁了投降国书，历数投降的耻辱，声称要"斩此建议者，誓不与共戴天日"[②]。并且，为表达抗击清军的决心，金尚宪"累日绝食，至是自缢，为子所救解，得不死"，人们为其高尚的民族气节所感动，"闻者莫不惊叹"。[③]后来，出于积聚能量与清军进行长期斗争的考虑，金尚宪恢复饮食，即"曰：'我若不食先死，则人必谓欲避虏阵之行'云矣"[④]。不过遗憾的是，由于大势所趋，金尚宪的"斥和"行为难以挽救朝鲜的命运。

在清军的强大军事压力之下，尽管朝鲜仁祖国王感叹"三百年血诚事大，受恩深重，而一朝将为臣妾于仇虏，岂不痛哉"[⑤]，但只能面对现实，准备与清朝议和。此时，清帝皇太极加大对南汉山城的围攻力度，"号三十万，张黄伞登城，东望月峰，俯瞰城中"[⑥]；同时，皇太极致书朝鲜国王，讥讽其只顾自身性命不顾黎民百姓，所谓"仅以一身遁入山城，纵命延千年，有何益哉"，并指责朝鲜国王对清帝的种种不敬之辞"悖妄之言，不可胜记"。[⑦]崇德二年（1637）正月初三日，在孤立无援的情况下，仁祖国王只好上书清太宗，"请恕罪罢兵俾其自新"。在书信中，朝鲜国王把自己摆在弱者的位置上，声称地处偏僻海岛，"惟事诗书，不习兵戈，以弱服强，以小事大"，首

① 《朝鲜仁祖实录》卷33，十四年九月甲辰。
② 李肯翊：《燃藜室记述》卷27，《丙子虏乱》，载《清入关前史料选辑》第一辑，第490页。
③ 《朝鲜仁祖实录》卷34，十五年元月戊辰。
④ 罗万甲：《丙子录》，《急报以后日录》，载《清入关前史料选辑》第二辑，第458、478页。
⑤ 《朝鲜仁祖实录》卷33，十四年十二月丁亥。
⑥ 《朝鲜仁祖实录》卷34，十五年元月辛丑。
⑦ 《南汉日记》，崇祯十年正月二日，第24页。

先表明“自从丁卯结好以来，十余年间情好之读，礼节之恭，不但大国所知，实是皇天所鉴”。对于往日之事，承认边民采参，以及孔、耿之事给两国关系带来的负面影响，又承认使臣不带回书信，有失礼节。对清太宗指责的“密书”一事，仁祖王不予承认，认为是没有的事，不承认有对女真人“谋害”之事，因为朝鲜以兄弟盟好为重“无以一镞相向”。最后仁祖表示，朝鲜方面已然认识到错误，希望清太宗能够念及丁卯誓天之约，不要责之太严，“恤小邦生灵之命，容令小邦改图自新，则小邦之洗心从事，自今日始”[①]。正月十三日，仁祖国王又上书“请清皇许自新保宗社”曰：“蒙大国翻然拾过，许其自新，俾得保守宗社，长奉大国。”这样不仅朝鲜君臣将“铭缕感戴”，子孙永世不忘，并且天下人也会“无不服大国之威信”。反之，如果图一时之快，务要兴兵伤及兄弟之情，则“闭自新之路，以绝诸国之望”，想必这也不是清太宗的本意。[②]

接到朝鲜的来信，清太宗致书朝鲜国王，指责朝鲜“先背盟好”才招致清军再次来征。清太宗指出，由于朝鲜有“构兵之意”，清朝方面已经多次予以警告，因此并非“诡谲兴师”；另外，对于朝鲜国王所声称的“不习兵革”予以反驳，对朝鲜练兵、修城、修路、造车等“谋动干戈”等行为进行了谴责，认为朝鲜王朝是谚语中所谓的“羊质虎皮者”，“恬不知愧”。清太宗最后对朝鲜国王下通牒曰：“今尔欲生耶，亟宜出城归命。欲战耶，亦宜亟出一战，两兵相接，上天自有处分矣。”[③]

朝鲜国王随后复信清太宗，表示愿意“倾心归命”，但不想出城投降；清太宗则当即诏谕朝鲜国王，勒令其出城面见清帝，并缚送抗清的主谋二三人，“枭示以警后人”[④]。朝鲜国王则表示，接受清朝提出的各种条件，但仍然请求免国王出城一款，因为自高丽朝以来，就没有这样的惯例“以死自必不欲出”；至于斥和之臣，他们作为专职的谏官，有进谏之责，正是由于他

① 参见《朝鲜国来书簿》，崇德二年正月癸卯，载《清入关前与朝鲜往来国书汇编》，第199～200页。

② 参见《朝鲜国来书簿》，崇德二年正月癸丑，载《清入关前与朝鲜往来国书汇编》，第200～201页。

③ 参见《满清入关前与高丽交涉史料》，崇德二年正月丁巳，载《清入关前与朝鲜往来国书汇编》，第204页。

④《南汉日记》，崇祯十年正月二十日，第40～41页。

们提出了一些拒和的荒谬意见，致使朝鲜生灵遭受涂炭，对此朝廷已经对他们做出处理，因而也请求清朝免送这些斥和之臣。[①]

清太宗并不理会朝鲜的请求，而是一方面命多尔衮率军往攻江华岛，对朝鲜施加军事压力，另一方面加紧对朝鲜的招降，连续致书朝鲜国王曰："今尔有众，欲生耶，亟宜出城归命，欲战耶，亦宜亟出一战。"又以家属安危为筹码，要求仁祖国王尽早投降，即"即攻战所得，朕犹矜悯宽恤，令尔家属完聚。兹特谕尔闻知。尔不速遵二十日之诏而前来，是自弃其家属也"。[②]迫于不利的现实局势，二十三日，朝鲜国王派崔鸣吉赍书面见清太宗，表示归附大清，"自兹以往，事大之礼，悉照常式，永世不绝。臣方以诚信事陛下，陛下亦以礼仪待小邦，君臣之间，各尽其道"[③]，并将极力主张抗清的前台谏官洪翼汉、弘文馆校理尹集、修撰吴达济等送至清营，"以并处分"[④]，但仁祖心存幻想，仍然不想出城归降。

此时，多尔衮率领的清军攻占江华岛，俘获朝鲜王妃、世子等家属；在此既不能战又不能守的情况下，无奈的仁祖王李倧"以汉江口滨海之地及江华岛城既失，妻子及群臣尽被俘获，身复受困南汉，旦夕城陷，八道人民流离四散，各道援兵皆被击败，宗社将覆，无计可免"，三十日，出南汉山城投降清朝，"弃兵器，服朝服，率文武群臣，献上明国所给敕印"，对清太宗皇太极俯首称臣，曰："自兹以后，改过自新，世世子孙，不忘厚泽。"皇太极表示曰："朝鲜国王既知罪来降，朕岂有念旧恶苛责之理，今后一心尽忠，不忘恩德可也，前事毋再言及。"[⑤]清与朝鲜于汉江东岸三田渡（今首尔东坡区三田渡）地方筑坛誓盟，订立《南汉山城条约》，史称"三田渡之盟"。二月二日，清军从朝鲜撤出。

《南汉山城条约》的内容，一共有17项，概括起来主要有如下九点：第一，朝鲜仁祖国王悔过自新，真心投降，将明朝所赠予的诰命、册印献给清朝作为请罪，并断绝与明的交往，废除所使用的明朝年号，改行清朝的年

① 参见《朝鲜国来书簿》，崇德二年正月辛酉，《清入关前与朝鲜往来国书汇编》，第207～208页。

② 《清太宗文皇帝实录》卷33，崇德二年正月丁巳、甲子。

③ 《朝鲜仁祖实录》卷34，十五年正月癸亥。

④ 《清太宗文皇帝实录》卷33，崇德二年正月戊辰。

⑤ 《清太宗文皇帝实录》卷33，崇德二年正月庚午。

号。第二，要求朝鲜国王以长子及另一子送到清朝作为人质，一旦有不测发生，则清朝可立朝鲜质子即位。第三，在清朝与明作战时，朝鲜应按照清朝的指示派军队进行支援，并进献犒军之礼。第四，每逢圣节、正旦、冬至及有庆吊等事，朝鲜都应贡献礼物。第五，朝鲜给清朝的上书奉表，以及清朝派使臣到朝鲜，朝鲜都要按照对待明朝的规格来接待。第六，对于逃到朝鲜的清朝边民，要将其执拿送回清朝主人。第七，清朝的内外诸臣与朝鲜人缔结婚姻，加强友好。第八，朝鲜不得修筑新旧城垣。第九，朝鲜每年应进贡清朝的方物数目为："黄金二百两、白银一千两、水牛角弓面二百副、豹皮一百张、鹿皮一百张、茶一千包、水獭皮四百张、青黍皮三百张、胡椒十斗、好腰刀二十六把、顺刀二十把、苏木二百斤、好大纸一千卷、好小纸一千五百卷、五爪龙席四领、各样花席四十领、白苎布二百匹、各色绵绸两千匹、各色细麻布四百匹、各色细布一万匹、布一千四百匹、米一万包。"①

当年十月，清太宗派遣使臣英俄尔岱前去朝鲜，对朝鲜国王李倧进行册封，并赐"玉纽金印、诰命，并黑狐套一领、制帽黑狐皮一张、貂皮百张、镀金雕鞍良马一匹"②。这样一来，通过丙子之役以及签订的盟约，朝鲜与清的政治关系发生新的变化，由此前的兄弟之国，演变为父子之邦，正如朝鲜国王李倧所言："自正月三十日以前，则为明国之臣子；正月三十日以后，则为大清之臣子。"③ 从此以后，朝鲜不再接受明朝的册封，停止对明朝的进贡，转而对清称臣纳贡，清朝与朝鲜之间的封贡关系正式确定下来。

总之，清朝通过对朝鲜再次发动的丙子之役军事征服战争，取得了政治、经济上的巨大收益：首先，在政治上，使朝鲜由明朝封贡体系转入到清朝的统治体系之中，自此朝鲜成为清朝的臣属之国，此后的清朝后方稳固，无须再去顾忌朝鲜这个影响其与明朝争夺天下的后顾之患，而是专力对明进行战争；其次，在经济上，通过条约规定了朝鲜应尽的经济义务，这样清朝就可以源源不断地得到来自朝鲜的物资供应，从而确保了清朝下一步同明朝战争的物质保障。

---

① 郑昌顺等：《同文汇考》第 2 册，崇德二年正月戊辰，第 1488 页；别编第 2 卷，第 1 ～ 2 页，珪庭出版社 1980 年影印版。

② 《清太宗文皇帝实录》卷 39，崇德二年十月庚申。

③ 《清太宗文皇帝实录》卷 39，崇德二年十一月庚午。

第三节 武力征服下清与朝鲜封贡关系的不和谐

清朝通过发动丙子之役，迫使朝鲜签订盟约缔结君臣关系，但由于明王朝尚未灭亡，因而深受儒家义理思想影响的朝鲜，仍然心仪明朝，处处体现出尊明倾向。与此相反，朝鲜屡屡与清朝产生争执，双方之间存在着许多不和谐的因素，由此反映出朝鲜由“事明”转变为“奉清”的艰难历程。

一、清朝坚决反对朝鲜的尊明倾向

崇德二年（1637）二月，清朝与朝鲜订立盟约时，清朝要求朝鲜“与明人永绝，一应文札奉我正朔……其所进表笺及迎送馈遗我国使臣之礼，俱照明国之例”，即要求朝鲜断绝与明的关系，单方面进贡清朝。虽然朝鲜也表示称藩归附：“皇帝宽仁，生已死之身，存已亡之国，全三百年之宗社，恩德异常，世世子孙顶戴不忘。”[①] 但朝鲜方面一直以为，朝鲜世受皇明厚恩，与明朝已有两百余年的传统友好关系，名分素定，如今怎能以明朝丧失了辽沈之地，就萌生异心，跟随清军与明朝对抗呢！正如朝鲜大司宪金荣祖所谓：“我国之于天朝，义则君臣，恩同父子。二百年来，国中凡有大小事，必先陈奏，此实子有疾痛，必呼父母之意也。况今逢此无前之变，可缓陈奏之举乎……”[②] 因而，朝鲜在官方文献、国内历书以及祭享祝辞时，仍然使用明朝皇帝的年号纪年，迫不得已时，才使用清朝皇帝的年号，仁祖国王曾宣称：“是时，我国犹不忍背弃大明，凡祭祝之文及公家藏置文书，皆书崇祯年号。”[③] 朝鲜方面的这种做法，自然令清太宗非常气愤。

为了使朝鲜彻底脱离明朝，清太宗极力煽动朝鲜的反明情绪。崇德五年（1640）正月，皇太极遗书朝鲜国王曰：“明朝之待尔国，惟事凌侮，见美女宝货即行强取，尔反以父事之，一毫不敢逾越……”[④] 当年十月，皇太极又敕谕朝鲜国王，在历数朝鲜国王罪状时，明确指责朝鲜“私通明朝”，

---

① 《清太宗文皇帝实录》卷 34，崇德二年二月乙亥。

② 金荣祖：《忘窩先生文集》卷 4，《论时事劄》，《韩国文集丛刊》第 19 册，第 134 页。

③ 《朝鲜仁祖实录》卷 44，二十一年十二月戊寅。

④ 《朝鲜国来书簿》，崇德五年正月癸丑，载《清入关前与朝鲜往来国书汇编》，第 377 页。

曰："戊寅年，违命不发骑兵，罪一。今年调发兵船，故意怠慢，不到汛地，罪一。命以马送船上兵丁，乃违之不送，止以马十五匹，送至边墙，旋复带回，仍迟延送马日期，罪一。俘获之人，逃还朝鲜，概不查送，罪一。逃去汉人，不行送来，反以尔衣帽草履与之，俾混迹藏匿，罪一。瓦尔喀家属，不尽行查出，罪一。无旨擅修城池，罪一。越境采参，罪一。命安州总兵柳林为军帅，统兵征明赎罪，乃违命发往别处设防，罪一。不以大臣之适子亲弟为质，乃以其族子及庶出之子，与他人子为质，罪一。种种罪状，难以悉数。"[①] 为此，当年十一月，清太宗皇太极派英俄尔岱为"查勘敕使"赴朝鲜质询，即"山城订约时……不通南朝，约条所载，而奉书遣使，无岁无之"；英俄尔岱不负所望，很快即查明私通明朝仇视清朝的朝鲜廷臣"金尚宪、曹汉英、咸昌儒生蔡姓人等"[②]，令朝鲜将他们解送清朝，予以惩戒。并且对于朝鲜王廷私通明朝的行为，英俄尔岱指责朝鲜国王曰："事不诚实，唯以言语搪塞为务。"并威胁朝鲜道："若不尽力备御，则其与彼想通之迹，将不可掩矣。"[③]

尽管清太宗严厉斥责朝鲜与明朝私通，但朝鲜依然我行我素，并不理会清朝的指责。崇德七年（1642）十月，明朝有两艘船至朝鲜国境界，开往皮岛、色密岛。清朝方面命朝鲜擒获明朝船只，但朝鲜并不听从。清太宗震怒，断绝与朝鲜的往来，拒绝接见朝鲜派来的使臣。朝鲜国王非常恐惧，上表奏称是阁臣崔鸣吉、兵使林庆业等私通明朝，与明朝书信往来，"曾馈送银币、人参、米谷，且彼此交相贸易"。清太宗并没有原谅朝鲜国王的开脱行为，责备其管教不严，"虽属臣下所为，王何漫不稽查"，并派英俄尔岱与户部承政车尔格、内院大学士刚林、学士副罗硕等，到凤凰城"逮崔鸣吉等鞫讯"。[④] 由于兵使林庆业得知消息后畏罪潜逃，清太宗命令朝鲜国王将崔鸣吉等通明大臣押送至凤凰城进行审讯，之后押解至沈阳予以囚禁。

崇德八年（1643）六月，清太宗对朝鲜与明应保持何种关系做出进一步说明，声称对朝鲜通明者予以严惩，借机进行恐吓。清太宗指出，朝鲜自从

---

① 《清太宗文皇帝实录》卷 53，崇德五年十月壬戌。
② 《朝鲜仁祖实录》卷 41，十八年十一月甲申、甲午。
③ 《朝鲜仁祖实录》卷 42，十九年五月癸巳。
④ 《清太宗文皇帝实录》卷 63，崇德七年十月癸卯。

事大于唐朝、大辽、大金、大元，及至太祖李成桂归命明朝，后来在壬辰战争中明抗倭援朝，朝鲜更加对明朝忠诚，以至于1619年出兵助明抗金，直至今日念念不忘明朝，这是可以理解的；但事情已经过去两百余年，“此明朝之恩亦邈矣”。然而清朝对朝鲜君民的存恤之恩，朝鲜怎能忘记的如此之快呢？清与朝鲜无怨，故朝鲜出兵属于师出无名。而后金（清）之所以两次兴兵朝鲜，是问罪于朝鲜“助明之罪”。如今明朝灭亡势在必然，因此清太宗奉劝朝鲜“勿以明为久远可恃，往来附和……尔国凡事当为我国戮力效死可也”。①

从上面的内容可以看出，朝鲜虽已经成为清朝的臣属，但并没有尽到臣属国的义务，这与此前朝鲜作为明朝属国的情况有较大的区别。明朝时期，朝鲜几乎完全听命于明，可以说是竭尽忠诚，如今朝鲜被迫脱明事清，在私下里却仍然与明保持关系。后来，在清朝的高压态势下，朝鲜被迫改奉大清正朔，与明廷进行隔绝，尤其是随着“朝鲜以金尚宪为代表的‘义理派’或被拘押沈阳或被流放边地，反清势力被驱逐出朝鲜王廷，清朝与朝鲜的关系就在这样的情况下逐渐走向稳定”②。

二、清朝与朝鲜在贡赐物品方面的争端

按照《南汉山城条约》，朝鲜应定期向清国进贡土特产品；为此，朝鲜国王曾向清国申明难以供土产的原因：“积弱以来，民散财竭，所在悬磬，公私赤立。而诏谕土贡，或非地产，虽系地产，力有所不逮。”③但清太宗并不认同，他规定朝鲜每年需进贡的贡物为：“黄细苎布三十匹、白细苎布五十匹、两色绵绸一百匹、白布一百匹、白木绵一千匹、龙纹簾席二张、黄花席一十张、满花席二十张、杂彩花席一十五张、豹皮一十张、獭皮三十张、白绵纸一千卷、粘六张厚油纸五部、黄毛笔一百支、油煤墨五十锭、干柿子三十贴、黄栗一十五斗、干鳆鱼一十贴、干八带鱼一十尾。”④崇德四年

① 《朝鲜国王来书》，崇德八年六月丁亥，载《清入关前与朝鲜往来国书汇编》，第515～516页。
② 刘为：《试论摄政王多尔衮的朝鲜政策》，《中国边疆史地研究》2005年第3期。
③ 《朝鲜国来书簿》，崇德二年二月壬申，载《清入关前与朝鲜往来国书汇编》，第217页。
④ 《朝鲜国来书簿》，崇德二年五月乙酉，《清入关前与朝鲜往来国书汇编》，第221～222页。

（1639），清朝更明确规定朝鲜的年贡礼单为："黄金五十两、白银一千两、白苎布二百匹、红绵绸二百五十匹、绿绵绸二百五十匹、白细绵绸一千五百匹、细麻布四百匹、布一千五百匹、红木绵五百匹、蓝木绵五百匹、鸦青木绵四百匹、白木绵一千四百匹、木绵七千二百匹、五爪龙席四张、各样花席四十张、豹皮一百张、鹿皮一百张、水獭皮四百张、青黍皮三百张、水牛角弓面二百副、好腰刀二十六把、顺刀二十把、苏木二百斤、胡椒一十斗、茶一千包、好大纸一千卷、好小纸一千五百卷。"[①] 这种规定朝鲜定期交纳贡物的"常贡"要求，给朝鲜带来了沉重的经济负担。

每当大清皇帝万寿节、正旦、冬至，清朝都要求朝鲜国王进贡祝贺礼物，即"凡万寿及中宫千秋、皇子千秋、冬至元旦庆贺礼并祭吊礼所贡仪物，俱遣大臣内官奉表来进"[②]。如崇德二年（1637），朝鲜贺冬至贡物礼单为："黄细苎布二十匹、白细苎布二十匹、黄细绵绸二十匹、白细绵绸二十匹、黑细麻布二十匹、龙纹簾席二张、黄花席二十张、满花席二十张、杂彩花席二十张、豹皮五张、獭皮二十张、青黍皮三十张、白绵纸二千卷、黄毛笔一百支、油煤墨五十锭。"[③] 崇德三年，朝鲜贺元旦所贡礼品数目如下："细黄绢十匹，白绢二十匹，黄棉绸二十匹，白棉绸二十匹，皂青葛布二十匹，纯龙席二张，黄色花席十五张，满花席十五张，满花方席十五张，各式纯花席十五张，豹皮二张，白纸二千刀。"[④] 当朝鲜国王分封储君以及册立继室时，皆需经过清太宗的同意，并且还要顺便带去给清太宗及其爱妃的礼单。例如，崇德七年，清太宗的宠妃关雎宫宸妃一周年丧祭之时，朝鲜为此送去礼物"豹皮五张、鹿皮十五张、水獭皮二十张、斜皮三十张、纸五百束、苏木一百斤、胡椒十斗、干姜十斗、鲜姜十斗、核桃十五斗、鲋鱼十串、八稍鱼十尾"[⑤]。

当朝鲜的贡物不符合清朝的要求时，清朝即予以拒绝。崇德四年（1639）十一月，在朝鲜贡给清朝的一万石米中，清朝接受了其中的七千五百石，其

---

① 《同文汇考》第2册，崇德四年九月丁卯，第1495～1496页；别编第2卷，第16～17页。
② 《清太宗文皇帝实录》卷34，崇德二年二月乙亥。
③ 《朝鲜国来书簿》，崇德二年十一月辛未，《清入关前与朝鲜往来国书汇编》，第244～245页。
④ 季永海、刘景宪译编：《崇德三年满文档案译编》，戊寅正月档，第3页。
⑤ 《清太宗实录稿本》，《清初史料丛刊》第三种，第60页。

他两千五百石由于颜色不好而被清朝退回。朝鲜国王随后马上上书清太宗，解释部分贡米质量差的原因，“上年酷被旱灾，播种既晚，未及成熟又遭霜雹，家收户敛，颗粒不够”，以至于出现此种情况，为此恳请清朝能够宽限时日，以便“改备新米以足前数”。[①]崇德五年三月，清朝要求朝鲜岁贡金元（一种货币单位）数百两。朝鲜国王称金元非朝鲜土产，“贸得亦未易”，故只好上交五十两，其余的用一千两白金替代送去。但清朝官员不予接收，将白金退回。朝鲜国王声称：“丧乱之余市廛荡然，遍搜闾家绝无所蓄”[②]，实在难以办到。

当然，同历代中原王朝对待臣属国的朝贡一样，清国也给予朝贡国一定的回赐，如清太宗特意派使臣英俄尔岱、马福塔、达云，封李倧为国王，并赐“玉纽金印诰命，并黑狐套一领、制帽黑狐皮一张、貂皮百张，镀金雕鞍良马一匹”[③]。清太宗对朝鲜国王的祝贺圣节、冬至等也赏赐：如崇德二年（1637）冬至节，清太宗赐朝鲜国王“黑貂皮二十张、貂皮一百张、银一百两”[④]；崇德三年元旦，清太宗“赐朝鲜国王李倧二等雕饰鞍马辔之二等马一匹，黑貂皮二十张，一般貂皮一百张，银子一百两”[⑤]，以示对朝鲜的优抚。

随着清朝经济的好转，为了笼络朝鲜，清太宗还注意减轻朝鲜百姓的负担，崇德五年（1640）十一月，清太宗借其诞辰的名义，下诏减免朝鲜的贡物，曰：“想尔国岁贡米万包，皆取给于民者，今减去九千，止贡千包。俾尔臣民，同沾浩荡。”[⑥]崇德八年五月，针对朝鲜对待清朝使臣像对待明朝使臣一样，给予很多礼物，加重了老百姓的负担，清太宗特意给朝鲜国王去信，裁减出使朝鲜的清朝使臣的礼物“故特减其数以为定例”，并做出了具体的规定，如：“以正副使臣，每一员原有鞍马二匹，今以一匹为例；原银二千五百五十九两，今以一千两为例。”并且，对朝鲜应进的岁贡礼物，清

---

① 《朝鲜国来书簿》，崇德四年十一月乙亥，载《清入关前与朝鲜往来国书汇编》，第373页。
② 《朝鲜国来书簿》，崇德五年三月庚子，载《清入关前与朝鲜往来国书汇编》，第402页。
③ 《清太宗文皇帝实录》卷39，崇德二年十月庚申。
④ 《同文汇考》第2册，崇德二年十一月辛巳，第1491页；别编第2卷，第7～8页。
⑤ 季永海、刘景宪译编：《崇德三年满文档案译编》，戊寅正月档，第10页。
⑥ 《清太宗文皇帝实录》卷53，崇德五年十一月戊寅。

太宗也做了一定程度的减免，如："原细麻布四百匹，今减去三百匹，以一百匹为例。"[①]

在清朝与朝鲜缔结"君臣"关系的前期，作为朝鲜的上国，清帝皇太极加强对朝鲜的控制，获得心理上的满足感，因而严格要求朝鲜按规定交纳贡物；朝鲜对此强迫要求颇不情愿，另外朝鲜在经济上确有实际困难，故两国之间就贡物问题存有争端。后来，随着清朝政权的稳定，皇太极注重对朝鲜的恩抚，多次减免朝鲜的贡物数额；由于明朝已难以避免其覆亡的命运，朝鲜心理上失去对明的依赖，因此在清朝主动减免贡物的积极态度下，朝鲜与清朝在此方面的争端逐渐减弱。

三、清朝与朝鲜在互市贸易上的纠纷

在已经开设中江互市以及会宁互市的基础上，为了从朝鲜获取生产、生活资料，清崇德二年（1637），清朝与朝鲜新订立互市条约为："凡凤凰城诸处官员人等往义州市易者，每年定限二次，春季二月，秋季八月；宁古塔人往会宁市易者，每年一次；库尔喀人往庆源市易者，每二年一次；由部差朝鲜通事官二人，宁古塔官骁骑校、笔帖式各一人，前往监视，定限二十日即回。"[②]但在互市过程中，清朝与朝鲜双方并没有按照既定的贸易条约去执行，因而产生许多纠纷。

崇德三年（1638）八月，清朝派宁古塔官员前去朝鲜会宁互市，会宁府使郑榏没有亲自前去迎接，只是派一手下人前去迎接。等清朝使臣到达城边，又故意设难，不及时开门放行。清使居住的馆舍没给打扫，只好自己清扫。明明是清朝前去交易，但会宁地方官禁止本地人与之相互交易，直到九日之后才进行贸易。对于会宁地方官的这种怠慢行为，清朝很是气愤，"似此欺慢，岂是事之大理"[③]。对此，朝鲜国王回书予以解释，称已责罚会宁府

① 《同文汇考》第2册，崇德八年五月，第1511、1503页；别编第2卷，第47、32页。
② （清）赵尔巽等撰：《清史稿》卷526，列传313，属国一，《朝鲜传》。
③ 《满清入关前与高丽交涉史料》，崇德三年八月戊申，载《清入关前与朝鲜往来国书汇编》，第296页。

使郑榏，郑榏也对于自己没有前去迎接清朝使臣以及没有安排好馆舍等慢待行为进行了道歉；但他也指出，之所以拖延交易，是由于清朝人员任意勒定物价，对朝鲜商贾不利，为了平定物价，会宁府使在双方之间做说服工作，以致延误交易时间，“非职所敢慢忽而然等情具启”[①]。

崇德七年（1642）三月十八日，清朝差官带“写官一员，译官一员、从员一百名、商贾二百八名、马二百六十九匹”到会宁贸易。还特别要求，从员中“五十名以大米支供，五十名以小米支供”，对差官“一日三时支应，而商贾人等决无一样供馈”，对于骑来的马匹要“例给料豆之外，逐日加给豆五升耳，麦三斗可也”。在开市中还出现清朝商贾人的欺诈行为，所谓“恣意哄骗，勒措索要，罔有纪极……许多从人、商贾征索米豆，取讨酒食，分外横夺，莫敢谁何”。朝鲜方面难以满足清朝的要求，于是向清太宗上书诉说难以开市的原因，“上年荒歉酷于前岁，北路饥馑甚于他道……六镇一带荡然殆尽，哀我边民荐罹饥荒填壑之患，迫在朝夕，又值此行剥尽肌骨”。[②]

客观地说，朝鲜自壬辰卫国战争以来，经济上一直没有起色。后金（清）对朝鲜的两次征伐战争，又使朝鲜创伤甚深，国力残破，因而朝鲜确实并无多少粮粟货物可供开市交易。但其中更主要的原因是，朝鲜与清的互市是朝鲜政府在军事上战败、政治上称臣的情况下被迫开设的，所谓的贸易实质上就是清朝对朝鲜的经济掠夺，因而朝鲜民间对交易持冷淡态度，尽量搪塞敷衍，无意与清朝开展进一步的交易。

四、清朝与朝鲜的边境冲突不断

由于朝鲜会宁、满浦两地边民，私自越过边境到清朝境内采参，清朝方面大为不满，要求朝鲜严查私自越境采参者。清朝声称，虽然清朝与朝鲜两国如同一家，但假如清人私自前去采挖土特产，朝鲜方面会怎么想？因此清朝要求朝鲜“将挖去参斤并盗参一伙人犯作速查处，绑缚解来”[③]。

① 《朝鲜国来书簿》，崇德三年十二月己丑，载《清入关前与朝鲜往来国书汇编》，第 306 页。
② 《朝鲜国王来书》，崇德七年三月戊戌，载《清入关前与朝鲜往来国书汇编》，第 477 ～ 479 页。
③ 《满清入关前与高丽交涉史料》，崇德四年二月辛丑，载《清入关前与朝鲜往来国书汇编》，第 327 页。

朝鲜国王接此谕旨后，即马上派人前去查办，但朝鲜边将声称从无朝鲜人越境采参之事。对此，清朝非常恼火，认为是朝鲜方面寻找借口，“若然，是我国有意寻隙，故作妄语也”；进而威胁道：“自此以后，发兵到彼处，若有人入境采参之人，或杀或捉，彼说谎之罪，更增一翻罪矣。彼时又将何以应之！”[①]

由于朝鲜方面私自越境到清朝境内挖参的人越来越多，在清朝的压力之下，朝鲜政府采取制裁措施，对于私自越境挖参者“一律处决”，对那些不能严加管理边民的当地官员也进行了严厉处罚，即“将吉州牧使张自好、甲山府使李益比依正犯减等，照律各杖决一百。云宠万户李重吉、西北万户黄致中、斜下北权管郑秀男等，并刑讯定配”[②]。

对于朝鲜边民私下与明朝贸易，清太宗予以严厉斥责。崇德七年（1642）七月，清太宗派遣使臣李馨长到朝鲜，指责朝鲜国王对边将管教不严，才出现边民私自与明朝往来贸易之事，所谓“尔国与明朝往来贸易，私通不绝。王之诸臣，何为知而不禁，王亦何为失于稽查”[③]。为“恐渐致滋蔓，遣使究问，复虑骚扰”，清太宗委派固山厄真英俄尔代、户部承政车儿格、国史院正噶林、院副洛硕等至中朝边界，调查此项事情。在清朝的一再要求下，朝鲜将对边境贸易负有督管不严之责的监司沈演、兵使金应海、宣川府使洪颐性、宣沙浦佥使赵克健等革职，将潜商“刘今男等绝岛发配”[④]。

为了严格限制朝鲜人与明朝在边境地区的贸易，崇德八年（1643）三月，清太宗敕谕朝鲜国王曰：“再有与明贸易私通往来，汉人船至，不擒获者，必治以法不贷。”[⑤]六月，有使臣给清太宗汇报称，朝鲜阁老崔鸣吉、兵使官林庆业等，派奸细通书于明国，并银参粮米等与明朝进行贸易。于是清太宗派遣多罗额夫、英俄尔岱、户部承政车儿格、国史院正刚、领院副罗硕等，带领朝鲜世子，到凤凰城捉拿罪人崔鸣吉、林庆业等。由于林庆

① 《满清入关前与高丽交涉史料》，崇德四年五月癸酉，载《清入关前与朝鲜往来国书汇编》，第339页。

② 《朝鲜国王来书》，崇德七年六月甲辰，载《清入关前与朝鲜往来国书汇编》，第481页。

③ 金指南：《通文馆志》卷9，纪年，朝鲜仁祖大王二十年壬午条，韩国正文社，1982年。

④ 崇德七年十月癸卯，《同文汇考》第2册，第1523页；别编第3卷，第25～26页。

⑤ 《清太宗文皇帝实录》卷64，崇德八年三月丙申。

业得知消息畏罪潜逃，于是清军监禁了林庆业的家属以及崔鸣吉。清廷对参与私通明朝的人都给予相应处分，如将前往登州、宁远，以人参贸易的高廷文你、申木水等八人处决，将参与给明朝写信的平壤观察使闵尚和削职为民，将违旨包庇罪人的差官李景奭削职为民，将违抗清朝圣旨不捉拿明船的安州兵使官姬梦海、平壤观察使西米儿等六位官员，将与此事有关联的朝鲜驸马申翊圣兄弟、吏部尚书李明汉等人放回朝鲜接受处罚等。[①]

实际上，清朝方面也有许多边民私自越过边境进入朝鲜境内，勒索米粮，“稍不如意，辄加嗔责”，使朝鲜边境地区的人民深受其苦。为此，朝鲜国王曾上书清朝，声称清朝与朝鲜两国各有自己的边界，如果清朝放任其边民擅自越边到朝鲜境内，势必造成两国边镇的动荡不安，故请求清朝政府“自今以后除有大段公干赍持文凭者外，另行禁约，不许越境擅行，以安边民”[②]。这说明，朝鲜与清朝边民私自进入对方边境采参、开展边境贸易，带来诸多社会问题，影响到双方边境地区的安定。

五、清朝强令朝鲜派兵助伐明朝

崇德二年（1637），朝鲜国王被围困在南汉山时，清太宗曾敕谕朝鲜：“若征明朝，调步、骑、舟师，不得有误。”[③] 即一旦清朝为了征明而需要朝鲜派军队，则朝鲜不应拖延，而应立即出兵，为了使江山社稷得以保存，朝鲜国王姑且表示接受。

盟约签订后，清太宗命令贝子硕讬、恭顺王耿仲明、智顺王尚可喜率兵取皮岛，此时，清太宗要求朝鲜调送水师予以支援，“尔可发船五十只，水兵枪炮弓箭俱宜自备”[④]；无奈之下，朝鲜“命信川郡守李崇元、宁边府使李浚，领黄海道战船赴之”[⑤]。为此，朝鲜君臣很是自责，深感有背于明朝，左议政洪瑞凤曰：“我国，与中朝有父子之义，一朝以兵刃相加，诚有

① 参见《朝鲜国王来书》，崇德八年六月丁亥，载《清入关前与朝鲜往来国书汇编》，第525页。
② 《朝鲜国来书簿》，崇德六年正月丁丑，载《清入关前与朝鲜往来国书汇编》，第439页。
③ 《通文馆志》卷9，纪年，朝鲜仁祖大王十五年丁丑条。
④ （清）王先谦：《东华录》，崇德二年二月辛未。
⑤ 《朝鲜仁祖实录》卷34，十五年二月壬申。

所不忍也。”[1]仁祖国王亦慨叹：“我国之人，既不能赴死于本国之战，岂有为清兵先登之理乎？”[2]可以看出，朝鲜是在清太宗的胁迫下，极不情愿地派出战船配合清军的行动。但通过朝鲜君臣的自责，则从另一方面反映出朝鲜军队对清军作战的贡献。例如，在清军荡平皮岛的战役后，清太宗为表彰朝鲜对清朝助兵的功劳，赐给朝鲜国王“杂色绯缎一百匹、银子一千两、马二匹”，专门赏给领兵助战的朝鲜总兵林庆业“杂色绯缎二十匹、貂裘一领、银子一百两、鞍具马一匹”。[3]至于朝鲜军队在助攻皮岛战斗中的作用，《李朝实录》亦有记载：“（朝鲜）炮手精锐，椵岛（皮岛）之役，赖此成功。”[4]

清太宗认识到朝鲜军队具有较强的战斗力，“观朝鲜之兵，虽无马上之能，然不违法度，长于步战鸟铳，以之攻取城池，大为有用”[5]，更是出于利用朝鲜军队助攻明军具有借此打击明朝的战略考虑，即“非必用于战阵，盖欲助为声势，使闻于中国也”[6]，于是崇德三年（1638）七月，清朝对明发动宁锦大战时，清太宗要求朝鲜派军队支援，朝鲜仁祖国王却以各种理由推托，即“乃奏以其势必不可得，终至土崩为辞”。为此，清太宗致信仁祖国王，责备曰：“似此拒违，岂非真负前诏也！”[7]仁祖国王接到书信后急忙复信解释，在说明自己未敢忘恩于清朝之外，决定派出五千军队随清军作战。不过仁祖国王同时强调，由于军队是寓兵于农，缺乏集中的军事训练，没有作战纪律性，难于管理。至于军饷以及军队装备器械，由于朝鲜遭受天灾，所谓“兵祸之余，重以灾疫，牛既尽毙，马以鲜存”，故而朝鲜方面“百计茫然，罔知攸出”，以难以保证装备为理由，拖延出兵进程；为了避免受到明朝的责备，仁祖国王又“令庙堂密遣亲信人，以我国不得已助兵之状，通

---

① 《朝鲜仁祖实录》卷34，十五年三月己未。
② 《承政院日记》，朝鲜仁祖十五年十一月二十六日。
③ 《沈阳状启》，朝鲜仁祖十五年五月二十日，《清初史料丛刊》第十一种，辽宁大学历史系，1983年，第18页。
④ 《朝鲜仁祖实录》卷35，十五年七月庚午。
⑤ 《清太宗文皇帝实录》卷37，崇德二年七月壬辰。
⑥ 《朝鲜仁祖实录》卷36，十六年五月癸酉。
⑦ 《满清入关前与高丽交涉史料》，崇德三年七月辛未，载《清入关前与朝鲜往来国书汇编》，第291页。

于（明朝）陈都督（弘范）"，向明朝作出解释。[①] 可以看出，朝鲜国王是左右为难。

朝鲜国内，大臣们鉴于与明朝有多年的封贡之谊，更加之念念难忘壬辰救助之恩，坚决反对派兵参与对明战争，即"二百年臣事之义，可谓无君臣之分乎？壬辰拯济之恩，可谓非父子之仁乎？臣等思之至此，不觉声泪俱发，心肚欲裂也"[②]。鉴于大臣们的意见，仁祖国王对清朝的征兵要求，想方设法予以敷衍。但仁祖国王不及时助兵的举动，遭到了清太宗的严厉斥责，即"我之养育尔者，自古无有。对汝之厚恩，自古亦无。然孰知尔竟负恩至此"；威胁道："倘因尔军未来，误朕征明，又将如何？自古似尔等归顺之人，违误军期，治以重罪革降王位者有之，赎罪者亦有之。朕岂有不降罪于养育者乎！"[③]

迫于清朝的压力，朝鲜又派出一部分军队，在李时英的率领下，参与对明战争，与明都督祖大寿战于松山。战斗初期，朝鲜士兵的精锐武器，对明军有很大的杀伤力。但其中有一名士兵李士龙，为了表明对明朝的忠义之心，故意不以炮弹射击明军，"胶不入铅，凡三发无一伤者"；清军发觉情况后，杀死了李士龙。明军将士闻听此事，深为感动，都督祖大寿更是"大书旗上曰'某国义士李士龙'"[④]，以此表示对李士龙的褒奖。

崇德四年（1639）正月，清太宗令朝鲜国王发船队征讨在熊岛的庆河昌。庆河昌一伙从辽东叛逃至熊岛，与朝鲜地方庆兴、阿吾地堡、抚夷堡、西水罗堡、造山城堡等城往来交易，却"不肯降满洲"[⑤]，因而清太宗令朝鲜国王派一千水师前去讨伐，将庆河昌一伙"尽行押解前来"[⑥]。对此，朝鲜国王即派出五百军兵，乘坐船只，在刘瓒的率领下前去征讨，擒获了庆河昌父子、兄弟、从人、男女等共十余口，替清朝除去了一个隐患。但朝鲜将庆河昌等交给清朝后，清太宗又让朝鲜国王派官员接济这些人的口粮，即"计

---

① 参见《朝鲜仁祖实录》卷 37，十六年八月庚子、癸丑。
② 《承政院日记》，朝鲜仁祖十六年八月九日。
③ 《满文档案译编》，崇德三年十月戊戌，载《清入关前与朝鲜往来国书汇编》，第 304 页。
④ 黄景源：《江汉集》卷 9，"星州忠烈祠记"，《韩国文集丛刊》第 224 册，第 184 页。
⑤ 成海应：《研经斋全集》外集卷 63，《小华古籍》，《韩国文集丛刊》第 278 册，第 163 页。
⑥ 《满清入关前与高丽交涉史料》，崇德四年正月丙子，载《清入关前与朝鲜往来国书汇编》，第 321 页。

口发粮，付我差官，俟差官回日，报粮若干”[1]，由此给朝鲜带来新的经济负担。

崇德四年（1639）十二月，清朝又向朝鲜征兵，以配合清军的对明战争。为此，朝鲜仁祖国王打算派出五千士兵“助沈阳犯大明”。得知此消息后，已经退职的朝鲜廷臣金尚宪上书国王，极力劝谏不要出兵参战。在上书中，金尚宪陈述了明王朝对朝鲜的“壬辰再造”之恩，以及朝鲜历代国王对明朝的至诚事大；认为朝鲜如果抛弃儒家义理帮助清军进攻明朝，则将无颜面对故去的朝鲜先王，也难以确保大臣尽忠于国家，因而希望国王收回成命，“赫然改图，亟定大计，勿为强暴所夺，勿为邪议所怵，以继太祖、宣祖之志，以副忠臣义士之望”[2]。仁祖国王最终采纳了金尚宪的意见，没有派出军队。

由于对明战争需大量的军粮供应，清朝令朝鲜运输军粮。崇德五年（1640）闰正月十一日，忠清道兰浦县居民田应裕的一艘运送粮食的船只，于保宁县竹岛前洋，忽然遭遇飓风，船只沉没，“所载官粮全数淹失”；同月二十四日，全罗道咸平县九水浦居民，有两艘船只在本浦前洋忽遇狂风大作，“各船装载军粮兵器什物并皆淹失”。另外还有黄海道、忠清道、京畿道等报称“船一时败没，所载军粮、军器等项并皆漂失”。合计，“各道（沉没）兵粮船三十二艘，船上所载器械什物并军粮九千三百六十七石”。[3]对于朝鲜的这份报告，清太宗表示怀疑，认为这是朝鲜国王“必欲误我兵粮，故预为巧饰耳”，因为按照常理，在千百艘海运船中，漂没一二艘者有之，哪能有如此多的海船沉没！再者，朝鲜国以前在海上行船，也从未有过如此多的船只沉没。结合朝鲜曾于崇德三年以各种借口延误发兵一事，清太宗怒斥曰：“今复欲误我兵粮，有负恩如此者乎！”而且，清太宗由此联想到，朝鲜之修缮南汉、平壤，“萌有恶念，信不虚矣”，进而指责朝鲜是“反复无常”之国：“朕闻辽、金、元三史，朝鲜之为国，反复无常，不过贻祸其国，

---

① 《满清入关前与高丽交涉史料》，崇德五年闰正月甲申，载《清入关前与朝鲜往来国书汇编》，第392页。

② 罗万甲：《丙子录》，《受清之困辱事》，载《清入关前史料选辑》第二辑，第513页。

③ 《朝鲜国来书簿》，崇德五年三月戊戌，载《清入关前与朝鲜往来国书汇编》，第395～400页。

何尝有利益哉！”[①]

当年三月，清太宗派遣户部参政硕詹到朝鲜国安州，督促朝鲜派出领运水师五千名，解米一万包，“限四月十五日前，速令起行”。应清朝的要求，朝鲜国派舟师上将林庆业督师发船，前去清朝。由于出师前占卜吉凶，加之潮水涨落，故耽误了时间，打算于四月十七日“谷旦发船而行”。[②]但直至五月廿一日，林庆业仍未率舟师前来。不久，又传来舟师败没的消息，所谓“舟师发行数日，覆没者八艘”[③]。为此，清朝指责林庆业率领的水军：“诿于重载，退避不前，岂非私与明人通谋而然也？”朝鲜国王则以海路险恶为借口，极力替林庆业开脱道：“期间事势之难易虽不可遥度，中路延滞之状委属惊愕。”[④]请求清太宗宽谅。随后，仁祖国王专门上书，陈述朝鲜遭遇自然灾害，民不聊生，对清朝的军粮供应实是力不从心，所谓“创残之余，公私赤立，加以获戾于天，今岁旱灾振古所无，七月霜降八路失稔，孑遗之民救死不赡。虽欲勒调夫马载运粮饷，而势已至此，计没奈何”[⑤]。

崇德六年（1641）三月，在清军围攻锦州的战役中，朝鲜按照清帝的调兵命令，“命朝鲜国总兵柳琳、副将刁何良、丁天机、米塔尼、任大尼，率兵千人、厮卒五百人、马一千一百五十五匹，往锦州，助和硕郑亲王济尔哈朗军”[⑥]。柳琳部冲锋在前，尤其是他们使用的火器对明军有很大的杀伤力，在这场战役中，朝鲜“费饷三千三百余石，火药九百七十余斤，铅丸五万三千二百余个”。朝鲜此举，加深了明朝对其的怨恨，即“是役也，汉兵死亡甚多，而中炮者十居七八，汉人自此恨我国益深”。[⑦]而清朝方面，对于朝鲜军队的作战勇敢，清太宗非常高兴，于是“赐随征朝鲜国总兵柳琳，副将赵侯良、李麦、郑秋、申谈，游击李敦吉、金仁邦，备御江作义、李庭华、安好问、郑宣、钏宣、韩弘南、宋玉、金乃福、李开南，

---

① 《满清入关前与高丽交涉史料》，崇德五年三月己亥，载《清入关前与朝鲜往来国书汇编》，第 400 页。
② 《朝鲜国来书簿》，崇德五年四月乙卯，载《清入关前与朝鲜往来国书汇编》，第 404 页。
③ 《朝鲜仁祖实录》卷 40，十八年四月癸酉。
④ 《朝鲜国来书簿》，崇德五年七月乙巳，载《清入关前与朝鲜往来国书汇编》，第 413 页。
⑤ 《朝鲜国来书簿》，崇德五年九月癸卯，载《清入关前与朝鲜往来国书汇编》，第 418 页。
⑥ 《清太宗文皇帝实录》卷 55，崇德六年三月己亥。
⑦ 《朝鲜仁祖实录》卷 42，十九年九月甲午、庚辰。

鸟枪手李拥立、吴福、李弘叶，通事申励福、金永哲等马匹牛羊有差，仍赐宴"[①]。同时，清太宗专门给朝鲜国王发去敕谕，要求朝鲜国王升叙官兵，对柳琳及其部众予以嘉奖，借以体现出奖罚分明，诏曰："有功者升赏以示勸，有罪者责罚以示徵。"[②] 按清太宗的谕旨，朝鲜国王对柳琳及其部众论功行赏。后来，朝鲜边将将入寇清朝海疆的明朝将士俘获并解送至清朝的都城盛京，清太宗为此对朝鲜将领也予以嘉奖，"用加恩赏，以奖忠诚。复赐银五百两"[③]。

针对清朝要求朝鲜派军队前去锦州前线交替，朝鲜国王上表奏请不要更番驻防。因为自朝鲜外方至王京，再到清朝前线，大约有三千里路程，仅在路上的时间就需数月，这样先头军队还没到达，后边的军队又开始准备启程，如此一来不仅劳民伤财，而且一旦不能按期到达目的地，还要被清军责备，因而国王希望"自今以后勿为数替，使已赴之军仍为留戍"，这样也可以"以纾民力，毋误师期事"。[④] 清太宗考虑到军兵替换，路途遥远，而且浪费物资，故答应了朝鲜方面提出的"勿数替军兵"的要求，但提出朝鲜戍兵所用的衣服粮食"务要接续送到军前，不得有误"[⑤]。

过了不久，由于对明战争的需要，清朝又要求朝鲜在五六个月内对军队进行轮换，朝鲜只好照办，而清朝也注意对其安抚，如"朝鲜总兵官金得幹率副将三员、游击三员、守备十员、兵一千、从役五百名，往杏山助围，命迎至东京，宴之"；"朝鲜国副将一员、参将二员、守备四员，率兵四百名，厮卒二百名，赴锦州更番驻防，令礼部参政张良弼于东京迎宴之"。[⑥] 对于清朝的频繁调兵轮换，朝鲜方面难以承受；于是朝鲜国王以"一岁之中两番出戍，一切馈运，财力已竭，即各色器械，整备不及"等为借口，要求清朝"久其期限，勿许数替"。[⑦] 可以看出，朝鲜方面实在是不堪重负；但在清朝

---

① 《清太宗文皇帝实录》卷 57，崇德六年八月壬申。
② 《同文汇考》第二册，崇德六年十月甲辰，第 1551 页；别编第四卷，第 38 页。
③ 《同文汇考》第二册，崇德八年九月丙午，第 1503～1504 页；别编第二卷，第 32～33 页。
④ 《朝鲜国来书簿》，崇德六年八月甲寅，载《清入关前与朝鲜往来国书汇编》，第 450 页。
⑤ 《满清入关前与高丽交涉史料》，崇德六年八月乙卯，载《清入关前与朝鲜往来国书汇编》，第 452 页。
⑥ 《清太宗文皇帝实录》卷 60、卷 63，崇德七年四月乙卯、十二月乙亥。
⑦ 《朝鲜国王来书》，崇德八年六月丁亥，载《清入关前与朝鲜往来国书汇编》，第 522 页。

的威逼之下，朝鲜又不得已派出军队助清攻明。

六、清廷对朝鲜质子的控制

清朝尽管依靠武力战胜了朝鲜，但朝鲜仍然在暗中极力地维护与明朝的友好关系；鉴于此，为了防范、限制朝鲜与明朝的联合，清朝要求朝鲜送人质到清廷，以便以人质来要挟朝鲜国王，迫使朝鲜王廷就范。清崇德二年（1637）正月订立的《南汉山城条约》规定，朝鲜国王应“以长子并再令一子为质，诸大臣有子者以子，无子者以弟为质”①。按照该条约的内容，当年二月初八日，当清朝九王（多尔衮）领兵撤回时，朝鲜“王世子（李溰）及嫔宫、凤林大君（李淏）及夫人西行”②，由朝鲜启程，来到清朝盛京城，作为质子。四月，当朝鲜世子一行到达沈阳城外时，英俄尔岱奉清太宗皇太极之命率人出城迎接，仪式颇为庄重，“设帐幕于城外五里许，良久请行，去帐幕一马场”③。之后，英俄尔岱护送朝鲜质子到达居住地。

朝鲜质子来到清国后，清朝安排他们居住在盛京城德胜门内，时称朝鲜世子馆，简称沈馆。清朝限制沈馆内的朝鲜世子及其他人质的自由活动，尤其是对世子与两类人的接触控制较严：一是严禁世子私自会见前来沈阳的朝鲜使臣，即朝鲜使臣到沈阳时不可前去拜谒世子，必须经由清帝皇太极的同意方可见面，所谓“凡出入往来时，宰臣等严禁戒饬”④；二是严禁朝鲜世子与清朝诸王、文臣武将等的私下交往，即他们之间的会面也必须征得皇太极的首肯，如清朝睿亲王多尔衮曾对要求谋面的朝鲜世子解释曰：“所当即请相见，而国法甚严，不得任意，始蒙皇命，敢邀私室云。”⑤ 由此可看出清朝最高统治者对沈馆管理之严。

尽管清朝对沈馆人质加强防范，但沈馆在清朝与朝鲜初期交涉中，还是体现出了其地位的重要性。彼时清朝负责对朝鲜外交事务的大臣英俄尔岱

---

① 《同文汇考》第二册，崇德二年正月戊辰，第 1488 页；别编第二卷，第 1 ～ 2 页。

② 《朝鲜仁祖实录》卷 34，十五年二月戊寅。

③ 宣若海：《沈馆录》卷一，《辽海丛书》第八集，辽海书社 1935 年版，第 2764 页。

④ 《沈阳状启》，朝鲜仁祖十五年四月十三日，载《清初史料丛刊》第十一种，第 13 页。

⑤ 《沈阳状启》，朝鲜仁祖十五年六月初六日，载《清初史料丛刊》第十一种，第 22 页。

的一番话，曾道出朝鲜质子在清朝与朝鲜关系中的作用，所谓“两国既为一家，凡事不可不以实相告。一事之信可见本情，一事之不信，旧好尽败，岂不信哉！实若诚信相孚，则世子亦岂久在于此哉”[①]。英俄尔岱认为，由于清朝与朝鲜之间达不到相互“诚信”的程度，所以清朝才要求以朝鲜世子为质，换言之，质子在稳定朝鲜与清朝的关系中具有重要作用。

实际上，朝鲜质子们往往站在本国立场，极力维护朝鲜利益。体现在以下几个方面：一是当清朝对朝鲜勒索军粮等物品时，质子们陈述朝鲜的经济困境，表示将尽力而为，即“至于助粮，则岁恶民饥，计无所出，然当随力以助矣”[②]。二是对于清朝提出让朝鲜刷还人口的要求，朝鲜质子们多方周旋，以战乱结束未久人口分散为由，力争不刷还或是少刷还逃民数量，所谓“我国非敢慢忽，经乱未久，人民散落，事多未遑而致也，然当以两将（英俄尔岱、马福塔）之言，更通于本国云云”[③]。三是对于清朝提出的征兵伐明要求，朝鲜质子以朝鲜国力衰弱人口减少为由，极力争取不派兵，辩称“我国非不尽心调发，而经乱之后，散亡之卒调集未易，终至如此，极为惶恐……至言戊午年送兵之事，此则与今时不同，戊午年则国家完全之日，调兵似易，今则才经大乱之际，人民尽散，何得与往时比以论之乎”[④]。由于朝鲜质子对清朝的要求多方搪塞和推诿，这引起清朝统治者的愤怒，“皇帝凡有分付之事，世子每有防塞之意，皇帝心甚不快”[⑤]。总之，当清鲜两国政治关系濒于紧张时，沈馆往往加以“弥隙”，以避免清鲜封贡关系破裂，故沈馆名为质子馆，“实际上则充当了清鲜两国初期交涉之媒介机构”[⑥]。

同样，清朝统治集团通过对居住在沈馆的朝鲜质子采取优遇措施，达到怀柔朝鲜的目的。表现在：其一，清太宗对朝鲜的旨意，大多通过沈馆转报朝鲜国王，清朝举行庆典、祭奠、朝会时，常常邀请李溰、李淏参加，甚

① 宣若海：《沈馆录》卷一，《辽海丛书》第八集，第2765页。
② 《朝鲜仁祖实录》卷38，十七年六月壬子。
③ 《沈阳状启》，朝鲜仁祖十五年十月初五日，《清初史料丛刊》第十一种，第40页。
④ 《沈阳状启》，朝鲜仁祖十六年九月初八日，《清初史料丛刊》第十一种，第92页。
⑤ 《沈阳状启》，朝鲜仁祖十八年七月二十日，《清初史料丛刊》第十一种，第194页。
⑥ 魏志江：《中韩关系史研究》，第189页。

至专门设宴宴请，借机体现清朝对朝鲜世子的重视。其二，清军对明作战取得胜利，皇太极也让朝鲜分享胜利的果实，如“赐朝鲜国王李倧长子李溰银二百两、蟒缎一、素缎九，次子李淏银二百两、蟒缎一、素缎五，以征明俘获故也”①，当然皇太极此举有向朝鲜炫耀战功借机威慑朝鲜的意味。其三，清太宗还专门规定了迎送朝鲜国王诸子例，所谓：“凡国王子来朝，一宴于凤凰城，再宴于东京，又宴于盛京。送归时，亦照此行。凡往来，每程给羊一只，鹅二只、鸡二只，其从官及跟随人役悉如常例。若世子至盛京，或自盛京往，则多罗贝勒迎送，其余诸子，则礼部承政以下等官迎送。若其子往来东京，则礼部参政迎送。往来凤凰城，则礼部理事官迎送。”② 由此说明清朝方面对朝鲜世子等人质的以礼相待。

除此之外，清廷在适当的时候还允许世子等回国省亲。崇德二年（1637）十二月，朝鲜仁祖国王派遣左议政崔鸣吉奏请清太宗，称朝鲜二质子已经入清半年有余，非常想念，恳请清太宗允许二质子归国省亲，所谓：“自经兵祸，国内空虚，闻征兵之命，疑惧逃徙。及上候未宁，仁列王后再期迫近，请还世子、大君。”③ 对此，清太宗并未批准，理由是“今既言君臣犹父子，两国犹一家，而复有返国之请者，又似仍在异国也”④，认为没有回去的必要。

清崇德五年（1640）正月，朝鲜议政府大臣以仁祖国王病情加重为名，请求清太宗特许世子李溰归国省亲。清太宗指出，作为质子的朝鲜世子“自当任意往来，必无久留之理”⑤；而之所以要留世子在清朝以及上次没有让世子回去省亲，主要是由于朝鲜反复无常，不守信用，例如，朝鲜不及时刷还女真人及逃亡到朝鲜之辽东人，对于征调总是拖延等，加之最近又违背盟约，“擅修南汉平壤，蓄积粮草”。既然朝鲜国王病重，清太宗打算派朝鲜世子归国省亲，但同时要求朝鲜将世子之子即朝鲜国王之孙送到清朝作为交

① 《清太宗文皇帝实录》卷 46，崇德四年四月壬子。
② 《清太宗文皇帝实录》卷 50，崇德五年闰正月甲申。
③ 朴容文：《增补文献备考》卷 174，［补］交聘考（五），本期中国交聘（二），东国文化社 1974 年版。
④ 《同文汇考》第二册，崇德二年十二月壬子，第 1513～1514 页；别编第三卷，第 5～6 页。
⑤ 宣若海：《沈馆录》卷二，《辽海丛书》第八集，第 2784 页。

换，“俟世子归省病势而来，其在此之子，亦令还国”。[①] 清太宗还声称，之所以如此做，并无其他想法，“欲令诸子互相往来，共敦亲睦耳”[②]，加强人员交流。

朝鲜仁祖国王马上复信，首先对清太宗允许世子回国探望表示感谢，接着对清太宗指责之事一一做出解释：刷送向化民不得力之事，是由于朝鲜政局动荡，对百姓失去约束力，百姓到处迁徙流亡，“刷出之难，专由于此”，以致难以保证将向化民及时刷还回清朝。至于修筑城池一事，修葺平壤城是由于城墙被毁坏，于是“筑城南汉以为副都”；同时这样做，也是出于防范倭寇考虑，所谓“今倭情益复不测，小邦虽恃上国垂援，援兵未到之间，不可无仓促藏身之地，故略加补葺，添设楼橹者，专为南虞，不得已之举也”。至于囤积粮草，更是为了军卒的日常生活之用：“若无粮草，往来许多使价何所取办？”至于清太宗提出的以朝鲜国王之孙交换世子作为人质一事，仁祖国王提出，由于其孙年才五岁，身体孱弱，必须“徐行歇滞，阅月方达”，因此“交替之期，其势自迟”，因此要求放宽期限“不计相见之早晚”。[③] 了解到如此情况，清太宗表示不再强求。

在朝鲜世子李溰归国之前，清太宗设宴予以款待，并赠送一些物品。世子李溰进入朝鲜京城，朝鲜满朝大臣皆出来迎接，世子见到仁祖国王“俯伏而泣”，仁祖国王则“泣而抚之”，曰：“不料复得相见，自然悲感流涕矣。”[④] 父子相见，悲喜交加。崇德五年（1640）六月，当李溰从朝鲜回到清朝时，清太宗又举行隆重迎接仪式，“命承政满达尔汉迎之，赐宴于五里亭”[⑤]。当月，清太宗又派朝鲜国王次子李淏回国省亲，“召进宫赐宴，并赐雕鞍马匹、貂裘等物”[⑥]；十一月，当李淏回来“复命”时，清太宗同样派大臣迎接，“遣礼部大臣迎至凤凰城，宴之”[⑦]，以示礼遇。

---

① 《满清入关前与高丽交涉史料》，崇德五年正月甲子，载《清入关前与朝鲜往来国书汇编》，第 393 页。

② 《清太宗文皇帝实录》卷 50，崇德五年正月甲子。

③ 《朝鲜国来书簿》，崇德五年正月壬午，载《清入关前与朝鲜往来国书汇编》，第 390 ～ 391 页。

④ 《朝鲜仁祖实录》卷 40，十八年三月戊子。

⑤ 《清太宗文皇帝实录》卷 52，崇德五年六月戊辰。

⑥ 《清太宗文皇帝实录》卷 52，崇德五年六月癸酉。

⑦ 《清太宗文皇帝实录》卷 53，崇德五年十一月戊戌。

明崇祯十五年（1642）前后，明朝的国内形势恶化。李自成领导农民起义军攻进河南，占领洛阳，广大民众纷纷响应。崇祯十七年三月，李自成率领农民起义军，以排山倒海之势，攻陷明朝都城北京。当月十九日，明崇祯皇帝自缢于煤山，统治中国270余年的明王朝宣告灭亡。在明朝灭亡的前夕，清崇德八年（1643）九月二十一日，清太宗皇太极突然病逝，“是夜，亥刻，上无疾，端坐而崩”[①]。皇太极去世后，清朝内部展开了争夺最高权力的斗争，最终，睿亲王多尔衮拥立皇太极六岁的儿子福临即位，成为顺治皇帝，而多尔衮担任摄政王，掌握实际权力。为拉拢朝鲜，摄政王多尔衮以顺治帝的名义安抚朝鲜仁祖国王，赐予物品以示怀柔，即“眷尔朝鲜，藩镇于东，拱极乎北。王事大以礼，每抒上荩之忠；朕字小以仁，亦出中心之贶，特赐貂马文锦，以示遐迩均添”；多尔衮同时希望朝鲜永作清朝的忠诚属国，所谓“王其职守时修，攸赖汉江之砥柱，忠勤日茂，永峙箕甸之长城”。[②]朝鲜国王认识到，明朝大势已去，从朝鲜自身利益考虑，应及时改弦更张，于是响应清朝的友好，正式启用清朝年号，奉清朝为正朔，即“祭文及祝帖，不书清国年号，虽出于不忍之心，似涉于欺瞒神祇。自明年，并令直书”[③]。朝鲜的这一明智做法，得到清王朝的赞许。

清顺治元年（1644）四月，由于故明山海关总兵吴三桂与李自成农民起义军决裂，“泣血求救”清军，于是多尔衮率领满洲铁骑在山海关与李自成的农民军展开生死决战，击溃农民军，从而窃取了农民战争的胜利果实。随后，清军进入山海关内，在北京建立起统一全国的清王朝政权，“兹定鼎燕京，以绥中国”[④]。明朝已亡，清朝定鼎天下，朝鲜已不再可能对明朝抱有幻想，清朝也无需再对朝鲜保持戒备，因而朝鲜人质继续待在清朝已无多大必要。就世子的去留问题，清朝摄政王多尔衮曾专门做出决议曰：“未得北京以前，两国不无疑阻。今则大事已定，彼此一以诚信相孚。且世子以东国储君，不可久居于此，今宜永还本国。凤林大君则姑留，与麟坪相替往来，三

① 《清太宗文皇帝实录》卷65，崇德八年八月庚午。

② 《朝鲜仁祖实录》卷44，二十一年十月戊辰。

③ 《朝鲜仁祖实录》卷44，二十一年十二月戊寅。

④ 《清世祖实录》卷9，顺治元年十月乙卯。

公六卿质子及李敬舆、崔鸣吉、金尚宪等，亦于世子之行，并皆率还。”[①] 此举对改善清与朝鲜的关系具有重要意义，正如朝鲜右议政徐景雨所谓：“世子东还，出于望外，祖宗神灵默佑而然，国家之庆，宁有大于此乎！”[②] 到清顺治二年（1645）正月，顺治帝大赦天下，并专门咨告朝鲜，允许朝鲜质子归国，即“世子既令永还，（凤林）大君亦许东归云”[③]。由此，质子问题得以最终解决。

由于昭显世子回到朝鲜国内不久，“卒于昌庆宫之欢庆殿”[④]，于是当年闰六月，作为仁祖国王次子的凤林大君李淏成为世子。朝鲜仁祖二十七年（1649）五月，凤林大君继承病逝的仁祖国王王位，成为孝宗国王。[⑤] 由于孝宗王曾有在清朝为质的“屈辱”生活，他对清朝征伐朝鲜一直怀有仇恨情绪，因而他即位后“以恢复明朝天下为己任，处心积虑地准备‘北伐雪耻’，走上了‘反清复明’的道路”[⑥]。

总之，由于清朝与朝鲜的封贡关系是建立在军事征伐的基础上的，因而朝鲜处处表现出抵制清朝的现象，双方关系并不和谐；后来，直到康熙朝中后期，随着清政权对朝鲜不断采取安抚措施，加之残存的南明政权彻底消亡，朝鲜失去对明朝的幻想，由此清朝与朝鲜的关系进入平稳发展的时期。

第四节　重构中朝政治新秩序

清朝崇德年间，清军与明军展开最后决战，并取得最终的胜利。腐朽的明王朝在农民起义风暴和清军的夹击下，节节败退，直至灭亡，被清朝取而代之，由此彻底退出历史政治舞台。朝鲜在丙子之役中，被清朝强大的武力所打败，被迫由“奉明”转变为“事清”，即朝鲜脱离明朝，成为清朝的臣

① 《朝鲜仁祖实录》卷45，二十二年十二月戊午。
② 《朝鲜仁祖实录》卷45，二十二年十二月庚申。
③ 《朝鲜仁祖实录》卷46，二十三年正月庚戌。
④ 《朝鲜仁祖实录》卷46，二十三年六月辛酉。
⑤ 参见《朝鲜孝宗实录》卷1，即位年五月丙寅。
⑥ 刁书仁：《从“北伐论”到“北学论”》，《中国边疆史地研究》2006年第4期。

属国，清朝代替明朝取得在朝鲜半岛的上国地位，由此宣告明朝与朝鲜的传统封贡关系崩溃，确立起清朝与朝鲜的封贡政治体制。如此一来，中朝传统政治秩序得以重新建构。尤其是随着清朝入关建立起统一全国的政权，朝鲜诚心“事大”于清朝，于是形成新的中朝政治格局，以清朝为主导的中朝政治秩序稳定下来。

一、清朝取代明朝掌控中朝政治秩序

自努尔哈赤建立后金政权与明朝反目为仇伊始，来自于明朝、朝鲜乃至蒙古方面的压力，就从来没有停止过，后金始终在与各种政治势力进行周旋。

明朝统治晚期，本身已经极度没落，各种社会矛盾全面爆发，因而在李自成农民起义的沉重打击下，政权最终被推翻。不过，明朝亡国，原因是多方面的，除了上述原因之外，也是与后金（清）的军事打击密切相关的。随着满洲贵族力量的增强，皇太极建立新的大清王朝。利用农民战争极大地削弱明朝力量之可乘之机，清政权多次发动对明朝的战争，先后侵入明朝京畿、中原地区，蚕食明朝的领土，使明王朝元气大伤。后来，清军接连攻下锦州、松山等战略要地，使明朝在辽东屏障尽失，以致清军挥剑入关，最终窃取了农民战争的胜利果实，入主中原，一统天下，成为明朝的继承者，开启中华政治格局的再构建过程。关于这一点，清史专家李治亭教授曾指出：“努尔哈赤与皇太极对推翻明王朝所起的巨大作用，与李自成领导的农民起义军最后攻陷北京，同样重要，不容忽视，不可低估。”[①] 事实确实如此，明朝统治最终被颠覆，应是李自成农民军与努尔哈赤、皇太极后金（清）政权两方面力量作用的结果。

鉴于朝鲜在丁卯之役中战败并签订城下之盟却对后金不恭的态度，皇太极在更改国号为“清”后，于崇德元年（1636）十二月，亲自率领军队第二次攻入朝鲜，仅一个多月就击败朝鲜。清朝通过丙子之役，彻底打败朝鲜，不仅在经济上获得了金银、衣物、绸缎、粮食、牛马等财富，更主要的是，

① 李治亭：《努尔哈赤与皇太极亡明辨》，《社会科学战线》1997 年第 3 期。

在政治上中止了朝鲜与明维系两百余年的封贡关系，将朝鲜由明朝的臣属国完全纳入自己的封贡体系之中，从而确立了新型的清朝为君、朝鲜称臣的封贡关系体制，使朝鲜“自兹以往，事大之礼，悉照常式，永世不绝”[①]。朝鲜由忠诚“事大”明朝转而被迫臣属于清朝，不能不说是一件十分痛苦的事情，但它却是一件具有划时代意义的大事，表明中朝政治关系业已进入了一个新的发展阶段，中国与朝鲜之间的政治局势真正明朗起来，即昔日由明朝维持的中朝传统政治秩序，由清朝取而代之。

战争虽然是政治斗争的最高形式，但仅靠武力去统治天下还是远远不够的。清朝最高统治者皇太极也明白，在军事战胜朝鲜之后，还应采取安抚的手段，所谓“以威慑之，不如以德怀之”[②]。为了拉拢朝鲜，使深受儒家思想影响、仍对明朝念念不忘的朝鲜民众从心理上接受清朝，针对清朝与明朝的战争，清朝对朝鲜做出解释，曰：“自与明朝构兵，朕不忍其死伤，屡欲和好。而奈明朝君臣妄自尊大，民之涂炭毫不关心，竟不许。及见锦州援兵十三万顷刻覆没，始惧而请和。”[③] 清朝把其对明朝的战争归结于明朝的“妄自尊大”，试图使朝鲜理解清朝对明朝的战争行为，为其取代明朝寻求合法性。清朝对朝鲜的怀柔政策，还可以通过善待朝鲜世子李溰兄弟的行为体现出来。李溰在沈阳充当质子，清朝统治集团不仅以礼相待，每逢庆典、祭奠、朝会或皇帝小宴，常常邀请李溰兄弟参加，并且经常对他们进行赏赐，同时还在适当的时候允许其回国省亲，赠予礼物，并在朝鲜质子回归清朝时，派大臣予以欢送和迎接。这些措施的实施，就部分地缓和了清朝与朝鲜的紧张关系。

为确保清朝在中朝政治秩序中的优势地位，皇太极注重强化对蒙古部的政策，以此将蒙古军事力量牢牢地绑在对朝鲜战争的战车上。在皇太极改国号为清之后，更加重视蒙古问题，对蒙古部依然采取分化、打击、拉拢的手段，目的是争取大多数的蒙古人靠拢自己，为入主中原进而取代明朝以及对朝鲜的统治创造条件。他为了削弱蒙古各部首领的权力，曾将其各部分编为若干旗，任命旗长曰“札萨克”，作为全旗最高的封建领主，并

① 《朝鲜仁祖实录》卷 34，十五年正月癸亥。
② 《清太宗实录》卷 33，崇德二年正月庚午。
③ 《通文馆志》卷 9，纪年，仁祖大王二十年壬午条。

使其长期世袭，直属清廷管理。为了怀柔蒙古封建领主，皇太极以封爵、赏赐、赈恤及联姻的手段，加强其对清朝的向心力。蒙古诸部中，与后金（清）关系最为密切者当为科尔沁部。该部在后金肇建之初即与彼时的天命政权，互为婚姻，世代友好，曾为后金立下了汗马功劳，是后金的忠信之邻。崇德元年（1636），皇太极首先诏谕，将科尔沁部“礼成册功”，进行封赐，使其享受双俸禄的优待，其联姻更受重视，自此清宫的“孝端文皇后，孝庄文皇后，孝惠章皇后，皆科尔沁女”[①]。在科尔沁部的影响下，漠南蒙古各部皆同清朝结成了巩固的联盟，在清廷的创建及其后来统一中央政权、发动对朝鲜战争的过程中，发挥了颇为重要的作用。皇太极对地处漠北的喀尔喀蒙古亦颇为关注，并努力促使其同清朝建立联系。崇德三年（1638），喀尔喀三汗“并遣使来朝”，被清廷纳为臣属。这对彼时加强清朝在东亚地区的统治地位来说，是不无好处的，正如清太宗皇太极所言：“今满洲蒙古汉人，彼此和好，岂不为善乎？”[②]满蒙联盟为成就清朝统一东北的霸业发挥了积极作用，它对崇德年间中朝政治秩序的重构而言，同样是举足轻重的一件大事。

清朝通过对朝鲜、蒙古部等问题的解决，完成了对明朝政治军事的大包围，从而使明王朝统治被排除出中朝政治关系体系之外。虽然清军尚未入关统一中原，清帝尚未成为天下共主，但未来由清朝来掌控中朝政治秩序这一点已是毋庸置疑的了。

二、朝鲜无奈臣属于清王朝统治

朝鲜密切注视着明朝政局的变动和明清战争的动态，在丁卯之役后，彼时关内的明朝尚且统治着中国大部分土地，力量依然强大。自古以来，中国的政治集团向来有一个共识，即得中原者得天下。当清军尚未入关之际，满洲人是否能对明朝的统治取而代之，似乎还是个未知数，因此对明朝收复东北之失地，重振昔日之雄风，朝鲜是有所期待的，最具代表性的就是仁祖国

---

① （清）魏源：《圣武记》卷3，中华书局1984年版。

② 《清太宗文皇帝实录》卷42，崇德三年七月丁丑。

王所奉行的“事大交邻……并行而不相悖”① 方针，继续标榜对明事大忠诚，而对前来朝鲜通报清朝改制的清朝大臣采取敌视态度，“馆学儒生等上疏请斩虏使，以明大义”②，结果招致清对朝鲜的第二次征讨，“去明年号……奉大清国正朔”③，成为清朝的臣属。

对于朝鲜臣属于清朝，仁祖国王李倧在给清帝的信中称：“以弱臣强，以小事大，乃理之常，岂敢与大国相较哉。”④ 这种说法乃是朝鲜国王的无奈之言，面对强者，不得不屈服，这种屈服的目的，还是为了生存，为了“保国”。然而，就朝鲜方面而言，朝鲜为清军所败，被迫由“奉明”转变为“事清”，但朝鲜君臣并没有真正从心理上接受清朝。对于出兵助清抗明，朝鲜国王声称实是无奈之举，所谓“从之则有所不忍，不从则必生大患”⑤，故出兵过程中，朝鲜军队常常消极怠战。如随同清军作战的朝鲜水军“遇汉船（明朝船只）而不放炮，虽放不伤人，前船亦不相救，且三船托以漂去”⑥。参与清军对明锦州之战的朝鲜军队，也敷衍了事，并不配合清军的攻势，“时星州军金得平放炮不中，李士龙去丸虚发”，当然这一行为被清朝监军识破，“监胡知之甚怒，斩士龙，杖得平”⑦，对朝鲜军队予以惩戒。

按照清朝战胜朝鲜的《南汉山城条约》规定，朝鲜要定期对清朝缴纳贡物，并在清朝作战取得胜利等情况下前去祝贺。如清崇德七年（1642）六月，当朝鲜国王李倧在得知清军接连攻下锦州、松山、杏山、塔山等城，取得重大胜利后，派遣其第三子麟坪大君、汉城府判尹潘三进等“进献豹皮、水獭皮及各色苎布绵绸等物，上表称贺，并赍奏疏一函”⑧。不过，满洲的清朝取代汉族之明朝，这在礼治程度较高的朝鲜人眼里，属于“僭窃伪号”，因而在私下里，朝鲜一直抵制清朝确立的封贡关系体制，仍然心仪明朝，并没有从心理上倾向于清朝。例如，针对明朝派大臣与清议和，一些清朝大

① 《朝鲜仁祖实录》卷16，五年四月丁酉。
② 赵庆男：《乱中杂录》八，《续杂录》，《清入关前史料选辑》第三辑，第404页。
③ （清）赵尔巽等撰：《清史稿》卷526，列传313，属国一，《朝鲜传》。
④ 《清太宗文皇帝实录》卷33，崇德二年正月癸丑。
⑤ 《朝鲜仁祖实录》卷34，十五年三月己未。
⑥ 《朝鲜仁祖实录》卷41，十八年七月庚寅。
⑦ 《朝鲜仁祖实录》卷42，十九年五月戊寅。
⑧ 《清太宗文皇帝实录》卷61，崇德七年六月癸亥。

臣主张乘胜攻取北京，统一中原，但皇太极却倾向与明议和，举棋不定，于是派人给朝鲜国王送信，征求朝鲜国王的意见，所谓："进取与和好二者孰善？以王谊属一体，故降敕商议，宜陈其所见，勿得隐讳。"朝鲜仁祖国王在对皇太极极力恭维一番之后，当时并没有表白自己的意见，只是说："顾此和战重事，有非藩臣所敢与闻。"[①] 由此可以看出，朝鲜对于清朝的臣服，是迫于无奈之举，并不想亲近清朝。

清朝统治集团打败朝鲜之后，虽然在怀柔朝鲜方面取得了一些效果，如世子李溰确实在思想上产生了亲清的倾向，但其弟凤林大君李淏却与此相反。凤林大君在沈阳入质，备尝辛酸，这使他产生了仇视清朝的极端情绪。他在沈阳期间，结识了一些明朝的反清人士，回国时，将他们带到了朝鲜，他们是王以文、杨福吉、郑先甲、黄功等。[②] 按传统，国王李倧死后应有世子李溰继位，但这位王位继承者回国后即神秘地死去，而凤林大君李淏在其父死后继承了王位，是为孝宗。他重用了一批像宋时烈那样的对清强硬派大臣，暗中从事反清复明活动。遗憾的是，李淏在位不久就死去了。李淏之死，对朝鲜的反清复明活动是一大损失。但新任国王显宗李元（李淏之子）依然继承前朝的路线，继续进行反清复明的活动，他在位期间重视文治及武备，尤其在推行戚继光的兵法方面，做了一些切实可行的工作，打算在反清复明的斗争中发挥作用。他在用人问题上，亦继承其父志，依然重用一些反清的强硬人物，如宋时烈、成至善等。彼时朝鲜君臣立有反清复明之志，故而对关内地区的政局颇为关注，尤其是对南明政权寄予极大的期望，甚至希望郑成功集团能够联合日本共同对付清朝，以实现反清复明之志。不过，形势的发展却未能如朝鲜所愿。清军入关之后，其统治越来越巩固，而国内的反清复明斗争为清军所镇压，皆未能成为气候，南明政权在清军的打击之下，越来越走向衰弱，最后终于消亡。在这样的情况下，朝鲜君臣虽有反清复明的大志，但显然是力不从心，实无回天之力，因而所谓的"反清复明"最终成为泡影。

总之，清军虽然在军事上战胜了朝鲜，使之纳入自己的封贡体制，由

① 《清太宗文皇帝实录》卷61，崇德七年六月癸亥。
② 转引自张玉兴：《明末清初"九义士"评议》，《社会科学辑刊》1994年第2期。

原来的兄弟关系变成君臣关系，但是，朝鲜人并未能真正从心理上接受、认可清朝。起初，朝鲜整顿武备，希望能够与中国国内的反清复明势力联合起来，对抗清朝，重振明朝的统治；但这种行动随着时间的流逝而逐渐失去了其现实意义，最终不得不放弃这种不切实际的念头。虽然如此，朝鲜人对明朝的“再造之恩”却久久不能忘怀，朝鲜对大明的缅怀在不断地升温。自显宗李元执政时期开始，这种缅怀活动即在朝鲜开展起来，他们首先恢复了“愍忠坛”[①]的祭祀活动，借以寄托对明朝“再造之恩”的感激之情。后来这种缅怀活动随着“大报坛”的设置规模越来越大，对明朝几位皇帝的祭祀，遂成为一种制度。然而，伴随着清朝统一中国大业的完成，朝鲜的这种祭祀制度，逐渐失去其实际意义而成为一种形式。

三、中朝政治秩序变迁的理性思索

清军入关建立起统一全国的政权后，调整了对朝鲜的策略，通过归还朝鲜质子、减少岁币等措施，注重对朝鲜施行怀柔政策，缓和因战争而造成的与朝鲜的敌对关系。朝鲜也不得不正视现实，改变传统的事大于明的观念，完全转变到对清忠诚事大的轨道上来，履行对清的臣属义务，从而使中朝两国的关系又恢复了稳定。从而，中朝传统政治秩序的开展，也进入了新的历史发展时期。

纵观清朝兴起时期，中国封建王朝与朝鲜政治秩序变迁过程中，朝鲜对明清封贡对象的转变，并未随着中国王朝的更迭顺利实现转换，而是有一个长期复杂的曲折过程，个中原因，在于朝鲜民众深受儒家正统思想的影响，把明王朝视作正统政权加以尊奉，而对于女真人建立的后金（清）政权始终无法从心理上接受，“这种正统观支配其对明、清的不同心态，也是朝鲜王朝尊周思明的理论根据和思想基础”[②]。正因于此，朝鲜并没有因军事上的失败而屈服，而是拒不承认后金（清）的正统地位，也无意履行盟约，这是朝鲜民众民族自觉意识和强烈主权观念的反映，体现出当时朝鲜社会的共同

---

① 《朝鲜显宗实录》卷14，九年三月辛酉。

② 孙卫国：《大明旗号与小中华意识》，商务印书馆2007年版，第22页。

心理趋向。

这种心理趋向有其深层次的根源：其一，鉴于朝鲜与明保持有两百余年的政治传统友好关系，双方封贡关系非常牢固，所谓“天朝乃父子之国，恪勤服事者，二百年”[①]，这种“父子”感情短时期内难以割舍，尤其是壬辰年间明朝曾救朝鲜于水火之中，“再造”朝鲜，“寡君无国而有国，百姓无生而有生”[②]，这使朝鲜君臣由衷感激明朝，“皇朝为小邦尽心力救援，至于此极，小邦君臣，不胜感激，不知所达”[③]，朝鲜难以忘怀明朝的恩义，即“万历再造之恩，将百世不可忘也”[④]，由此朝鲜对于明朝“事大之诚，可谓至矣”[⑤]；加之彼时明朝依然存在，所以以洪翼汉、金尚宪为代表的朝鲜大臣“秉持儒家‘春秋大义论’”[⑥]，心向明朝，疏远后金（清），以至于当清帝皇太极问及朝鲜大臣为何斥和时，崔鸣吉等谓：“我国臣事大明，故只知大明，而不知有清国也。”[⑦] 其二，朝鲜与后金（清）的兄弟、君臣关系，是建立在丁卯之役、丙子之役两次军事征伐的基础之上的，“贼遍满山野掳掠人民牛马，杀害殆尽”[⑧]，这种残酷的屠戮使朝鲜民众非常痛恨后金（清），战争的失败使朝鲜感到“此天下万古所无之羞，而一国民人无穷之至痛也”[⑨]，难以从心理上接受后金（清）的统治，故处处表现出抵制、仇视情绪，在各种外交场合体现出“厚明薄金”的态度，朝鲜对后金的贡物或者不能按时送到，或者减少贡物数量，明显带有抵触情绪。其三，朝鲜虽被后金（清）军事打败，但他们认为自己较好地接受了明朝文化，文明程度较高，一直有一种文化上的优越感，“明朝灭亡以后，朝鲜自认为是文明的最后堡垒，意欲维持中华的思考方式……尽可能确立在以明为中心的中华秩序之内的小华的存在”[⑩]；而

---

① 《尊周汇编》草本，纪年第一，仁祖朝一，卷一，第 44 页。

② 金尚宪：《朝天录》，《燕行录全集》卷 13，第 328 页。

③ 郑昆寿：《柏谷先生集》卷 2，“启”，《韩国文集丛刊》第 48 册，第 425 页。

④ 成大中：《青城集》卷 7，“明隐记”，《韩国文集丛刊》第 248 册，第 477 页。

⑤ 洪翼汉：《花浦先生朝天航海录》卷 1，《燕行录全集》卷 17，第 171 页。

⑥ 〔韩〕池斗焕：《清阴金尚宪的生涯和思想》，《韩国学论集》24 辑，国民大学韩国研究所 2002 年版。

⑦ 《南汉日记》，崇祯十年正月二十九日，第 60 页。

⑧ 洪翼汉：《花浦西征录》，《燕行录全集》卷 17，第 340 ～ 341 页。

⑨ 《朝鲜仁祖实录》卷 15，五年三月己巳。

⑩ 〔韩〕郑容和：《从周边视角来看朝贡关系》，《国际政治研究》2006 年第 1 期。

后金（清）政权建立者作为明朝境内由边疆部族发展而来的“蛮夷”，朝鲜人一直蔑视他们“禽兽野性，其情难测”[①]，不认同他们的“夷狄”文化，由此“在朝鲜文化优越感的作用下终于迸发成对清的强烈敌意”[②]。这就说明，武力战胜下的朝鲜“在文化上却不再认同清帝国为天下共主”[③]，以致出现了后世朝鲜孝宗王在秉持“春秋义理观”的重臣宋时烈倡导下，实施“北伐”（清朝）的“反清复明”计划。尽管“北伐”计划最终流产，但朝鲜的“小中华”意识逐渐增强，“这种思想到了近代直接与斥邪卫正思想相联系，成为近代韩国民族主义的一个重要思想渊源”[④]。由此可见，朝鲜民众“尊明贬清”的春秋义理观念，在朝鲜与中国封建王朝关系的发展历程中，曾产生过长期的思想影响。

总之，在朝鲜对中国封建王朝政治秩序转变的过程中，后金（清）对朝鲜的军事胜利固然是影响中朝政治秩序变化的因素；但朝鲜诚心奉明与仇视清朝的心理表现，是由于朝鲜民众思想文化因素使然。朝鲜仰慕的是明王朝所代表的中原文化，而轻视女真民族所具有的“蛮夷”文化；但当明朝政局腐败、社会秩序混乱时，朝鲜对明朝所代表的中华礼义也产生了动摇，如朝鲜大臣洪翼汉所谓：“中华古称名教之地，礼义廉耻，所自渊源，而今至此极，益可怪叹。无乃以下邦陪臣，视同裔夷，陵侮而然耶？若果然也，则尤为痛骨矣。”[⑤]及至后来，清朝入主中原，满洲文化融合进中原文化，此时朝鲜在政治上转入虔诚奉清的轨道上来，这说明朝鲜始终所尊奉的是代表中国先进文明的中原文化，由此可以得出这样的认识：思想文化是决定中朝封贡关系是否顺利的制约因素。

---

① 《尊周汇编》草本，纪年第一，仁祖朝一，卷一，第39页。
② 〔韩〕李基白：《韩国史新论》，第225页。
③ 尤淑君：《“华夷之辨”与清代朝鲜的事大政策》，《山东社会科学》2015年第4期。
④ 王元周：《论朝鲜“中华主义”的实与虚》，《史学集刊》2009年第3期。
⑤ 洪翼汉：《花浦先生朝天航海录》卷1，《燕行录全集》卷17，第211～212页。

结　语

本书以清朝兴起过程为线索，分别探讨了后金建立前、后金天命年间、后金天聪年间、清崇德年间中国封建王朝与朝鲜王朝政治秩序变迁的问题，笔者从中得出如下几点认识。

第一，政治生命力兴衰与军事实力的强弱，是导致王朝更替以及封贡对象发生转变的原因。明朝作为一个存在了近三百年的封建王朝，最后却被边疆民族建州人建立的清王朝所取代，属国朝鲜由“事大于明”到“被迫奉清”，这充分反映出了各方力量政治生命力的兴衰与军事实力的强弱。

明朝后期，明王朝统治已走向下坡路，并在社会生活的各个方面体现出来。早在明万历年间，出使明朝的朝鲜使臣赵翊，就客观地指出明朝的衰败景象：“中国军兵，久疲征戍；继有播酋之反，征东之卒，又移西路；帑银已竭，太仓告罄；各处军兵，已阙资粮，迨至三月，多有怨愤之语”，进而慨叹明朝命运曰：“中国气象，亦可想矣。”[①] 天启年间，皇帝昏庸堕落，朝政腐败，朝鲜燕行使臣洪翼汉目睹明朝官场的黑暗现象，在其《燕行录》中写道：“中朝士大夫贪冒无耻，至于此极也……中朝贪风大振，公卿辅相，大官小吏，无不以利欲相济，政以贿成，恬不知耻。”[②] 大宦官魏忠贤的专权乱政，更使明王朝面临灭亡命运，正如朝鲜大臣李贵所言：“阉竖当权，浊乱天下，贤士大夫，无一人在朝，危亡之祸，迫在朝夕矣。”[③] 崇祯即位初期，面临一派残破局面，对此，后金汗皇太极在致明朝官员的书信中曾指

① 赵翊：《可畦先生文集》卷 9，《皇华日记》，《韩国文集丛刊》第 9 册，第 483 页。
② 洪翼汉：《花浦先生朝天航海录》卷 1，《燕行录全集》卷 17，第 146、210 页。
③ 《承政院日记》，朝鲜仁祖三年四月二十九日。

出："尔国将倾之时，文武群臣昏昧无知……钱粮不敷，国内屡致敌起。"[①]这些言辞尽管有一定的夸张成分，但基本道出了彼时期明朝的社会状况。崇祯皇帝一度想有所作为，力挽狂澜，重振朝纲，但此时的明朝在政治上已经腐朽透顶，无可救药，朝鲜使臣金堉赴明朝，在经历了各级衙门官吏、太监乃至尚书的"索赂"后，曾痛斥明朝的严重贪污行贿现象，曰："缙绅之间，贪风益炽，行赂者以黄金作书镇，挟于册中而进之。"以致形成"金价甚高"现象；金堉指出，明朝的灭亡是必然之事，即"外有奴贼，内有流贼，天旱如此，而朝廷大官，只是爱钱，天朝之事，亦可忧也"[②]。通过上述后金汗以及朝鲜大臣的描述，我们认识到：由于明朝上层统治者把精力用于贪污腐化、结党营私，以致军备废弛，士兵战斗力下降，社会各种矛盾全面爆发，由此，明王朝的政治生命已然走到了尽头，社会变迁势在必行。

16 世纪末，明朝东北边疆地区建州女真人迅速兴起，并很快于 17 世纪初建立了后金割据政权，"奴酋虽小丑，其威力足以吞并诸夷，其才力足以纠连诸虏，鸣镝控弦之众，不下五六万"[③]，以此为基础，逐步发展壮大的后金政权，多次战胜没落的明朝军队。后金政权之所以能够迅速发展壮大，并最终以清朝取代明朝，这固然与其杰出领导者努尔哈赤、皇太极奋发有为，朝臣高度团结精明强干，八旗军士具有极强的战斗力等因素密不可分；但不可否认的是，明王朝的衰败，给了建州女真人发展的空间。明朝在由盛转衰的过程中，初期尚能控制建州女真人的发展，到了明朝后期，不仅无力制约女真人的发展，而且随着后金天命、天聪政权以及清崇德政权对明战争的节节胜利，明朝的统治严重削弱，处于内忧外患之中的明王朝行之将朽，于是李自成领导的农民起义军摧枯拉朽，趁机推翻了腐朽的明王朝，不过最终的胜利果实被清朝所窃取。明清易代的过程，说明了明朝旧体制腐败，政治生命力已衰退，无力与新兴的后金（清）政权相抗衡，而后金（清）政权借助强大的军事力量，显现出了旺盛的政治生命力，因而新旧王朝实现更替。

① 罗振玉编：《史料丛刊初编》，《太宗文皇帝日录残卷》，第 146 ～ 147 页。
② 金堉：《朝京日录》，《燕行录全集》卷 16，第 490、505 页。
③ （明）薛三才：《薛恭敏公奏疏》、《请剿奴酋酌议兵食第二疏》，《明经世文编》卷 443。

建州女真人并不仅仅满足于自身政权的强大，还要问鼎中原，一统天下，进而成为天朝上国。鉴于此，后金政权建立前后，为了倾全力与明朝抗衡，对于相邻的朝鲜，建州部首领努尔哈赤采取积极的拉拢政策，尽量不与朝鲜发生正面的冲突，以避免朝鲜与明朝联合夹击后金。后金与明朝正面交锋后，尽管朝鲜在萨尔浒之战中出兵介入后金与明朝的战争，但战争中击溃明朝与朝鲜联军的后金汗努尔哈赤，战后继续对朝鲜采取宽容的态度，善待朝鲜投降的姜弘立等将领，放归部分朝鲜将领回国，并写信劝谕朝鲜国王"自审去就"，力图与朝鲜结盟，使形势朝着有利于自己的方向转化。事实证明，努尔哈赤时期推行的朝鲜政策是正确的，它为后金政权自身的发展创造了良好的外部条件。及至皇太极即位，为了解除后金对明战争的后顾之忧，皇太极断然采取对朝鲜的强硬政治政策，先后两次派军事作战能力极强的八旗军兵侵入朝鲜，彻底打败原属于明朝的臣属国朝鲜，将其纳入到清朝的封贡政治体系之中，从而确立了清朝对朝鲜的支配地位。

这个历史过程的变迁，充分说明中国内部各种势力的此消彼长，是改变地区局势、使对外政治关系发生转折的重要因素。其中具有旺盛生命力的新生政权，代表了历史前进的方向，从而也确立起自己在中朝政治秩序中的主导地位。

第二，中朝政治秩序的变迁，经历了曲折的过程。朝鲜由最初的"至诚事大"[①]于明朝，发展为两端外交于明朝和后金，乃至脱离明朝正式成为清的臣属国，朝鲜对明清封贡对象的转变，反映出了朝鲜外交政策的不断变化。

朝鲜是与明王朝保持了两百余年封贡关系的臣属国，长期依赖明王朝的保护，朝鲜对明朝忠诚"事大"，明朝对朝鲜一贯"字小"，这已是中朝两国保持多年的传统"大明之于朝鲜，旧有字小之恩而深结之"[②]。16世纪末，朝鲜宣祖王在位时期，明朝在朝鲜的壬辰卫国战争中抗倭援朝，即是"字小"朝鲜的明显例证。但正是由于明朝在壬辰战争中消耗了国力，国势日渐颓废，使注重现实利益的朝鲜继任国王光海君，不得不重新思考如何与明朝

① 吴庆元：《小华外史》，卷一，第1册，第27页。
② 洪翼汉：《花浦先生遗稿》卷3，《抗金汗书》，《韩国文集丛刊》第22册，第392页。

及后金保持关系平衡。彼时明朝对朝鲜的态度，已经从过去强令禁止朝鲜与建州女真发生关系，转为拉拢朝鲜使其站在明朝一边，继之听任朝鲜与后金自由发展关系。光海君国王面对后金势力的迅猛发展，只好调整对中国大陆的外交策略，改变朝鲜王朝前期所奉行的牢固遵守与明朝的传统封贡关系、疏远后金“不与此辈交通”[①]的方针，转而改变为游离于明朝与后金之间，分别展开对明朝和后金的外交交涉，“不欲得罪于天朝，亦不欲激怒于彼贼（努尔哈赤），欲为两全”[②]。例如，光海君国王尽管在形式上按春秋大义保持与明朝的朝聘礼文，念念不忘“再造藩邦”之恩惠，名义上继续标榜对明朝事大，坚持明王廷的正统地位；但实际上，迫于后金政权的压力，出于朝鲜国家存亡的现实利益考虑，光海君政权由原来单纯的单方面尊奉明朝，逐步改变为对明朝、后金的两端外交，即朝鲜与明朝只是保持名分上的事大礼仪关系，实际上消极帮助明朝攻打后金，同时暗中发展与后金的关系，赠予后金物资，与后金保持一定程度的往来接触。在这种寻求政治利益平衡的过程中，朝鲜是为自己谋得一席生存之地，避免遭受后金的军事打击。

朝鲜仁祖国王上台后，极力推行“亲明斥金”的外交政策，但事实证明是行不通的，反倒招致后金大军压境，后金强迫朝鲜缔结了不平等的“兄弟之盟”，使朝鲜成为后金的半臣属国。但由于朝鲜一直以“小中华”自居，不情愿与“夷狄”女真保持具有屈辱性的兄弟关系；加之后金对朝鲜的不尊重，使朝鲜方面感受到屈辱，所谓“十年之间，羞辱之事，侵侮之状，不能尽言”[③]，故朝鲜仍然“事大”明朝，坚持明朝为上的原则“世守外藩，恪修事大之礼”[④]，与明朝私通信息。朝鲜这种对后金仅是名分上的“交邻”政策，但实际交往过程中在贸易、贡物等方面处处不与后金合作的做法，招致清朝对朝鲜的第二次军事征讨，朝鲜被迫与清朝签订君臣盟约，如此一来朝鲜由明朝的臣属国彻底转变为清朝的臣属国。

可以看出，17世纪初，后金（清）对朝鲜的两次征伐战争，使朝鲜

① 《朝鲜世祖实录》卷3，二年二月丁巳。

② 赵庆男：《乱中杂录》六，《清入关前史料选辑》第三辑，第297页。

③ 李肯翊：《燃藜室记述》卷27，《丙子虏乱》，《清入关前史料选辑》第一辑，第472页。

④ 《崇祯长编》卷39，崇祯三年十月壬戌。

对明朝与后金的政策发生了很大的变化，“本忠顺礼仪之邦”[①]的朝鲜王朝，不得不转而对清“事大”。上国对象的转变，对朝鲜而言，是一次痛苦的抉择过程，因为朝鲜是深受儒家礼治文明影响的国家，极不情愿“事大”于满洲人建立的清朝，“一边事之以上国，一边畜之以夷狄”[②]，因而在与清朝封贡关系的体制下，朝鲜仍有一些亲明背清的举动。直到后来，随着明朝被彻底推翻，清朝入关建立统一全国的政权，并对朝鲜采取一系列的笼络怀柔政策，这样一直到康熙年间，清朝与朝鲜才最终确立了稳定而典型的封贡关系。而到了乾隆年间，随着朝鲜对清文化的认同，即把清朝作为中华文化的代表者，于是兴起了所谓向清朝学习的“北学运动”。这个现象说明，以明朝为中心的传统封贡体制，不管是在后金政权建立前还是建立后，对朝鲜产生了很深的影响，而且一直持续至清朝前期，由此体现出中朝政治秩序变迁的曲折历程。

第三，明清王朝更替以及中朝传统政治秩序的变迁，影响到彼时东亚地区政治格局的变化，由此说明古代中国在东亚地区一直拥有政治主导地位。

古代东亚世界，中国大陆王权一直是该地区的天朝上国，在其政治影响、文化辐射下，周边小国纷纷归属，前来朝拜；明朝建立后，更是呈现出“万国来朝”的繁荣景象。作为东亚地区同时代的邻国，朝鲜诚心“事大”，恭谨顺从，明朝“抚藩字小”，双方构建了稳定的封贡关系。与明朝及朝鲜一衣带水的日本，曾试图确立自己在东亚地区的主导地位，一度发动侵略朝鲜觊觎明朝的壬辰战争；但在明朝与朝鲜联军的反击下，日本封建主的霸权野心落空，此后的日本统治者转而开展国内经济建设与对外贸易往来，较长时期内并无谋求东亚强国的军事举动，没有形成与中国王权均衡发展的态势。因而，东亚地区的发展，就是明清王朝更替以及朝鲜对明清封贡关系发生变化的过程；中朝政治秩序的变化，代表了当时东亚地区政治格局的发展走向。

总之，从后金天命政权建立前后到清政权入关之前的清朝兴起这段时间，中朝传统政治秩序的变化，经历了由最初的中朝传统政治秩序稳定中

① 洪翼汉：《花浦先生朝天航海录》卷 2，《燕行录全集》卷 17，第 248 页。

② 李在学：《燕行纪事・利》，《闻见杂记》，《燕行录全集》卷 59，第 77 页。

蕴含着危机，到受到冲击产生动摇、发生深刻变化产生裂变，再到以清朝为中心的中朝政治新秩序构建这样一个变迁过程。而在这个过程中，朝鲜对明清封贡对象的转变，经历了长期的曲折历程，朝鲜王朝所尊奉的“春秋义利观”思想，是导致中国和朝鲜封贡关系发生变化的重要影响因素之一。

附　录

清朝兴起时期中朝关系大事年表（1583～1644年）

公历	干支	中国	朝鲜	纪事
1583	癸未	明神宗万历十一年	朝鲜宣祖十六年	二月，努尔哈赤的祖父与父亲助明军作战充当向导，不料却被明军“误杀”。 五月，努尔哈赤承袭祖业成为建州部首领，并以父祖“遗甲”起兵，由此开始登上历史舞台。
1587	丁亥	明神宗万历十五年	朝鲜宣祖二十年	六月，努尔哈赤“定国政，凡作乱窃盗欺诈悉行严禁”，制定法令，确立统治基础。
1588	戊子	明神宗万历十六年	朝鲜宣祖二十一年	四月，努尔哈赤统一建州女真本部，为进一步拓展势力奠定基础。
1589	己丑	明神宗万历十七年	朝鲜宣祖二十二年	七月，朝鲜平安道兵使上书国王，提到建州部对朝鲜的威胁，建议加强对建州部的边防防御建设。
1590	庚寅	明神宗万历十八年	朝鲜宣祖二十三年	四月，努尔哈赤首次率领部下到明廷朝贡，试探明廷虚实。
1592	壬辰	明神宗万历二十年	朝鲜宣祖二十五年	四月，日本发动侵略朝鲜的壬辰战争，努尔哈赤欲随明军入朝救援，遭到朝鲜反对。
1593	癸巳	明神宗万历二十一年	朝鲜宣祖二十六年	九月，努尔哈赤率军在古勒山一战中击退九部联军的围攻，树立其在女真世界的地位。
1594	甲午	明神宗万历二十二年	朝鲜宣祖二十七年	三月，朝鲜北兵使郑见龙派军队突袭女真所部，军事震慑女真人。

续表

公历	干支	中国	朝鲜	纪事
1595	乙未	明神宗万历二十三年	朝鲜宣祖二十八年	七月，努尔哈赤派遣女真人到朝鲜满浦刷还边民。十月，朝鲜边将杀死建州人，引发“渭原事件”。 十一月、十二月，朝鲜河世国、申忠一先后出使建州，通融关系。
1596	丙申	明神宗万历二十四年	朝鲜宣祖二十九年	一月，努尔哈赤派人到朝鲜，请求授予官职，朝鲜拒绝。 三月，明朝廷发文严禁建州与朝鲜私相交通往来。
1597	丁酉	明神宗万历二十五年	朝鲜宣祖三十年	一月，日本再次入侵朝鲜。努尔哈赤又提出跟随明军助朝作战，朝鲜坚决回绝。
1600	庚子	明神宗万历二十八年	朝鲜宣祖三十三年	四月，朝鲜出兵截击建州兵，反被建州兵所击败。
1601	辛丑	明神宗万历二十九年	朝鲜宣祖三十四年	十月，努尔哈赤又派人到朝鲜请求授职，朝鲜再次拒绝。
1603	癸卯	明神宗万历三十一年	朝鲜宣祖三十六年	六月，朝鲜王朝应努尔哈赤要求，与建州女真部在茂山开设互市。
1606	丙午	明神宗万历三十四年	朝鲜宣祖三十九年	五月，朝鲜国王上书明朝，要求制止女真人“谋犯朝鲜”，但建州部置若罔闻。
1607	丁未	明神宗万历三十五年	朝鲜宣祖四十年	二月，努尔哈赤派遣其弟舒尔哈齐率兵进入朝鲜境内，进行示威。
1608	戊申	明神宗万历三十六年	朝鲜宣祖四十一年	正月，努尔哈赤与明朝盟誓建碑，谋求与明王廷同等的地位。
1609	己酉	明神宗万历三十七年	朝鲜光海君元年	二月，努尔哈赤遗书明廷，暴露出欲与明朝抗衡的咄咄逼人意图。
1611	辛亥	明神宗万历三十九年	朝鲜光海君三年	六月，朝鲜官员描述建州部“积兵如雨”，军事势力日益壮大。
1616	丙辰	明神宗万历四十四年，后金天命元年	朝鲜光海君八年	正月，努尔哈赤在赫图阿拉建立起后金政权，与明朝对峙，由此形成明朝、后金、朝鲜三角关系。
1617	丁巳	明神宗万历四十五年，后金天命二年	朝鲜光海君九年	正月，由于朝鲜边将越过边境进入后金境内畋猎，为避免生事端，朝鲜国王令边将及时作做出解释。

续表

公历	干支	中国	朝鲜	纪事
1618	戊午	明神宗万历四十六年，后金天命三年	朝鲜光海君十年	四月，努尔哈赤以“七大恨告天”，正式向明朝宣战，明金战争随之展开。明朝要求朝鲜夹击后金。
1619	己未	明神宗万历四十七年，后金天命四年	朝鲜光海君十一年	三月，明朝与后金爆发萨尔浒之战，朝鲜助明抗金，但首鼠两端，主将姜弘立率军投降后金。
1621	辛酉	明熹宗天启元年，后金天命六年	朝鲜光海君十三年	七月，明将毛文龙率领军队来到朝鲜驻军，联合朝鲜力量夹击后金，引起后金对朝鲜的不满。
1623	癸亥	明熹宗天启三年，后金天命八年	朝鲜仁祖元年	三月，朝鲜发生政变“仁祖反正”，新国王明确表示“尊明斥金”。
1625	乙丑	明熹宗天启五年，后金天命十年	朝鲜仁祖三年	本年度，明朝将领毛文龙多次要求朝鲜支援粮饷，朝鲜不堪重负。
1626	丙寅	明熹宗天启六年，后金天命十一年	朝鲜仁祖四年	八月，后金天命汗努尔哈赤病逝。九月，天聪汗皇太极继位。
1627	丁卯	明熹宗天启七年，后金天聪元年	朝鲜仁祖五年	正月，后金军事入侵朝鲜（“丁卯之役”）。 三月，朝鲜与后金缔结“兄弟盟约”，逐步脱离明朝。
1628	戊辰	明思宗崇祯元年，后金天聪二年	朝鲜仁祖六年	二月，朝鲜派使臣到明朝京城祝贺崇祯登基，仍然心仪明朝。
1629	己巳	明思宗崇祯二年，后金天聪三年	朝鲜仁祖七年	六月，明朝驻军朝鲜将领毛文龙被袁崇焕杀死，这为后金加速征明扫除了重要的壁垒。
1630	庚午	明思宗崇祯三年，后金天聪四年	朝鲜仁祖八年	三月，后金使臣英俄尔岱指责朝鲜与后金的往来国书中对后金极不尊重。
1631	辛未	明思宗崇祯四年，后金天聪五年	朝鲜仁祖九年	五月，后金抗议朝鲜向明朝驻军提供军事物资，意在对抗后金。 六月，后金对朝鲜在人口刷还问题上表达不满。
1632	壬申	明思宗崇祯五年，后金天聪六年	朝鲜仁祖十年	十一月，后金驱逐朝鲜来使，抗议朝鲜私自缩减贡额问题。
1633	癸酉	明思宗崇祯六年，后金天聪七年	朝鲜仁祖十一年	十一月，后金汗皇太极致书朝鲜国王，列举朝鲜“十大罪状”，予以声讨。
1634	甲戌	明思宗崇祯七年，后金天聪八年	朝鲜仁祖十二年	三月，后金汗致书朝鲜国王，陈述互市问题，指责朝鲜布帛质低价高。

续表

公历	干支	中国	朝鲜	纪事
1635	乙亥	明思宗崇祯八年，后金天聪九年	朝鲜仁祖十三年	三月，朝鲜国王派遣贺春使者到后金，顺便带去贡物。 七月，后金使臣谴责朝鲜边民犯边，督促朝鲜国王加强管理。
1636	丙子	明思宗崇祯九年，清崇德元年	朝鲜仁祖十四年	四月，皇太极改金为清，建立崇德政权。 十二月，皇太极再次发动对朝鲜的侵略战争（丙子之役）。
1637	丁丑	明思宗崇祯十年，清崇德二年	朝鲜仁祖十五年	二月，朝鲜被清军打败，双方订立《南汉山城条约》，朝鲜脱离明朝，被迫对清称臣纳贡，并派世子等到清朝为人质。
1638	戊寅	明思宗崇祯十一年，清崇德三年	朝鲜仁祖十六年	七月，清朝要求朝鲜支援清对明朝的作战。 八月，朝鲜与清朝开展会宁互市贸易。
1639	己卯	明思宗崇祯十二年，清崇德四年	朝鲜仁祖十七年	正月，清朝责备朝鲜支援作战不力。 九月，清朝加重朝鲜的贡物缴纳数额。
1640	庚辰	明思宗崇祯十三年，清崇德五年	朝鲜仁祖十八年	正月，朝鲜声称运往清朝粮食的船只遇风沉没，清朝表示怀疑。 正月，清太宗同意朝鲜世子归国省亲。 十月，清太宗指责朝鲜国王“私通明朝”。
1641	辛巳	明思宗崇祯十四年，清崇德六年	朝鲜仁祖十九年	三月，朝鲜奉清朝命令，派军队支援清朝对明朝的锦州作战。
1642	壬午	明思宗崇祯十五年，清崇德七年	朝鲜仁祖二十年	三月，清朝派官员到会宁与朝鲜开展贸易，朝鲜并不配合。 十月，清朝命朝鲜擒获明朝船只，朝鲜并未听从，引发清太宗震怒。
1643	癸未	明思宗崇祯十六年，清崇德八年	朝鲜仁祖二十一年	三月，清朝发文严禁朝鲜与明朝开展贸易等“私通”行为。 五月，清朝裁减出使朝鲜的清朝使臣的礼物，减轻朝鲜百姓负担。 九月，清太宗皇太极病逝。
1644	甲申	明思宗崇祯十七年，清顺治元年	朝鲜仁祖二十二年	三月，明朝灭亡。清朝顺治帝即位，开创中国与朝鲜封贡关系新局面。

参考书目

一、古籍与史料

（一）中国

1.（明）谈迁：《国榷》，北京：中华书局，1958 年。

2.（明）陈子龙等选辑：《明经世文编》，北京：中华书局，1962 年。

3.（明）姚广孝等撰：《明实录》，台湾："中央研究院"历史语言研究所，1962 年校印本。

4.（明）宋应昌撰：《经略复国要编》（壬辰之役上），北京：全国图书馆文献缩微复制中心，1990 年。

5.（明）严从简：《殊域周咨录》，北京：中华书局，1993 年。

6.（明）王在晋：《三朝辽事实录》，北京：全国图书馆缩微文献复制中心，2002 年。

7.（清）张廷玉等撰：《明史》，北京：中华书局，1974 年。

8.（清）谷应泰：《明史纪事本末》，北京：中华书局，1977 年。

9.（清）万斯同：《明史》，上海：上海古籍出版社，2008 年。

10.（清）鄂尔泰编：《清太祖武皇帝实录》，北平：故宫博物院铅印本，1932 年。

11.（清）赵尔巽等撰：《清史稿》，北京：中华书局，1977 年。

12.（清）蒋良骐撰：《东华录》，济南：齐鲁书社，2005 年。

13.（清）王先谦：《东华录》，上海：上海古籍出版社，2008 年。

14.（清）汪楫编辑：《崇祯长编》，国学导航网：http://www.guoxue123.com/shibu。

15. 罗振玉编：《史料丛刊初编》，大连：大连馆藏本，1924 年。

16.《清太宗实录稿本》，《清初史料丛刊》第三种，沈阳：辽宁大学历史系，1978 年。

17.《汉译〈满文旧档〉》，《清初史料丛刊》第二种，沈阳：辽宁大学历史系，1979 年。

18.《清实录》，北京：中华书局，1985 年。

19. 关嘉录、佟永功、关照宏：《天聪九年档》，天津：天津古籍出版社，1987 年。

20. 中国第一历史档案馆译注：《满文老档》，北京：中华书局，1990 年。

21. 沈云龙主编：《近代中国史料丛刊》第十一辑，台北：文海出版社，1966 年。

22. 潘喆等编：《清入关前史料选辑》（一至三辑），北京：中国人民大学出版社，1984、1989、1991 年。

23.《明末清初史料选刊》，杭州：浙江古籍出版社，1986 年。

24. 李澍田主编：《先清史料》，长春：吉林文史出版社，1990 年。

25.《壬辰之役史料汇辑》（下），北京：全国图书馆文献缩微复制中心，1990 年。

26. 李澍田主编：《朝鲜文献中的中国东北史料》，长春：吉林文史出版社，1991 年。

27. 张存武、叶泉宏编：《清入关前与朝鲜往来国书汇编》（1619 ～ 1643），台北：国史馆印行，2000 年。

（二）韩国

1.《备边司誊录》，首尔：韩国国史编纂委员会影印本，1952 年。

2.《承政院日记》，首尔：韩国国史编纂委员会影印本，1961 年。

3. 郑昌顺等：《同文汇考》，台湾：珪庭出版社影印，1980 年。

4. 金指南：《通文馆志》，首尔：正文社，1982 年。

5. 宣若海：《沈馆录》，《沈阳日记》，《辽海丛书》第八集，沈阳：辽海书社，1935 年。

6.《沈阳状启》，辽宁大学历史系编辑：《清初史料丛刊》第十一种，

1983 年。

7．李肯翊：《燃藜室记述》，见潘喆等编：《清入关前史料选辑》第一辑，北京：中国人民大学出版社，1984 年。

8．《朝鲜王朝实录》，首尔：韩国国史编纂委员会影印本，1986 年。

9．韩国民族文化推进会编刊：《韩国文集丛刊》，首尔：景仁文化社，1990 年。

10．林基中编：《燕行录全集》，首尔：东国大学出版社，2001 年。

11．石之衍：《南汉日记》，http://pds.lib.harvard.edu/pds/view/。

12．《事大文轨》，韩国史编修会编辑：《朝鲜史料丛刊》（七），首尔：韩国国会图书馆藏本。

13．《尊周汇编》草本，首尔：首尔大学奎章阁韩国学研究院藏本。

14．吴庆元：《小华外史》，朝鲜高宗五年（1868）初刊本，首尔：首尔大学奎章阁韩国学研究院藏。

二、参考著作

（一）中国

1．张存武：《清韩宗藩贸易》，台北："中央研究院"近代史研究所专刊，1978 年。

2．戴逸主编：《简明清史》，北京：人民出版社，1980 年。

3．刘家驹：《清朝初期的中韩关系》，台北：文史哲出版社，1986 年。

4．周远廉：《清朝兴起史》，长春：吉林文史出版社，1986 年。

5．孙文良、李治亭：《明清战争史略》，沈阳：辽宁人民出版社，1986 年。

6．杨昭全主编：《中朝关系史论文集》，北京：世界知识出版社，1988 年。

7．孙文良：《满族崛起与明清兴亡》，沈阳：辽宁大学出版社，1992 年。

8．黄枝连：《亚洲的华夏秩序——中国与亚洲国家关系形态论》，《天朝礼治体系研究》（上卷），北京：中国人民大学出版社，1992 年。

9．叶高树：《降清明将研究（1618～1683）》，台北：台湾师范大学历史研究所，1993 年。

10．金龟春主编：《中朝日关系史》（上）［朝文版］，延吉：延边大学出版社，1994 年。

11．黄枝连：《朝鲜的儒化情境构造：朝鲜王朝与满清王朝的关系形态论》，《天朝礼治体系研究》（下卷），北京：中国人民大学出版社，1995 年。

12．《中朝关系通史》编写组编：《中朝关系通史》，长春：吉林人民出版社，1996 年。

13．刁书仁主编：《中朝关系史研究论文集》，长春：吉林文史出版社，1996 年。

14．陈涵韬：《东江事略：毛文龙生平事迹研究》，南京：江苏人民出版社，1996 年。

15．姜龙范、刘子敏：《明代中朝关系史》，佳木斯：黑龙江朝鲜民族出版社，1999 年。

16．杨昭全、何彤梅：《中国—朝鲜·韩国关系史》（上下册），天津：天津人民出版社，2001 年。

17．白新良主编：《中朝关系史》（明清时期），北京：世界知识出版社，2002 年。

18．李鸿彬：《满族崛起与清帝国建立》，天津：天津古籍出版社，2003 年。

19．袁闾琨等：《清代前史》，沈阳：沈阳出版社，2004 年。

20．樊树志：《晚明史》（1573—1644），上海：复旦大学出版社，2005 年。

21．孙文良、李治亭：《清太宗全传》，南京：江苏教育出版社，2005 年。

22．王臻：《朝鲜前期与明建州女真关系研究》，北京：中国文史出版社，2005 年。

23．蔡拓等：《国际关系学》，天津：南开大学出版社，2005 年。

24．刘保全：《壬辰倭乱时期朝·明关系史研究》，北京：民族出版社，2005 年。

25．刘雪莲主编：《整体视角的东亚——地缘政治的分析》，长春：吉林人民出版社，2005 年。

26．孟森：《清史讲义》，北京：中华书局，2006 年。

27．阎崇年：《努尔哈赤传》，北京：北京出版社，2006 年。

28．姜龙范、刘子敏、王臻、郑光日、苗威：《清代中朝日关系史》，长春：吉林文史出版社，2006 年。

29．刘祥学：《明朝民族政策演变史》，北京：民族出版社，2006 年。

30．魏志江：《中韩关系史研究》，广州：中山大学出版社，2006 年。

31．汪高鑫、程仁桃：《东亚三国古代关系史》，北京：北京工业大学出版社，2006 年。

32．杨军、王秋彬：《中国与朝鲜半岛关系史论》，北京：社会科学文献出版社，2006 年。

33．赵兴元：《清代中朝关系研究》，长春：吉林文史出版社，2006 年。

34．李花子：《清朝与朝鲜关系史研究》，延吉：延边大学出版社，2006 年。

35．宋慧娟：《清代中朝宗藩关系嬗变研究》，长春：吉林大学出版社，2007 年。

36．孙卫国：《大明旗号与小中华意识 —— 朝鲜王朝尊周思明问题研究（1637—1800）》，北京：商务印书馆，2007 年。

37．陈尚胜主编：《儒家文明与中韩传统关系》，济南：山东大学出版社，2008 年。

38．孟森：《明史讲义》，长春：时代文艺出版社，2009 年。

39．杨雨蕾、魏志江、蔡建、崔学松编著：《韩国的历史与文化》，广州：中山大学出版社，2011 年。

40．张杰：《清朝三百年史》，北京：社会科学文献出版社，2011 年。

41．王小甫等：《中韩关系史》（第 2 版 • 古代卷），北京：社会科学文献出版社，2014 年。

42．阎崇年：《清朝开国史》，北京：中华书局，2014 年。

43．陈尚胜：《中国传统对外关系研究》，北京：中华书局，2015 年。

（二）朝鲜、韩国

1．朝鲜民主主义人民共和国科学院历史研究所：《朝鲜通史》（汉译本），长春：吉林人民出版社，1975 年。

2．朝鲜社会科学院历史研究所编：《朝鲜全史》，平壤：科学百科辞典出版社，1980 年。

3．〔韩〕李丙焘：《韩国史大观》，台北：正中书局，1961 年。

4．〔韩〕全海宗：《韩中关系史研究》，首尔：一潮阁，1974 年。

5.〔韩〕李元淳：《韩国史》，台湾：幼狮文化事业出版公司，1987 年。

6.〔韩〕吴金成等：《明末清初社会的照明》，首尔：韩乙图书出版部，1990 年。

7.〔韩〕李基白：《韩国史新论》，北京：国际文化出版公司，1994 年。

8.〔韩〕全海宗：《中朝关系史论文集》，北京：中国社会科学出版社，1997 年。

9.〔韩〕崔韶子：《明清时代中韩关系史研究》，首尔：梨花女子大学校出版部，1997 年。

10.〔韩〕李成茂：《朝鲜王朝史》，首尔：东方出版部，1998 年。

11.〔韩〕韩明基：《壬辰倭乱与韩中关系》，首尔：历史批评社，1999 年。

12.〔韩〕韩明基：《光海君》，首尔：历史批评社，2000 年。

13.〔韩〕朴永奎：《一卷读透朝鲜王朝实录》，首尔：知识出版部，2012 年。

14. 战史编纂委员会编撰：《丙子胡乱史》，首尔：韩国战史编纂委员会内部编辑物，2002 年。

15. 高丽大学韩国史研究室：《新编韩国史》，济南：山东大学出版社，2010 年。

（三）日本

1. 林泰辅著，陈清泉译：《朝鲜通史》，上海：商务印书馆，1933 年。

2. 园田一龟：《明代建州女直史研究》，东京：日本国立书院，1948 年。

3. 和田清：《东亚史研究（满洲篇）》，东京：《满鲜地理历史研究报告》，1955 年。

4. 三田村泰助：《清朝前史的研究》，京都：同朋舍出版，1965 年。

5. 中村荣孝：《日本与朝鲜》，东京：至文堂，1966 年。

6. 池内宏：《满鲜史研究》（近世篇），东京：吉川弘文馆，1972 年。

7. 稻叶岩吉：《光海君时代的满鲜关系》，首尔：亚细亚文化社影印，1986 年。

8. 河内良弘：《明代女真史的研究》，京都：同朋舍出版，1992 年。

9. 稻叶君山：《清朝全史》，上海：上海社会科学院出版社影印，2006 年。

10. 石桥秀雄：《清代中国的若干问题》，济南：山东画报出版社，2011 年。

（四）西方

1.〔英〕崔瑞德、〔美〕牟复礼编：《剑桥中国明代史》，北京：中国社会科学出版社，2006 年。

2.〔美〕魏斐德著，陈苏镇等译：《洪业——清朝开国史》（上、下），南京：凤凰出版传媒集团，2008 年。

3.〔美〕司徒琳主编：《世界时间与东亚时间中的明清变迁》，北京：生活·读书·新知三联书店，2009 年。

4.〔美〕罗兹·墨菲：《东亚史》，北京：世界图书出版公司，2012 年。

三、参考论文

（一）中国

1. 李鸿彬：《试论“丁卯之役”》，《社会科学战线》1987 年第 4 期。

2. 徐凯：《论“丁卯虏乱”与“丙子胡乱”》，《韩国学论文集》第三辑，北京大学韩国学研究中心编，北京：东方出版社，1994 年。

3. 晁中辰：《清朝入关前与李氏朝鲜的关系》，北京大学韩国学研究中心编：《韩国学论文集》第四辑，北京：社会科学文献出版社，1995 年。

4. 李善洪：《试论毛文龙与朝鲜的关系》，《史学集刊》1996 年第 2 期。

5. 姜守鹏：《辽东战争时期明朝与朝鲜关系的变化》，《中朝关系史研究论文集》，长春：吉林文史出版社，1996 年。

6. 陈捷先：《略论天聪年间后金与朝鲜的关系》，《中朝关系史研究论文集》，长春：吉林文史出版社，1996 年。

7. 李治亭：《后金（清）与李氏朝鲜战争述略》，《中朝关系史研究论文集》，长春：吉林文史出版社，1996 年。

8. 李善洪：《后金朝鲜“丁卯之役”原因浅析》，《中朝关系史研究论文集》，长春：吉林文史出版社，1996 年。

9. 陈捷先：《清太祖时期满洲与朝鲜关系考》，《中朝关系史研究论文集》，长春：吉林文史出版社，1996 年。

10．刁书仁：《朝鲜使臣所见的建州社会》，《满族研究》2001 年第 2 期。

11．万明：《万历援朝之战与明后期政治态势》，《中国史研究》2001 年第 2 期。

12．宋慧娟、侯雅文：《论后金与朝鲜“兄弟之盟”的性质》，《长春师范学院学报》2003 年第 2 期。

13．刁书仁：《论后金建立前与朝鲜的关系》，《社会科学战线》2004 年第 1 期。

14．魏志江：《清鲜“丁卯胡乱”与“丙子之役”考略》，金健人主编：《韩国研究》第七辑，北京：学苑出版社，2004 年。

15．王臻：《萨尔浒战役前后之后金与明朝、朝鲜关系探析》，《辽宁大学学报》（哲学社会科学版）2006 年第 5 期。

16．高志超：《刘兴祚在明清转型期的重要作用》，《辽宁师范大学学报》（社会科学版）2008 年第 3 期。

17．王臻：《试析后金建立前东亚地区的政治秩序》，《社会科学战线》2009 年第 10 期。

18．石少颖：《“名分外交”的困境——以朝鲜仁祖时期“斥和”与“主和”论争为中心》，《兰州学刊》2010 年第 7 期。

19．宋慧娟：《宣祖时期朝鲜与建州女真关系的调试》，《东北史地》2011 年第 4 期。

20．石少颖：《和约背后的制衡——对“丁卯之役”及金鲜谈判的再探讨》，《历史教学》2012 年第 14 期。

21．孙卫国：《丁应泰弹劾事件与明清史籍之建构》，《南开学报》（哲学社会科学版）2012 年第 1 期。

22．王臻：《古代中朝关系史中“事大”与“字小”问题的认识论》，《学术界》2013 年第 3 期。

23．石少颖：《“丁卯之役”中金鲜间“纳质”、“岁币”问题由来考辨——兼论后金首次征朝期间的外交策略》，《中国史研究》2013 年第 4 期。

24．孙卫国：《李如松之东征及其后裔流寓朝鲜考》，《人文杂志》2014 年第 1 期。

25．刁书仁：《天启时期明朝与朝鲜的关系——以朝鲜国王李倧“封典”为中心》，《社会科学辑刊》2014 年第 6 期。

26. 商传：《明万历援朝抗倭后朝鲜社会秩序再建 —— 韩国文献〈社约辑录〉》，《求是学刊》2014 年第 5 期。

27. 周方银、李源晋：《实力、观念与不对称关系的稳定性 —— 以明清时期的中朝关系史为例》，《当代亚太》2014 年第 4 期。

28. 魏志江：《宗藩体制：东亚传统国际安全体制析论》，《现代国际关系》2014 年第 4 期。

29. 陈尚胜：《朝贡制度与东亚地区传统国际秩序 —— 以 16—19 世纪的明清王朝为中心》，《中国边疆史地研究》2015 年第 2 期。

30. 尤淑君：《“华夷之辨”与清代朝鲜的事大政策》，《山东社会科学》2015 年第 4 期。

（二）韩国

1. 全海宗：《清代韩中关系的考察》，《东洋学》（1），1971 年。

2. 崔韶子：《胡乱和朝鲜对明清关系的变迁》，《梨大史苑》第 12 辑，1975 年。

3. 曹永禄：《入关前明鲜时代的满州女直史》，《白山学报》第 22 号，1977 年。

4. 金声均：《大陆关系史·朝鲜中期的对满关系》，《白山学报》第 24 号，1978 年。

5. 金钟圆：《丁卯胡乱时的后金出兵动机》，《东洋史学研究》，1978 年。

6. 崔永禧：《壬辰倭乱的再照明》，《国史馆论丛》第 30 辑，1991 年。

7. 韩明基：《光海君时代的对中国关系 —— 以围绕后金问题的对明关系为中心》，《震檀学报》第 95 辑，1995 年。

8. 金钟圆：《丙子胡乱前朝鲜的对应策》，《第三届韩国传统文化国际学术讨论会论文集》，济南：山东大学出版社，1999 年。

9. 韩明基：《明清交替期东亚格局和朝鲜的对应》，韩国历史研究会：《历史和现实》第 37 辑，2000 年。

10. 金钟圆：《朝清初期交涉考 —— 有关丙子胡乱发生原因》，黄时鉴主编：《韩国传统文化·历史卷》，北京：学苑出版社，2000 年。

11．任敏赫：《朝鲜时代的庙号和事大意识》，《朝鲜时代史学报》第19辑，2001年。

12．韩明基：《壬辰倭乱和明朝军队》，《历史批评》第54辑，2001年。

13．韩明基：《壬辰倭乱期明日和议问题研究》，《国史馆论丛》第98期，2002年。

14．韩明基：《17—18世纪的韩中关系和仁祖反正》，《韩国史学报》第13期，2002年。

15．池斗焕：《清阴金尚宪的生涯和思想》，《韩国学论集》第24辑，首尔：国民大学韩国研究所，2002年。

16．柳承宙：《丙子胡乱的战况和金化战斗考》，《史丛》第55辑，2002年。

17．申明浩：《光海君的对后金外交政策分析》，《军事史研究丛书》第2辑，2002年。

18．卢基植：《明清对立时期满族对蒙古和朝鲜关系的变化》，明清史学会：《16—17世纪东亚细亚的国际格局变动》，2004年。

19．许志恩：《从丁应泰的诬告事件看朝、明关系》，《史学研究》第76辑，2004年。

20．韩明基：《16、17世纪明清交替与朝鲜半岛》，《明清史研究》第22辑，2004年。

21．金永兴：《丁卯胡乱的主和与斥和论争》，《韩国思想史学》第26辑，2006年。

22．任尚范：《中华主义和事大主义的交替》，《历史学报》第194辑，2007年。

23．李完范：《朝鲜的壬辰倭乱与明朝和日本的和谈》，见陈尚胜主编：《儒家文明与中韩传统关系》，济南：山东大学出版社，2008年。

24．金善民：《明、后金、朝鲜的三角关系——以明末围绕辽东边境地域问题为中心》，《中国史研究》第55辑，2008年。

25．许泰玖：《丙子胡乱议和与朝鲜的对应》，《朝鲜时代史学报》第52辑，2010年。

26．卢永九：《仁祖朝丙子胡乱期朝鲜的策略》，《韩国史学报》第41期，2010年。

27．申丰松：《光海君的二重外交》，《韩文汉字文化》，2011 年刊。

28．许泰玖：《仁祖代对后金（清）防御策的推进》，《朝鲜时代史学报》第 61 辑，2012 年。

（三）日本

1．中村荣孝：《壬辰倭乱之发端与日本假道入明交涉》，《朝鲜学报》第 70 辑，1974 年。

2．神田信夫著，刁书仁译：《清太宗皇太极和毛文龙的议和》，《明清东北史研究论集》，长春：吉林文史出版社，1998 年。

索　引

后　记

本书系本人在博士后出站报告基础上，经过多年反复修改，正式公开出版的成果。2006年，本人有幸进入吉林大学中国史博士后流动站，跟随著名东北史专家程妮娜教授做课题研究，经过两年多的努力，于2008年按期出站。当时出站报告为《后金（清）、晚明、朝鲜三角关系与东北亚政治格局》，在确定本成果的最终名称时，为突出研究的问题意识，有意弱化了对“东北亚格局”中日本因素的关注，故将题目定为《清朝兴起时期中朝政治秩序变迁研究》。

回顾从当年进站至今，已整整十余载春秋，其间对本成果进行了多次打磨，尽管现在看来仍不成熟，但由于本人才疏学浅，它确是自己目前能力所及之作品。

这部著作的完成，除了自己爬梳资料、构思成文，更多的是得益于学界诸多师长的指导帮助，满满的都是感谢。首先感谢的是程妮娜老师，作为我的博士后合作导师，程老师在出站报告的题目确定、篇章结构、文本内容、格式规范等方面给予了具体的指导，确保我按期出站，从中受益良多。后来，我欲以此申请各级项目，程老师又对我的项目论证提出了针对性的有益建议。此次书稿正式出版，程老师又欣然作序，勉励有加，使我倍感鼓舞。

非常感谢博士后出站时答辩小组的四位老师，他们是北京大学的王小甫教授，东北师范大学的刁书仁教授，吉林大学的杨军教授、韩世明教授，他们都提出了富有建设性的修改意见，使我有了修改文本的方向。

中国社会科学院的于沛教授、于逢春教授，延边大学的李宗勋教授，天津外国语大学的姜龙范教授，一直关注本人的科研发展，并经常给予精神鼓励，在此表示诚挚谢意。

本书是国家社科基金后期资助项目的结项成果。在本人申请各级项目的过程中，南开大学孙卫国教授、天津师范大学肖立军教授、张秋升教授，以及北华大学李善洪教授，都曾提出过中肯的参考意见，另外写作申请报告时也曾参考延边大学金春博士的论证报告，在此一并致谢。

社会科学文献出版社的冯立君编辑，在本人项目申报、书稿出版事宜上，给予很多具体的建议与帮助，特此予以鸣谢。

感谢国家社科基金办将本课题列为2014年度后期资助项目予以立项，这使我有了奋进的动力，促使我认真修改书稿。

衷心感谢后期资助项目五位匿名评审专家提出的宝贵修改意见，专家们在指出理论构建等宏观建议的同时，还有专家逐一指出了某些注释的失误，本人阅后深受震动，于是对书稿从头到尾进行了认真、仔细的校正。

拙著能够在中国历史最悠久的现代出版机构商务印书馆出版，本人感到非常荣幸，出版社各位编辑老师的认真审阅态度令人叹服，感谢丁波博士的热情关注，感谢鲍海燕编辑为本书编校所付出的辛苦劳动。

本书在出书样式方面，参考了山东省委党校王巨新教授、天津师范大学吴德义教授、吉林大学高福顺教授等诸位先期获得国家社科后期资助出版的著作，专致谢忱。

由于此书是十余年期间完成的成果，在此要感谢在延边大学工作期间，母校曾经提供的学术研究基础以及良好的韩国背景，使我离开母校后仍能有机会到韩国查阅资料、申请韩国研究项目，从而促成此书的面世。还要感谢来到天津师范大学后感受到的浓厚学术氛围，使我获得诸多学术信息，同时新环境里各位同仁项目、成果的不断问世，也促使自己一直不敢懈怠。

在此要特别提到的是我曾教过的一个本科生李宗辑同学，他一直关注我的书稿进展，为我提供了很多研究资料，在交流中也受到他一定的思想启发，并深为他的钻研精神所推动。津沽大地难得有如此热爱中朝关系史研究的后生，本年正值李宗辑同学顺利考上硕士研究生，祝愿他在学术的道路上实现其既定的理想目标。

感谢各位亲属的关心与鼓励，你们默默的关注，是我不竭的动力，我将继续努力前行！

本人认识到，本成果尽管是在参考、借鉴学界诸多研究成果的基础上完成的作品，并且本人已尽到最大努力，但仍有很多不足之处，如相关史学理论的浅显，与韩国学者的学术对话有待加强等，此为本人今后努力的方向。对于书中的失误及欠缺之处，期待专家学者多多批评指正。

王 臻

2017 年 5 月于天津华苑陋室